세계의 성모 발현 성지를 찾아서

세계의 성모 발현 성지를 찾아서

2021년 7월 1일 교회 인가
2021년 7월 15일 초판 1쇄
2024년 8월 15일 초판 5쇄

지은이	최하경
펴낸이	박현동
펴낸곳	성 베네딕도회 왜관수도원 분도출판사
찍은곳	분도인쇄소

등록	1962년 5월 7일 라15호
주소	04606 서울 중구 장충단로 188 분도빌딩 102호(분도출판사 편집부)
	39889 경북 칠곡군 왜관읍 관문로 61(분도인쇄소)
전화	02-2266-3605(분도출판사) · 054-970-2400(분도인쇄소)
팩스	02-2271-3605(분도출판사) · 054-971-0179(분도인쇄소)
홈페이지	www.bundobook.co.kr

ⓒ 최하경 2021

978-89-419-2108-0   03230

세계의
성모 발현 성지를
찾아서

최하경 지음

분도출판사

성모님을 알기만 한다면!
If Mary were but known!

프레더릭 윌리엄 페이버 Frederick William Faber
&
프랭크 더프 Frank Duff

추천의 글

처음 대건안드레아 형제가 저를 찾아온 건 2020년 11월 초였습니다. 저는 그때 도곡동성당에 부임한 지 2달 남짓한 때라 형제님을 잘 몰랐습니다. 달력 때문에 면담을 요청한다기에 달력 판매로 방문한 것으로 오해하여, 이미 2021년 달력에 대한 주문을 마쳤다고 했습니다. 그러자 형제님은 자신이 직접 만든 2021년 달력을 드리려고 왔다고 하시더군요. 신자가 무슨 달력을 직접 만들었다는 건지 궁금하기도 하고 의아하기도 했습니다. 이때 선물로 받은 달력은 공인받은 성모님 발현 성지를 순례하며 직접 촬영한 사진으로 만든 의미 있는 달력이었습니다.

그 후 대건안드레아 형제는 달력에 나온 성모님 발현 성지에 대한 내용을 책으로 엮어 다시 나를 찾아왔습니다. 이는 형제님이 수년간 순례한 성모님 발현 성지를 한 권의 책에 모아 놓은 것이었습니다. 저는 이 책이 성모님을 알고 싶어 하는 우리 가톨릭 신자들에게 필요한 내용을 담고 있음을 한눈에 알 수 있었습니다. 특히 루르드, 파티마 등 성모님 발현 성지를 가 보고 싶은 신자들에게 이 책은 훌륭한 안내서가 될 것입니다. 이 책을 통해 우리 신자들이 주님과 성모님께 가까이 다가갈 수 있는 축복과 은총을 받기를 바랍니다.

2021년 6월
김효성 요셉
도곡동성당 주임신부

추천의 글

교황 요한 바오로 2세께서는 레지오 마리애가 성모님의 정신과 염원을 지닌 단체이며, 성모님에 대한 신심을 통하여 하느님께 대한 믿음을 널리 알리고 확산하는 임무를 수행하는 단체라고 말씀하셨습니다.

아는 만큼 보이고 보이는 만큼 사랑한다는 말이 있습니다. 우리 레지오 단원들이 교황님께서 권고한 대로 행동하기 위해서는 무엇보다 먼저 성모님을 잘 아는 것이 중요합니다. 실제로 우리가 살고 있는 세상과 우리의 신앙생활에서 성모님의 활동과 역할을 통해 그분을 알 수 있는데, 그 한 예가 성모님의 발현입니다. 성모님의 발현으로 이루어진 의미 있는 결과를 통하여 성모님의 진정한 모습과 역할을 헤아려 볼 수 있는 것입니다.

레지오 단원인 최하경 대건안드레아 형제가 오랫동안 성모님의 발현에 대해 조사하고 탐구한 노력의 결실인 이 책은 우리 레지오 단원들에게 성모님께 쉽게 접근할 수 있는 길을 열어 주고 있습니다. 이 책을 읽다 보면 성모님에 대한 공경과 사랑이 생길 수밖에 없다는 생각이 듭니다. 성모님의 발현을 통하여 이해하게 된 성모님의 참된 모습에서 성모님에 대한 공경이 생겨나고 이로 인해 예수 그리스도께 더욱 온전히 나아갈 수 있기를 바랍니다.

2021년 6월
이동훈 시몬
서울 무염시태 세나뚜스 지도신부

들어가며

성모님을 알기만 한다면

영국의 프레더릭 윌리엄 페이버 신부는 몽포르의 성 루도비코 마리아가 저술한 『성모님께 대한 참된 신심』을 영어로 번역한 분으로, 책 머리말에서 "성모님을 알기만 한다면"(If Mary were but known)이란 구절을 여러 번 반복하여 사용하였다. 그는 성모님을 제대로 알거나 사랑하는 사람이 별로 없으며, 이것이 결국 그 영혼들에게 슬픈 결과를 낳는다고 기술했다.

레지오 마리애의 창설자인 프랭크 더프도 『레지오 마리애 공인 교본』 제5장 6절의 제목을 페이버 신부가 사용한 '성모님을 알기만 한다면'으로 정하면서 페이버 신부가 쓴 책의 머리말에 있는 글을 인용하였다. "성모님께 대한 우리들의 신심은 너무나도 미약하고 초라하다. 한마디로 말하면 믿음이 부족한 것이다. 그 결과 예수님께서는 사랑을 받지 못하시고, 이단자들은 회개하지 않으며, 교회는 존경을 받지 못하고, 성인이 될 수 있는 영혼들은 시들어 줄어들고, 성사의 은총을 제대로 받지 못하며 영혼들에게 열성적인 복음 전파가 이루어지지 않고 있다."

이는 성모님을 잘 알고 성모님을 사랑하게 되면 우리들이 신앙생활을 올바르게 하는 데 도움이 될 뿐 아니라, 더 나아가 성사의 은총을 제대로 받게 되고, 궁극적으로 예수 그리스도를 사랑하게 됨을 의미한다. 따라서 우리가 성모님을 아는 것은 신앙생활을 잘하기 위한 기본이자 필요충분조건이 될 수 있다.

그러나 페이버 신부가 지적한 대로 대부분의 사람들은 성모님을 잘 알지 못하는 것이 현실이다. 그렇다면 이렇게 바람직하지 못한 상황이 계속되는 근본 이유는 무엇일까? 아마도 하나의 이유가 아닌 여러 가지 원인이 복합적으로 작용한 결과일 테지만 여기서 그 모든 이유를 헤아려 보는 것은 시간상 불가능할 뿐 아니라 이 책의 집필 의도와도 거리가 있다.

평범한 신자의 입장에서 단순히 생각해 보자면, 쉽게 접근하고 이해할 수 있는 성모님에 관한 자료나 이야기가 부족한 것이 여러 이유 중 하나가 아닐까 싶다. 성모님에 대한 기존의 자료를 보면 지나치게 신학적인 측면에 치우치다 보니 이해하기 어렵다. 또한 외국의 책을 번역한 경우도 대개 그 내용을 파악하기가 굉장히 힘들다. 따라서 이제는 성모님을 쉽게 알려 주는 방향에서 접근하는 자료나 책이 우리에게 필요하다고 할 수 있다.

성모님과 관련한 분야는 매우 폭넓고 다양하다. 그중에서 우리가 성모님을 친숙하게 접할 수 있는 주요 이야기 하나만이라도 신자들에게 잘 전달될 수 있다면 성모님을 이해하는 데 도움이 될 것이다. 성모님에 관한 이야기 중 우리가 평상시에 가장 많이 접해 왔던 이야기 중의 하나가 성모님의 발현에 관한 것이다. 우리는 신앙생활을 하면서 루르드, 파티마 등 성모님 발현 성지에 대한 이야기를 여러 번 들어 보거나 성지를 실제로 직접 순례해 본 경험이 있을 것이다. 저자 역시 처음으로 방문한 발현 성지가 파티마였는데 성지와 순례자의 규모에 매우 놀랐으며 성지에서 진행되는 프로그램에 참여하면서 영적인 도움을 많이 받았다.

성모님의 발현 사건은 현실 세계에서 실제로 벌어졌던 사실로서, 우리에게 성모님을 생생하게 느낄 수 있는 기회를 제공하므로 성모님을 제대로 알 수 있는 새로운 길과 가능성을 보여 준다. 성모님의 발현 성지를 스스로 순례하겠다고 마음먹고 성지에 대한 자료를 찾아봤더니 유명한 성지에 대한 책은 단행본으로 나와 있지만 그나마 서너 권에 불과했고, 대부분의 경우 관련한 책자와 자료를 구하는 것이 그리 쉽지 않았다. 그리고 출판되어 있는 책은 일반인이나 평신도가 보기에 너무 내용이 많고 복잡하였다. 또한 성지를 방문한 사람들이 만든 블로그의 경우에는 너무 간결하고 기초적인 내용만을 다루고 있었다. 이에 우리 신자들이 성모님의 발현에 대해 정확히 이해하도록 돕고 나아가 영적인 도움까지 줄 수 있는 책이 필요하다는 생각을 하게 되었다.

전 세계에 지역 주교가 성모님의 발현을 조사하고 보고를 완료한 후 교황이 지지 의사를 표명한 성모님 발현 성지는 총 16군데가 있다. 교황의 지지 의사 표명은 상당한 의미와 영향력을 가지므로 이를 교황청에서 인정한 성모님 발현이라고 부른다. 우리가 잘 알고 있는 루르드, 파티마 발현 성지가 모두 여기에 포함되어 있다. 이에 대한 내용은 첫 장에 자세히 나오니 참고하기 바란다. 이 책을 쓰기 전에 다행히도 교황청에서 인정한 16곳의 성모님 발현 성지를 모두 순례할 수 있었다. 발현 성지를 직접 찾아가 순례하면서 관련 자료들을 모으고 정리하였기에 더욱 정확한 자료와 내용을 많이 확보할 수 있었던 것이다. 그리고 2018년 10월부터 도곡동성당 계간지에 「성모님 발현 성지를 찾아서」라는 제목으로 글을 쓰는 기회도 얻을 수 있었다.

총 20회 분량으로 연재가 시작되었고, 연간 네 번의 발간으로 만 5년이 걸리는 작업인데, 지금까지 게재된 내용에 대하여 신자들의 반응이 아주 좋은 편이다. 2019년 8월 아프리카 르완다의 키베호 성지를 마지막으로 16곳의 순례를 마무리하고, 계간지에 게재하는 글이 11회를 넘어가자 성모님의 발현과 관련한 내용과 자료가 많이 축적되었다. 성모님에 관한 귀중한 자료를 그냥 보관만 하기에는 아쉬움이 있어 2020년 초부터 본격적으로 책을 만들기 위한 작업에 들어갔다. 이 책의 후기를 보면 이 책이 나오기까지의 과정이 자세히 나와 있다. 아무것도 모르는 상태에서 4년 동안 성모님의 발현을 조사하고 추적하다가 결국 책이라는 결과물이 나오게 된 배경과 주님의 섭리를 이해하는 과정이 드러나 있으니 꼭 읽어 보시길 바란다.

이 책은 기행문이 아니다. 여행이나 순례를 하면서 얻은 개인적인 느낌을 묘사한 책이 아니라, 현재 발현에 대하여 알려진 사실들을 취합하여 엮은 책이다. 이 책은 교황청에서 인정한 16건의 성모님 발현 성지에 대한 안내서이자 교과서로 보면 된다. 여기저기 흩어져 있는 자료를 한데 모아 정리하여 성모님이 발현하신 16곳 전체를 한눈에 볼 수 있게 했다.

　16곳의 성모님 발현 성지를 자세하게 다룬다면 아마 1,000페이지가 넘어도 부족할 것이다. 한 권의 책에 16곳의 성모님 발현 성지를 모두 담아야 하므로 각 발현 성지를 적정히 배분하는 것이 중요하였다. 각 발현 성지는 최소 20페이지 내외로 하고, 전달해야 할 내용이 많을 경우에도 30페이지를 넘지 않게 하였다. 각 성모님 발현 성지는 하나같이 모두 소중하기 때문이다. 이 책에서 다루는 주요 내용은 아래와 같이 8가지 공통 주제로 구성되어 있다.

- 발현이 일어난 시대적 배경은 어떠하였는가?(시대적 배경)
- 구체적인 성모님 발현의 내용은 무엇인가?(성모님 발현)
- 발현이 왜 그곳에서 일어났는가?(발현 장소)
- 발현을 목격한 시현자示現者는 누구이며, 목격 이후 그들의 삶은 어떻게 변화하였는가?(시현자)
- 발현이 공인되는 과정은 어떠하였는가?(공인 과정)
- 발현이 주는 의미는 무엇인가?(발현 의미)
- 발현 성지는 어떻게 조성되어 있는가?(성지 소개)
- 발현 성지는 어떻게 찾아가는가?(성지 찾아가는 방법)

여기에 발현 성지 주변에 가 볼 만한 다른 성지가 있는 경우에는 추가하여 설명하였다. 아마도 성모님 발현에 대한 시대적 배경과 의미까지 포함하여 16군데 성지 모두를 한 권의 책에 자세하게 담은 것은 이 책이 유일할 것이다. 이 한 권의 책을 통하여 성모님을 더욱 잘 알게 되어 그분을 사랑하는 마음이 생기기를 기대한다. 또한 이 책을 읽는 동안 성모님 발현 성지를 직접 찾아가고 싶다는 생각이 들고, 성지 순례

중에도 이 책을 보고, 성지를 다녀온 후에도 순례를 정리하는 의미로 이 책을 읽게 되기를 희망한다.

책이 출판되기까지 늘 함께한 아내 레지나와 딸 메히틸다에게 고마움을 전하며, 추천을 해 주신 도곡동성당 김효성 요셉 주임신부님, 서울 무염시태 세나뚜스 이동훈 시몬 지도신부님, 또한 초안을 보고 책을 출간하는 데 동의하고 적극적으로 지원해 주신 분도출판사의 김성찬 마태오 신부님, 그 밖에도 많은 지원과 격려를 해 주신 주위 모든 분들께 감사의 마음을 전한다.

    그리고 4년이 넘는 긴 시간 동안 소중하고 의미 있는 시간을 마련해 주신 주님과 성모님께 찬미와 감사를 드린다.

차례

추천의 글 6
들어가며 8

성모님 발현의 이해 19

CHAPTER 1 멕시코 과달루페 GUADALUPE 43

CHAPTER 2 폴란드 레자이스크 LEŻAJSK 65

CHAPTER 3 리투아니아 실루바 ŠILUVA 81

CHAPTER 4 프랑스 생테티엔르로 SAINT-ÉTIENNE-LE-LAUS 99

CHAPTER 5 프랑스 파리 뤼 뒤 박 RUE DU BAC 115

CHAPTER 6 이탈리아 로마 프라테 성당 SANT'ANDREA DELLE FRATTE 139

CHAPTER 7 프랑스 라 살레트 LA SALETTE 155

CHAPTER 8 프랑스 루르드 LOURDES 173

CHAPTER 9   체코 필리포프FILIPOV   201

CHAPTER 10   프랑스 퐁맹PONTMAIN   217

CHAPTER 11   폴란드 기에트슈바우트GIETRZWAŁD   241

CHAPTER 12   아일랜드 노크KNOCK   257

CHAPTER 13   포르투갈 파티마FÁTIMA   277

CHAPTER 14   벨기에 보랭BEAURAING   307

CHAPTER 15   벨기에 바뇌BANNEUX   329

CHAPTER 16   르완다 키베호KIBEHO   351

성모님 발현 종합   373

나오며   390
참고문헌   399

교황청에서 인정한 성모님 발현

	발현 연도	발현 국가	발현 장소	호칭
1	1531년	멕시코	과달루페	과달루페의 성모
2	1590년	폴란드	레자이스크	레자이스크의 성모
3	1608년	리투아니아	실루바	실루바의 성모
4	1664년	프랑스	생테티엔르로	로의 성모
5	1830년	프랑스	파리 뤼 뒤 박	기적의 메달의 성모
6	1842년	이탈리아	로마 프라테 성당	시온의 성모
7	1846년	프랑스	라 살레트	라 살레트의 성모
8	1858년	프랑스	루르드	루르드의 성모
9	1866년	체코	필리포프	그리스도인들의 도움
10	1871년	프랑스	퐁맹	희망의 성모
11	1877년	폴란드	기에트슈바우트	기에트슈바우트의 성모
12	1879년	아일랜드	노크	노크의 성모
13	1917년	포르투갈	파티마	묵주기도의 성모
14	1932년	벨기에	보랭	황금 성심의 성모
15	1933년	벨기에	바뇌	가난한 이들의 성모
16	1981년	르완다	키베호	말씀의 어머니

성모님 발현의 이해

성모님의 발현이란?

성모님의 발현發顯(apparitio)에 대해서 『한국가톨릭대사전』에서는 "성모님이 정상적이고 자연적인 방법을 초월한 특이한 방법으로 어떤 특정인에게 나타나신 현상"이라고 간단히 정의하고 있다. 논문 「성모 마리아 발현의 그리스도교적 의미」(배상희, 2000)에서는 "발현은 자연현상에서 경험할 수 없는 초자연적인 현현顯現을 말한다. 인류의 구원을 위해 구세사를 이끄시며 세상에 개입하시는 하느님의 허락에 의해 보통 사람들이 보고 들을 수 없는 대상, 혹은 물체를 목격하거나 경험하게 되는 영적인 체험을 말한다. 발현은 인간의 실제 감각적 인식을 통해 느끼기 때문에, 눈으로 보고, 귀로 소리를 들을 수 있고, 촉각을 통해 느낄 수도 있으며, 더 나아가 발현한 대상과의 통교 또한 가능하다"라고 설명한다. 이상의 내용을 다시 정리하면 성모님의 발현은,

- 인류의 구원을 원하시는(발현의 궁극적 목표)
- 하느님이 당신의 뜻을 전하기 위해(메시지)
- 성모님을 택하시어(전달자)
- 특정한 한 인물이나 그 이상의 특정한 인물들에게(시현자)
- 자연적인 방법을 초월하는 특별한 방법으로(발현 방법) 직접 나타나게 하는 현상이라 할 수 있다.

또한 교회에서 성모님의 발현은 성모님이 실제로 존재한 인물이며, 성모님이 여전히 이 세상에서 살아가는 모든 그리스도인들을 보살펴 주고 계신다는 증거로도 받아들여지고 있다. 현재 영미권에서는 발현이라는 현상에 대해 여러 가지 표현(apparition, appearance, vision)을 혼용하여 쓰고 있다.

하느님은 왜 성모님을 택하셨는가?

역사상 가장 빈번히 일어난 발현이자 가장 의미 있는 발현이며 우리에게 가장 큰 영향을 미친 발현이 바로 성모님의 발현이다. 성모님의 발현은 하느님의 뜻을 성모님을 통하여 우리 인간에게 전하는 과정이라고 하였다. 하느님이 성모님을 택하신 이유를 알기 위해서는 먼저 성모님이 어떤 분이신지 이해할 필요가 있다.

첫째, 교회에서 성모님에 대해 오래전부터 공식적으로 인정해 온 4대 교리를 통하여 성모님이 어떤 분이신지 알 수 있다.

- 하느님의 어머니(431년 선포): 성모님은 참하느님이시고 참사람이신 예수 그리스도의 어머니시다.
- 평생 동정(553년 선포): 성모님은 예수님을 낳으시기 전과 낳으실 때, 그리고 낳으신 후에도 영원히 동정이시다.
- 원죄 없는 잉태(1854년 선포): 성모님은 잉태되신 순간부터 원죄에 물들지 않아 티 없이 깨끗하신 분이시다.
- 성모 승천(1950년 선포): 성모님은 지상 생애를 마치신 후에 하느님으로부터 영혼과 육신이 천상 영광으로 부름을 받으셨다.

둘째, 성경을 보면 예수 그리스도가 십자가 위에서 돌아가시기 전에 성모님과 당신이 사랑하시는 제자에게 각각 "여인이시여, 이 사람이 어머니의 아들입니다", "이분이 네 어머니시다" 하고 말씀하셨다(요한 19,26-27). 이에 대해 교부들은 성모님을 모든 그리스도인의 어머니로 정하신 것으로 해석하였고, 성 아우구스티누스도 성모님을 '그리스도의 육적인 어머니'이며, '그리스도인의 영적인 어머니' 즉 '교회의 어머니'라고 언급하였다. 또한 교황 바오로 6세도 성모님은 '교회의 어머니'이자 '하느님 백성의 어머니'라고 선언한 바 있다.

    셋째, 교황 요한 바오로 2세의 회칙도 성모님에 대해 알려 주고 있다. "교회와 각 그리스도인들은 성모님의 활동적 · 모성적 현존을 그대로 살고, 성모님과 친교를 나누는 삶을 산다. 그것은 성모님이 교회(그리스도인 공동체)와 그리스도인 안에 실제로 현존하는 것을 전제로 한다." 이는 성모님이 승천하신 후부터 시간과 공간의 차원을 초월하여 교회 전체 안에, 그리고 모든 시대와 장소에 사는 모든 그리스도인 안에 현존하시는 것을 체험한다는 의미이다.

- 곧 성모님은 어머니로서 당신의 자녀인 그리스도인 공동체 및 개개인과 영적 생명과 사랑과 은총을 나누시고, 친밀한 친교를 나누시며, 그리스도인을 도우시고 보호하시고 인도하신다.
- 또한 성모님은 세상 말에 구원의 은총을 온전히 받을 교회의 모습을 이미 당신 안에 실현하신 모형이시자 모든 성덕과 성화의 모범으로서 교회 전체와 각 그리스도인을 인도하신다.

넷째, 교회에서 널리 행해지고 있는 성모 신심 활동을 살펴보면 성모송, 묵주기도, 스카풀라, 기적의 메달, 성모칠고 묵주기도 등 다양한 방법이 있는데, 이를 통해 성모님은 우리 신자들과 아주 밀접한 관계를 오랫동안 유지하고 계시다는 것을 알 수 있다.

    이와 같이 성모님은 우리 신앙생활에서 중요한 분이시고 우리와 아주 친밀한 분이심을 충분히 알고도 남는다. 성모님은 하느님의 뜻을 우리 신자들에게 전하는 일에 그 누구보다 적임자임에 틀림없다. 하느님이 성모님의 발현을 통하여 당신의 사랑과 은총이 가득 담긴 메시지를 우리에게 전하시는 것은 지극히 당연하다고 할 것이다.

성모님의 발현은 왜 일어나는 것인가?

예수 그리스도가 십자가에 매달려 피의 희생 제물이 된 이후 상당 기간이 지났지만 우리들이 갖고 있는 하느님에 대한 믿음은 강해지기는커녕 오히려 점점 약해져 왔다고 할 수 있다. 그리스도의 죽음으로 모든 인류가 구원을 받을 수 있는 여건이 형성되었지만 실제 인간들은 구원에서 멀어져 가는 삶을 살고 있었던 것이다.

하느님에 대한 믿음이 스스로의 무관심과 나태함으로 약해지거나, 본인의 직접적인 책임은 아니지만 자신이 소속된 공동체의 혼란과 분열로 인하여 자신의 신앙이 약해질 수 있다. 또한 사악한 무리나 다른 외부 여건에 의해 주님과의 관계가 멀어지고 신앙이 흔들리는 경우도 있다. 그런데 이런 올바르지 않은 상태가 계속되어 누적된다면 나중에는 도저히 원래의 상태로 회복하는 것이 불가능해질 수 있다. 한두 번의 불신앙과 흔들리는 믿음이 습관화되면 마치 이를 당연한 것처럼 받아들일 수 있다. 그리고 우리는 지금도 구원되지 않았으며 사탄의 무리들과의 싸움은 계속되고 있다. 사탄의 무리들은 항상 이 세상의 혼란과 갈등을 조장하여 하느님께 대한 믿음을 흔들고 약화시키려 하고 있는 것이다.

인간이 이런 올바르지 않은 상황을 스스로의 힘으로 제대로 극복할 수 있게 하기 위하여 하느님이 취하신 방법 중 하나가 바로 성모님의 발현이다. 하느님 당신의 뜻을 잘 이해하는 교회의 어머니이자 인류의 어머니인 성모님을 발현의 당사자로 택하시어, 흔들리며 멀어져 가는 우리의 신앙을 다시 원위치로 복귀시킨 것이다. 실제로 그동안 있었던 성모님 발현 이후의 결과를 보면 가톨릭 신앙이 어떻게 다시 회복되었는지를 알 수 있다.

이처럼 하느님이 성모님을 선택하신 이유는 수없이 벌어지고 있는 불신앙의 상황이 얼마나 급박하고 위험한 것인가를 보여 주는 증거이기도 하다. 이런 이유로 성모님은 지금까지 수없이 발현하실 수밖에 없었고 앞으로도 계속 발현하실 것이며, 궁극적으로는 예수 그리스도가 재림하실 때까지 계속 발현하실 것으로 예견할 수 있다. 그리고 성모님은 발현을 통하여 다시 예수 그리스도를 우리에게 드러내 보이시고, 우리를 예수 그리스도에게 인도하는 역할을 수행하고 계시는 것이다.

하느님께 대한 믿음과 신앙이 흔들리는 상황은 여러 여건에 따라 다르게 전개되었고 이에 대한 발현의 형태도 다르게 나타났다. 성모님은 발현하시어 명령에 가까운 말씀을 하시거나, 명령을 넘어 경고 수준의 말씀을 하시기도 했다. 때로는 눈물을 흘리시며 우리의 처지를 안타까워하시고 따뜻한 위안과 위로의 말씀도 해 주셨다. 미래에 대해 예언을 남기시기도 하면서 그때그때 우리가 처한 상황에 맞는 방법으로 우리가 메시지를 잘 받아들이고 실천할 수 있도록 적절하고 의미 있는 표현을 하신 것이다.

결국 성모님의 발현을 통하여 가톨릭 신앙에 대한 불신에서 믿음으로 다시 복귀하는 과정이 계속 반복되어 온 것을 알 수 있다. 성모님의 발현은 불신자들과 냉담자들을 다시 참된 신앙으로 이끌 뿐 아니라 신자들의 신앙생활에도 자극제가 되면서 열정과 활력을 제공하였다. 그리고 성모님 발현 성지를 순례한 많은 신자들은 신앙생활에 있어서 이전보다 더 강력한 열의를 갖게 되었다. 순례자들은 성모님의 발현을 체험하며 신비롭고 경이로운 구원의 의미를 재발견하고 신앙생활의 기쁨을 다시 느낄 수 있었던 것이다.

발현하신 성모님의 메시지

성모님의 발현 중에 가장 중요한 것이 성모님이 우리에게 주시는 메시지인데 이 메시지는 앞서 설명한 것과 같이 하느님의 메시지이기도 하다. 이렇게 하느님이 사자使者를 통하여 당신을 인간에게 간접적으로 인식시키는 초자연적인 현상을 종교 용어로 계시啓示(revelation)라고 한다.

따라서 교회는 성모님의 메시지를 계시로 인정하고 있으며 그리스도에 의해 완성된 공적 계시와 구별하여 사적 계시라고 표현한다. 공적 계시란 어떤 개인의 구원에 국한된 것이 아니라 역사적으로 시간과 공간을 초월해서 모든 그리스도인에게 규범이 되는 계시이다. 교리에 따르면 사도들이 지상에서의 삶을 마침과 동시에 공적 계시의 시대도 끝났다고 본다.

그 이후에는 교회가 전통적으로 사적 계시를 인정하여 왔다. 사적 계시는 공적 계시의 진실성을 확인하고 재조명할 뿐 아니라 변천하는 시대의 특수한 상황에서 신앙이나 윤리에 관한 가르침을 효과적으로 실천하는 방법을 제시하기 때문이다. 그런데 사적 계시가 진실한 것이 되려면 언제나 성서와 전승, 교회에 일치해야 하고, 또 그것을 통하여 교회에 유익을 주고 하느님의 영광을 증진시켜야 한다. 따라서 성모님의 발현이 교회에 의하여 정식으로 공인을 받은 경우 성모님의 메시지는 공적 계시의 일부 측면을 강조하려는 특별한 목적을 위한 사적 계시로 다루어진다.

즉, 성모님의 메시지는 그리스도의 가르침을 강조하여 상기시키면서 그리스도교 신앙과 일치하는 데 그 목적이 있다고 보는 것이다 (『한국가톨릭대사전』, 「성모 발현」 참조).

성모님 발현에 대한 교회의 입장

　교회는 신앙과 관계된 것에 대해 무관심하거나 무감각할 수 없으며, 신앙의 명료함과 순수성을 지킬 책임이 있다. 그리스도교의 교의에 어긋나는 것은 하느님 백성인 그리스도인에게 혼란을 가져올 수 있으므로 교회의 책임이 요구되는 것이다. 따라서 교회 안에서 일어나고 있는 사적 계시에 대한 판단 기준과 그것에 대한 해석과 진실성에 대한 판단 여부는 전적으로 교회의 권한에 속한다.

　사적 계시가 신앙생활에 유익이 될 수는 있지만 지금까지의 역사를 돌아보면 과도한 호기심과 지나친 관심은 많은 이단을 낳았으며, 교회와 신자들에게 결코 도움이 되지 못한 경우도 있었다. 성모님의 메시지는 그 진실성을 증거하기 위하여 흔히 기적이나 신비 현상이 함께 전해지지만, 발현하신 성모님의 메시지가 복음 자체는 아닌 것이다. 교회 역시 그 메시지가 복음을 대치할 수 없음을 분명히 하고 있다. 따라서 기적과 신비 현상이 수반된 메시지라도 그것이 공식적인 교도권의 교의에 부합되어야만 진정한 사적 계시로 인정받을 수 있는 것이다.

　또한 교회는 공인받은 성모님의 발현에 대하여, 신앙을 고양할 수 있고 하느님과의 일치를 이룰 수 있다면 신자들이 믿는 것을 허용하고 있지만 신자들이 반드시 성모님의 발현을 믿어야 할 의무는 없다는 입장이다. 발현하신 성모님에 대한 과도한 공경이 자칫 오류와 거짓 신앙에 빠져 신앙생활에 큰 해를 끼칠 수 있고, 기적 현상이 하느님에 대한 절대적인 믿음을 대신할 수 없기 때문이다. 신자들도 성모님은 결코 신앙의 대상이 아니라 모든 그리스도인이 행하는 신앙생활의 모범임을 명심해야 할 것이다(같은 곳 참조).

성모님 발현의 역사
공인 제도 도입 이전 대표적인 발현 사례

역사상 최초의 성모님 발현은 기원후 40년 스페인 사라고사에서 사도 대 야고보에게 천사와 함께 나타난 발현이다. 성모님의 선종 시기는 정확히 알려져 있지 않으나, 전후 사정으로 살펴볼 때 기원후 40년은 성모님이 살아 계셨기에 사라고사 발현은 성모님 생전에 일어난 유일한 발현으로 받아들여진다. 전승에 따르면 기원후 40년 1월 2일 밤 야고보는 스페인에서 복음을 성공적으로 전파하지 못한 것에 낙담하여, 사라고사의 에브로 강가에서 기도를 바치고 있었다. 이때 성모님이 천사들의 호위를 받으며 나타나시어 기둥(Pilar)을 하나 주시며 당신의 성당을 지으라고 하셨으며, 야고보에게 예루살렘으로 돌아가라고 말씀하셨다. 발현 1년 후에 성모님께 봉헌되는 역사상 첫 교회가 세워졌으며, 이후 증개축을 거듭하여 현재의 기둥의 성모 대성당이 되었다. 그리고 사도 야고보는 예루살렘으로 돌아와 44년경에 헤로데 임금에 의해 처형되어 순교한 첫 번째 사도가 되었다(사도12,2 참조).

야고보 순교 후 그의 시신은 우여곡절 끝에 스페인 산티아고 데 콤포스텔라로 옮겨졌고, 그의 묘소 위에 산티아고 데 콤포스텔라 대성당이 건립되었다. 야고보가 선교를 위해 걸었던 스페인 북부에 위치한 길은 유명한 순례길인 '산티아고 가는 길'(Camino de Santiago)이 되었으며 산티아고 데 콤포스텔라는 교황청에 의하여 예루살렘, 로마와 함께 역사적인 국제 성지로 지정되었다. 여기서 스페인어로 산티아고는 성 야고보를 의미한다.

한 전승에 따르면 1214년 성모님이 이단 세력인 알비파에 맞서 싸우고 있던 성 도미니코에게 나타나시어 "묵주기도를 전파하여라.

왼쪽 성모님이 사도 대 야고보에게 주신 기둥
가운데 성모님이 성 시몬 스톡에게 스카풀라를 건네시는 모습
　　　　(영국 에일즈퍼드 성지 내에 있는 발현 기념비)
오른쪽 1214년 성모님이 성 도미니코에게 묵주기도를 전파하라고 말씀하시는 장면
　　　　(당시에는 묵주가 없었지만 이 장면을 강조하기 위하여 묵주를 그려 넣었다.)

그러면 많은 이단자가 회개할 것이다"라고 계시하셨고, 이때부터 성모님의 환희에 대한 묵상을 묵주기도라고 불렀다고 한다. 성 도미니코는 유럽 각지를 돌면서 묵주기도를 바치라고 호소했고, 1216년 일명 설교자 수도회라고도 하는 도미니코 수도회를 창설하였다. 성 도미니코의 설교 덕에 신자들도 묵주기도를 열심히 바쳤으며, 그 결과 이단 세력은 점차 줄어들었다. 이후 1569년 교황 비오 5세가 환희, 고통, 영광의 세 가지 신비로 구분한 15단 양식의 묵주기도를 제정하였으며, 2002년 교황 요한 바오로 2세가 빛의 신비를 추가하여 현재의 20단 묵주기도로 완성하였다.

　또한 가르멜 수도회에서 전해 오는 '가르멜산의 계시'라는 일화에 따르면, 1251년 영국 에일즈퍼드에서 성모님이 수도원장 성 시몬 스톡에게 발현하셨다고 한다. 성모님은 갈색 스카풀라를 건네주시며, 성 시몬 스톡과 가르멜 회원들에게 특별한 은총의 표징으로 스카풀라를 착용하라고 말씀하셨다. 이후 갈색 스카풀라에 대한 신심이 널리 퍼져 나갔으며, 일반 신자들도 성모님의 특별한 보호를 받기 위하여 성모님이 직접 주신 스카풀라를 착용하기 시작하여 지금까지 전해 오고 있다. 이에 교황 바오로 6세는 제2차 바티칸공의회 문헌「인류의 빛」67항에 의거하여 여러 세기 동안 권장된 바 있는 묵주기도와 스카풀라의 신심 깊은 실천을 천거한 바 있다.

발현 보고

성모님의 발현은 첫 번째 발현 이후 끊임없이 이어져 지금도 성모님 발현에 대한 보고가 계속되고 있다. 미국 오하이오 데이턴 대학교의 국제 마리아 연구소(International Marian Reseach Institute)는 기원후 40년부터 지금까지 무려 2,500건 이상의 성모님 발현이 있었다고 보고하였다. 한편 기적에 대하여 집중 조사를 진행하고 있는 인터넷 매체 미라클 헌터Miracle Hunter의 마이클 오닐이 조사하여 정리한 자료에 의하면 지금까지 총 1,557건의 성모님 발현이 있었음을 알 수 있다. 오닐익 자료에는 성모님이 발현하신 1,557건에 대해서 발현 일자와 장소, 그리고 시현자와 메시지 등이 잘 요약 정리되어 있다. 다음 페이지의 표를 보면 1,557건의 발현을 첫 번째 발현이 있었던 40년부터 100년 단위로 구분하여, 성모님이 발현하신 빈도를 한눈에 알 수 있다.

성모님의 발현은 1400년대부터 증가하기 시작하여 1500년대에 132건, 1600년대 128건으로 100건을 넘겼고, 1700년대에 주춤하다가 1800년대에 다시 100건을 넘어섰다. 그리고 1900년대에 들어와 무려 776건으로 대폭 늘어났다. 이 시기에 100년 동안 일어난 발현이 이전 시기 1,900년 동안 일어난 발현보다 더 많을 정도로 성모님의 발현이 폭발적으로 증가한 것이다. 우리는 잘 모르고 있었지만 이렇게 전 세계에서 성모님 발현은 계속 일어나고 있었던 것이다. 그러나 그 많은 발현 건수에 비하여 교회로부터 공인을 받은 발현은 매우 적다. 교회의 공인을 받을 경우 순례자가 급증하여 그 지역의 개발에 큰 혜택이 부여될 수 있다는 점에서 발현을 인위적인 방법으로 조작할 수도 있기 때문이다. 그래서 성모님의 발현은 더 엄정한 절차를 거쳐 확인되어야 할 필요가 있다.

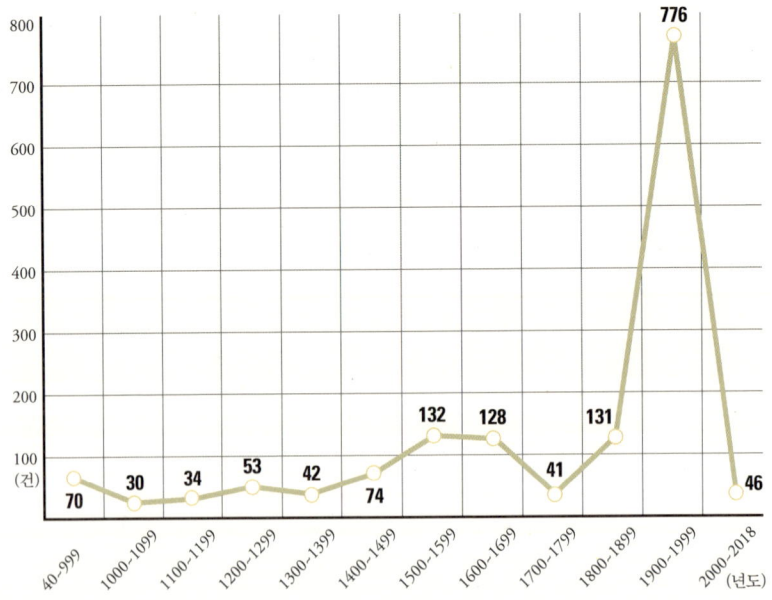

따라서 모든 성모님 발현이 보고되는 대로 바로 공식적으로 받아들여지지는 않으며 실제로 성모님의 발현이 교회 당국에서 인정을 받는 것은 극소수에 그치고 있다. 지금까지의 성모님 발현 중 지역 주교가 정식으로 공인하거나 교황이 지지 의사를 표명하여 인정을 받은 경우는 25건에 불과하다. 미라클 헌터의 집계에 따르면 공인 제도 도입 이래 정밀한 조사가 진행된 성모님 발현이 과달루페 성모님이 발현하신 1531년 이후를 기준으로 총 1,218건이니, 지금까지 전체 발현의 2%만이 교회의 공인을 받은 셈이다.

성모님 발현의 공인
공인 제도 도입

성모님 발현의 역사는 공인 제도 도입 이전과 이후로 극명히 나뉜다. 도입 이전에는 발현 사건에 대해 의심 없이 자연스레 받아들여서 어떠한 조사도 하지 않았으며 당연히 공인 과정도 없었다. 게다가 발현을 목격한 시현자도 성인이나 성직자에 집중되어서 발현 사건을 부정적인 시각으로 바라보지 않았다. 성인들에게 성모님의 발현이 일어난 이후 그들은 새로운 영적 삶을 살면서 주님의 영광을 위해 자신의 삶을 봉헌하였기에 발현에 대한 의심은 생길 수 없었다. 앞에서 본 세 건의 성모님 발현의 예에서 알 수 있는 것처럼 주님의 뜻을 우리 인간에게 전달하고 그 뜻이 올바르게 실천될 수 있도록 하는 것이 성모님의 역할이었다. 이러한 성모님의 발현이 첫 번째 발현 때부터 1,500년 동안 자연스럽게 받아들여지며 이어져 내려왔다. 교회는 이를 전승에 의한 성모님 발현으로 보았고 교회만 아니라 일반 신자들도 이를 당연한 것으로 받아들였던 것이다.

그러다가 1517년 마르틴 루터가 95개조 반박문을 발표하면서 상황이 달라졌다. 종교개혁파는 성모님에 대한 공경을 공격하였으며, 성모님의 발현에 관해서도 의심을 넘어 조작된 것으로 몰아가는 등 근본적인 문제 제기를 하였다. 그러나 가톨릭교회는 그동안 성모님의 발현에 대하여 어떠한 조사도 한 적이 없어 구체적 자료를 보여 줄 수도 확실한 증거를 들이댈 수도 없었다. 이런 상황에서 성모님의 발현에 대한 보고가 증가하였으며, 유럽만 아니라 다른 대륙에서도 발현 보고가 있었지만 로마 교황청이 그 모든 사건을 직접 조사하는 것은 불가능에 가까웠다. 게다가 더 중요한 것은 성모님의 발현이 이제 성인이나 성직자가 아니라 오히려 일반 신자에게 더 많이 일어났다는 사실이다. 일반 신자에게 일어난 발현을 모두 다 있는 그대로 받아들이는 것도 어렵고, 그렇다고 모두 다 거짓으로 받아들이기도 어려운 일이었다.

이 같은 시대적 요구로 이제 성모님 발현에 대한 일정 기준을 만들어야 한다는 공감대가 가톨릭교회 내부에 형성되었다. 1545년 신교의 종교개혁에 대응하고 가톨릭 내부의 개혁을 추진하기 위한 트리엔트공의회가 소집되었고, 여기서 성모님의 발현을 포함한 여러 기적에 대하여 교회가 정식으로 공인할 필요성이 제기되어 이 문제를 다루었다.

1563년 교황 비오 5세가 주관한 트리엔트공의회 마지막 회기(제25차)에서 결정된 내용을 요약하면 주교는 성모님 발현과 같은 초자연적인 현상을 기적으로 공인할 수 있는 권한을 부여받았다. "주교가 공인한 상像를 제외하고는 누구도 특별한 상을 교회나 어떠한 장소에 배치할 수 없다. 또한 주교가 인지하고 공인하지 않는 한 새로운 기적을 인정해서도 안 된다. 이러한 문제와 관련하여 주교는 신학자 및 다른 독실한 사람들의 조언을 받은 후 진실과 경건함에 부합하는지 여부를 판단하고 행동해야 한다. 그러나 의심스럽고 심각한 문제가 발생하는 경우 논쟁에 대한 결정을 내리기 전에 상위 주교나 주교회의의 의견을 구할 수 있으며 더 나아가 교황과 먼저 상의를 할 수 있다."

트리엔트공의회의 결정이 이루어진 후 지역의 주교는 다음 지침에 따라 성모님의 발현에 대한 증거를 평가하였다.

- 발현 사건과 관련한 사실에 오류가 없어야 한다.
- 메시지를 받은 시현자는 심리적으로 균형 잡혀 있으며, 정직하고, 도덕적이며, 성실하고, 교회의 권위를 존중해야 한다.
- 교리적인 오류는 하느님과 성모님, 성인에게서 기인한 것이 아니어야 한다.
- 표현된 신학적이고 영적인 교리에 오류가 없어야 한다.
- 돈을 벌려고 하는 것이 발현의 동기가 되어서는 안 된다.
- 건전한 종교적 헌신과 영적 결실이라는 의미 있는 결과가 있어야 한다.

그리고 주교는 발현에 대한 진위성에 대하여 세 가지 내용으로 공식적인 의견을 선언할 수 있었다.

- 믿을 만한 가치가 없다: 성모님의 발현이 하느님으로부터 온 것임을 보여 주는 특성이 없으며 초자연적인 발현이 아니다.
- 신앙에 반하지 않는다: 성모님의 발현이 초자연적인 기원이라는 것이 불확실하지만 신앙과 윤리에 반하지는 않는다.
- 공인한다: 성모님의 발현이 초자연적인 현상으로 믿을 만한 가

치에 합당하며 신앙과 윤리에도 반하는 것이 없다.

1978년 교황 바오로 6세도 「추정된 발현이나 계시의 식별 절차에 관한 규범」을 승인하여 지역 주교에게 발현과 메시지의 진위 여부를 판단할 책임을 부여하고 그 기준과 절차를 아래와 같이 명시하였다.
- 긍정적 기준과 부정적 기준에 따라 사실을 판단한다.
- 호의적 결과가 나오면 경배나 신심의 공적인 표현을 허용하되, 동시에 매우 신중하게 감독한다.
- 시간의 경과와 경험에 비추어, 그 진실성과 초자연성에 대해 판단을 내린다.

여기서 긍정적 기준은 다음과 같고,
- 엄밀한 조사를 통해 얻은 개연적 확실성이나 상당한 개연성
- 시현자의 인간적인 품성, 건전한 신심과 그 영적 열매들, 계시와 관련한 오류 없이 참된 신학적·영성적 교리

반면에 부정적 기준은 다음과 같다.
- 사실 관련한 명백한 오류
- 성모님께 부여되는 표현의 교리적 오류
- 이익을 추구한 증거
- 시현자와 그 추종자들의 부도덕한 행위
- 시현자의 정신 질환이나 심리 장애 성향, 또는 집단 히스테리

이 같은 절차와 기준을 갖춘 공인 제도가 도입된 이래 지역 주교가 성

모님의 발현을 공인한 사례는 지금까지 총 20건이 있다. 21세기 초만 해도 23건으로 보았지만 네덜란드 암스테르담Amsterdam(1945), 필리핀 리파Lipa(1948), 브라질 이타피랑가Itapiranga(1994)의 경우 적잖은 논란이 있다. 그러므로 교황청 신앙교리성의 지적에 따라 현재는 주교의 공인으로 인정하기에 애매한 상태에 있고, 앞으로 어떻게 될지 조금 더 지켜보아야 하는 상황이다. 그런데 지금도 성모님의 발현은 전 세계에서 일어나고 있으며 보스니아 메주고리예Medugorje처럼 진위 여부가 조사 중인 발현도 있으므로 주교에 의한 공인은 늘어날 수 있다.

주교의 공인은 해당 발현에서 시현자가 받은 메시지가 신앙과 윤리에 어긋나지 않는다는 것, 발현의 초자연성을 믿을 수 있다는 것, 발현 장소에서 성모님을 특별히 공경할 수 있다는 것을 의미한다. 그러나 교회가 사적 계시에 대한 믿음을 신자들에게 요구하는 것은 아니며, 그런 기적 현상이 하느님에 대한 절대적인 믿음을 대신할 수 없으므로, 신자들은 성모님의 발현과 그 메시지에 대하여 자신이 믿을지 여부를 개인적으로 결정할 수 있다.

교황청의 인정

실제로 성모님의 발현이 공식적으로 인정되는 사례는 매우 드물다. 미라클 헌터의 마이클 오닐에 따르면 지금까지 수천 건의 성모님 발현 중 지역 주교가 공인한 성모님의 발현은 전 세계에 단 20건에 불과하다. 그리고 성모님 발현에 대해서 지역 주교의 조사가 이루어졌고, 그 조사의 보고가 발현에 관해 긍정적이라면 교황이나 교황청은 지지 의사를 표명하고 있다. 현재 성모님 발현 중 16건에 대하여는 교황이 지지 의사를 표명하였는데 이러한 경우를 성모님 발현에 대한 교황청의 인정이라고 표현한다. 교황(교황청)이 아래와 같이 행할 경우 성모님의 발현에 대한 지지 의사를 표명한 것으로 보고 있다.

- 교황이 직접 성모님 발현 장소를 방문하여 축복을 하거나 기념 미사를 집전하는 경우
- 교황이 발현과 관련된 성모상이나 성모화에 왕관, 황금 장미 등을 봉헌하는 경우
- 교황이 성모님의 발현을 기념하는 성당의 건립을 승인하거나 성당의 등급을 대성당으로 상향하는 경우
- 교황이 성모님의 발현을 목격한 시현자를 시복, 시성하는 경우
- 교황이 성모님의 발현일을 축일(기념일)로 지정하는 경우
- 교황이나 교황청이 주교의 공인을 포함하여 발현에 관련하여 공식적인 성명을 발표하는 경우

교황이 지지 의사를 표명한 성모님 발현은 총 16건인데 그중에서 주교의 공인이 없는 경우가 5건이다. 비록 주교의 공인이 없더라도 5건 모두 주교의 조사가 완료되어 발현에 대한 긍정적인 보고서가 제출되었다. 이 보고서를 바탕으로 교황이 관심을 갖고 지지 의사를 표명한 것은 상당한 의미와 커다란 영향이 있기 때문에 성모님의 발현을 공인한 것으로 봐야 할 것이다. 예컨대 멕시코 과달루페, 아일랜드 노크의 경우 주교의 조사와 그에 따른 확인과 보고는 있었지만 정식으로 공인을 선언한 적은 없었다. 그렇지만 교황이 방문이나 봉헌 등으로 수차례 지지 의사를 표명하여 당연히 공인된 발현으로 받아들이고 있는 것이다. 또한 생테티엔르로와 기에트슈바우트처럼 먼저 교황의 지지 의사 표명이 있고 그다음에 주교의 공인이 이루어진 특이한 사례

도 있다. 생테티엔르로는 성모님의 발현 이후 무려 344년, 기에트슈바우트는 100년이 지난 다음에야 주교의 공인이 이루어졌다. 성모님 발현에 대해 주교의 공인과 교황의 지지 의사 표명이 따른 사례를 합하면 총 25건이며, 그 과정은 아래과 같이 4가지로 분류할 수 있다.

- 주교의 조사·보고 ⇒ 주교 공인 ⇒ 교황의 지지 의사 표명(9건): 파리 뤼 뒤 박, 라 살레트, 루르드, 필리포프, 퐁맹, 파티마, 보랭, 바뇌, 키베호
- 주교의 조사·보고 ⇒ 교황의 지지 의사 표명 ⇒ 주교 공인(2건): 생테티엔르로, 기에트슈바우트
- 주교의 조사·보고 ⇒ 교황의 지지 의사 표명(5건): 과달루페, 레 자이스크, 실루바, 로마 프라테 성당, 노크
- 주교의 조사·보고 ⇒ 주교 공인(9건)

위의 4가지 과정에서 알 수 있듯이 공인이 되기 위해서는 어떠한 경우에도 주교가 조사 위원회를 구성하여 철저한 조사를 한 후 긍정적인 보고서를 작성하고, 지역 주교가 이를 수용하는 과정이 있어야 한다. 따라서 주교가 조사를 하지 않았거나 조사를 했더라고 긍정적인 보고가 없고, 주교가 공인에 부정적이라면 성모님의 발현에 대하여 교황청은 인정을 하기가 어렵다.

지역 주교의 공인만 받은 성모님 발현도 미라클 헌터에 따르면 9건이나 되지만, 발현 지역명을 보면 생소한 곳이 많다. 이 9건에 대해서는 이 책에서 다루지 않으며 39페이지에서 지역명만 간단히 소개하겠다. 그리고 교황이 지지 의사를 표명한 16건에 대해서는 다음 장부터 자세히 알아보기로 한다.

성모님 발현의 시대

교황청이 인정한 의미 있는 성모님 발현은 1830년 프랑스 파리 뤼 뒤 박 발현을 시작으로 1933년 벨기에의 바뇌 발현까지 100년 동안에 집중되고 있다. 이 100년 동안 교황청에서 인정한 성모님 발현이 무려 11건이나 되는 것이다. 공인이 100년 동안 아예 없거나 많아야 1~2건 정도인 점을 비추어 볼 때 11건이라면 성모님 발현이 집중된 것이 분명하다. 1830년 뤼 뒤 박 발현 12년 후 로마 프라테 성당, 4년 후 라 살레트, 12년 후 루르드, 8년 후 필리포프, 5년 후 퐁맹, 6년 후 기에트슈바우트, 2년 후 1879년 노크까지 쉴 틈 없이 성모님 발현이 이어졌다. 그리고 다시 1917년 파티마, 1932년 보랭, 1933년 바뇌에서 성모님이 연달아 발현하셨다. 이 100년 동안의 유럽 사람들은 성모님의 발현 속에서 살았다고 봐도 무리가 없다. 그래서 이 시대를 관통하는 키워드가 성모님의 발현이고, 이 기간을 성모님 발현의 시대로 부르는 것은 당연하다.

이 시대는 19세기 유럽의 왕조 체제가 무너지는 과정에서 극심한 대립과 갈등이 있었고, 이성주의와 자유주의가 확산하였으며, 다윈의 진화론 등 과학의 발전으로 교회의 혼란과 분열이 확대될 가능성이 매우 높은 시기였다. 그리고 20세기 초반에는 제1차 세계대전 등 참혹한 전쟁과 소련을 중심으로 하는 공산주의의 득세로 전 세계가 혼란과 고통에 빠질 수밖에 없는 상황이었다. 그러나 가톨릭교회와 신자들은 100년 내내 성모님 발현을 맞이함으로써 성모님을 중심으로 일치를 이루어 사회로부터 오는 큰 혼란과 분열을 최소화할 수 있었다. 뤼 뒤 박에서 시작된 성모님 발현의 시대는 곤경에 빠져 있는 교회를 수호하는 중요한 역할을 했으며 그 영향은 지금까지 이어지고 있다.

주교의 공인만 받은 성모님 발현 성지

- 1594년, 에콰도르 키토Quito, 성공의 성모
- 1692년, 프랑스 케리앙Querrien, 영원한 도움의 성모
- 1729년, 이탈리아 몬타냐가Montagnaga, 몬타냐가의 성모
- 1859년, 미국 위스콘신 챔피언Champion, 선한 도움의 성모
- 1888년, 이탈리아 카스텔페트로소Castelpetroso, 고통의 성모
- 1973년, 일본 아키타秋田, 아키타의 성모
- 1976년, 베네수엘라 베타니아Betania, 모든 민족들과 국가들의 화해자이신 성모
- 1980년, 니카라과 쿠아파Cuapa, 쿠아파의 성모
- 1983년, 아르헨티나 산 니콜라스San Nicolás, 묵주기도의 성모

교황청에서 인정한 16건의 성모님 발현

멕시코 과달루페
1531년

폴란드 레자이스크
1590년

리투아니아 실루바
1608년

프랑스 생테티엔르로
1664년

프랑스 파리 뤼 뒤 박
1830년

이탈리아 로마 프라테 성당
1842년

프랑스 라 살레트
1846년

프랑스 루르드
1858년

체코 필리포프
1866년

프랑스 퐁맹
1871년

폴란드 기에트슈바우트
1877년

아일랜드 노크
1879년

포르투갈 파티마
1917년

벨기에 보랭
1932년

벨기에 바뇌
1933년

르완다 키베호
1981년

성모님 발현의 이해

CHAPTER 1

멕시코 과달루페
GUADALUPE(1531)

개요

과달루페 성지는 트리엔트공의회에서 성모님의 발현에 대한 공인 제도를 도입한 이래 최초로 공인을 받은 성지로, 성모님 발현 이후 7년 만에 당시 멕시코 인구의 대부분에 해당하는 8백만 명이 가톨릭 신자로 개종하는 기적이 일어난 곳이다. 교황 요한 바오로 2세가 첫 해외 순방지로 선택하여 생전에 네 번이나 방문하였으며, 성모님의 발현을 목격한 시현자가 성인품에 오른 성지이기도 하다. 성모님 발현 성지 중에서 규모가 가장 크며, 다양한 성당과 성상, 시설 등이 있어 전 세계에서 가장 많은 순례자가 방문하기에 프랑스의 루르드, 포르투갈의 파티마와 함께 세계 3대 성모님 발현 성지로 인정받고 있다.

시대적 배경

1519년 2월 스페인의 에르난 코르테스는 아메리카 대륙 정복을 위하여 배 11척, 말 16필, 병사 508명의 원정대를 이끌고 유카탄반도에 상륙하여 부족들을 점령해 나갔다. 1521년 코르테스가 아스테카 제국의 수도 테노치티틀란을 무력으로 함락하며 결국 제국은 멸망하였다. 성모님이 발현하신 1531년은 코르테스가 아스테카 제국을 정복한 지 10년이 되는 해이다. 그동안 스페인은 먼저 금을 수탈하였는데 금이 점차 소진되자 직접 금광을 개발하기 시작하였고 자연히 채굴을 위하여 원주민을 노예로 만들어 노동력까지 착취하였다. 게다가 스페인은 금만 아니라 돈이 될 만한 광물을 모두 빼앗아 갔고 농산물도 수탈하여 원주민은 도탄에 빠질 수밖에 없었다.

이로 인해 원주민들의 반발이 서서히 증가하여 1531년은 정복자 스페인과 피정복자 멕시코 원주민들 사이의 갈등이 극에 달한 시기였다. 그리고 테노치티틀란의 중심부에 있는 테페약 언덕은 아스테카 제국에서 모시던 신 중 가장 영향력이 컸던 대지의 어머니 토난친의 신전이 있는 장소였다. 토난친은 풍요와 다산(생산력)을 상징하므로 원주민들에게는 매우 중요한 여신이었다.

그런데 스페인은 정복과 동시에 토난친 신전을 완전히 파괴하여 더 이상 제사를 지내지 못하게 만들었다. 원주민들에게 토난친을 모시지 못한다는 것은 제국이 정복을 당한 것 이상으로 큰 충격을 주었다. 그들의 삶을 지탱해 주는 풍요와 생산력을 신적 존재로부터 보장받을 수 없게 되었고, 이는 미래가 없다는 것을 의미하기 때문이었다. 미래를 상실한 절망과 수탈로 인한 고통이 최고조에 이르게 되었을 때 성모님이 테페약 언덕에 발현하셨다.

성모님 발현

첫 번째, 두 번째 발현 - 1531년 12월 9일 토요일 새벽과 오후 5시경

1531년 12월 9일, 가톨릭으로 개종한 지 얼마 되지 않은 57세의 원주민 후안 디에고는 새벽 일찍 일어나서 틀라텔로코에 있는 프란치스코회 수도원으로 미사를 드리러 가고 있었다. 테페약 언덕을 넘어갈 무렵, 그는 언덕 정상에서 들려오는 아름답고 신비로운 음악 소리에 깜짝 놀랐다. 곧이어 "후안 디에고!"라고 부르는 음성이 들려오자 그는 그 소리를 확인하러 정상으로 올라갔다. 그곳에는 빛을 발산하는 아름다운 여인이 구름 속에 서 있었는데, 디에고에게 가까이 오라며 손짓하였다.

여인은 멕시코 원주민과 스페인 백인의 혼혈인 메스티소의 얼굴로 검은 머리와 갈색 피부였으며, 찬란한 황금색 별무늬가 그려진 청록색 망토를 입고 있었다. 그 여인은 디에고에게 원주민의 언어인 나우아틀어로 말하였다. "나의 사랑을 받는 자여, 너는 내 말을 명심해 듣도록 하여라. 나는 하늘과 땅을 만드신 하느님의 어머니 마리아이다. 나는 너희가 나의 사랑, 나의 자비, 나의 구원과 보호를 증거하기 위하여 이곳에 하루바삐 성전을 세우기 바란다. 나는 모든 사람이 탄원하는 소리를 듣고 있으며 그들의 모든 슬픔을 위로하고 있다. 너는 주교에게 가서 나를 위한 성전을 세워야 함을 밝히고, 그것이 나의 간절한 소망임을 전하도록 하여라."

이에 디에고는 즉시 주교관으로 가서, 1528년 12월에 멕시코의 첫 주교로 부임한 후안 데 수마라가를 어렵게 만났다. 디에고가 성모님의 메시지를 전달하였지만 주교는 이해할 수 없다는 표정을 짓고는, 한가한 때 다시 한번 보자며 물러가라고 손짓했다. 디에고는 자신

제물의 정원. 성모님과 시현자 후안 디에고와 디에고의 숙부 베르나르디노, 수마라가 주교, 그리고 제물을 바치는 원주민들

의 사명이 좌절되었음을 깨닫고 돌아갈 수밖에 없었다.

디에고는 쉬지 않고 걸어 오후 5시경 다시 테페약 언덕으로 돌아왔는데 언덕 정상에서 성모님이 기다리고 계셨다. 그는 주교관에서 있었던 일을 자세히 설명하고 자신보다 메시지를 더 잘 전달할 수 있는 덕망 있는 사람을 보내 달라고 간청하였다. 그러나 성모님은 이 일을 위해 그를 선택한 것이라 하시며, 내일 아침 다시 주교에게 가서 너를 보낸 이가 하늘의 여왕이신 성모 마리아라고 밝히면서 당신의 메시지를 다시 전달할 것을 명령하셨다. 이에 디에고는 "내일 해가 질 무렵 주교님의 수락 여부를 알려 드리러 오겠습니다. 다시 믿음을 갖고 떠나겠습니다"라고 답하였다.

세 번째 발현 - 1531년 12월 10일 일요일 오후 3시경

10일은 주일이어서 디에고는 미사를 드린 후에 주교를 만나러 갔다. 그는 성모님을 만나 대화한 내용을 확신에 찬 태도로 상세히 설명하며 메시지를 다시 전달하였다. 그러나 주교는 디에고가 매우 진지하지만 믿음이 가지 않고 어떤 망상에 사로잡혀 있다고 생각하여, 자신을 다시 찾아올 때는 사실을 입증할 증거물로 성모 마리아의 표징을 하나 가져오라고 말하였다. 디에고가 주교의 요구를 기꺼이 받아들이고 성모님을 만나러 오후 3시경 테페약 언덕으로 올라가자, 성모님은 디에고의 말을 들으신 후 말씀하셨다. "그렇다면 주교가 요구한 분명한 증거를 보여 줄 테니 내일 이곳으로 오너라. 네가 그것을 가져간다면 더는 너를 의심하지 않을 것이다. 나는 내일 이곳에서 너를 기다리고 있겠다."

네 번째, 다섯 번째 발현 - 1531년 12월 12일 화요일 이른 아침

10일에 디에고는 숙부 베르나르디노가 열병에 걸려 위독한 상태라는 연락을 받았다. 다음 날인 11일에도 숙부의 병환이 악화되어 디에고는 성모님을 만나야 하는 약속을 지키지 못하였다. 저녁이 되자 숙부는 마지막 운명의 시간이 되었다고 확신하여 디에고에게 내일 병자성사를 집전해 줄 신부님을 모셔 와 달라고 부탁했다.

12일 아침, 디에고는 신부님을 모시러 테페약 언덕으로 가다가 성모님을 만나면 시간이 지체되어 숙부가 병자성사를 받지 못하고 죽을지도 모른다는 생각이 들어 다른 길을 택하였다. 그러자 디에고가 걸어가고 있는 언덕 중턱까지 성모님이 내려오시어 그에게 물으셨다. "너에게 무슨 일이 있느냐? 지금 어디로 가는 중이냐?" 디에고는 당황

멕시코 과달루페

하는 한편 부끄럽기도 했지만 자신의 사정을 솔직하게 말씀드렸다. 그러자 성모님은 "잘 알아 두어라. 이제 네가 두려워할 일은 없다. 숙부의 병이 이미 완쾌되었음을 확신해도 된다. 가거라. 네가 나를 처음 만났던 곳으로 가면 형형색색의 장미꽃이 있을 테니 그것들을 따서 이곳으로 가져오너라"라고 말씀하셨다. 그때는 12월이었고 테페약 언덕은 척박한 바위투성이였다. 디에고는 장미가 피었을 리 없다고 생각했지만 언덕으로 가 보니 놀랍게도 장미가 피어 있었다. 디에고가 장미를 딴 다음 자신의 틸마(망토처럼 생긴 원주민의 겉옷)를 앞쪽으로 돌려 장미를 담아 가져오자 성모님은 말씀하셨다. "이 장미를 주교에게 가져가 내 소망이 이루어지도록 하거라."

디에고는 장미를 담은 틸마를 가지고 주교를 찾아갔다. 낮 12시경에 그가 주교 앞에서 틸마를 펼치자 장미꽃들이 떨어지면서 틸마에 성모님의 모습이 뚜렷하게 나타났다. 주교는 한겨울에 디에고가 자신의 고향인 스페인 카스티야 지역에서 피는 장미를 가져왔을 뿐 아니라 장미를 담아 온 틸마에 성모님의 모습이 새겨져 있는 것을 보고는 놀라서 무릎을 꿇고 눈물을 흘렸다. 성모님의 전언을 믿지 않은 자신을 반성하며 용서를 구하는 기도를 바친 주교는 틸마를 자신의 기도소에 보관한 후 디에고와 함께 테페약 언덕을 찾아갔다. 디에고가 성모님이 발현하신 장소를 가리키자 주교는 그곳에 성모님의 뜻에 따라 우선 작은 경당을 세우기로 했다.

디에고가 주교를 찾아가는 동안 성모님은 병상에 있는 숙부 베르나르디노에게 다섯 번째로 발현하셨다. 성모님은 그를 위로하시면서 지금 일어나고 있는 일에 대해서도 설명해 주셨다. 성모님은 테페약 언덕에 성전이 세워지면 틸마에 새겨진 당신 성화를 그곳에 안치

수마라가 주교 앞에서 틸마를 펼치는 후안 디에고

할 것이며, 그 이름을 과달루페의 성모라고 불러야 한다고 이르셨다. 사실 성모님은 '(돌) 뱀을 물리친 여인'이란 의미의 아즈텍어인 "테 과틀라소페우"Te Coatlaxopeuh라고 하셨고, 베르나르디노는 몸을 회복하자 디에고와 함께 주교를 만나 이를 그대로 전하였는데, 정작 주교가 과달루페(과달루페는 당시 스페인에서 검은 성모상이 모셔진 유명한 마을이다)로 알아들어 줄곧 그렇게 부르게 되었다. 아즈텍어로 '테'Te는 돌, '과'Coa는 뱀, '틀라'Tla는 명사형 어미 the, '소페우'Xopeuh는 '쳐부수다'라는 뜻이다.

멕시코 과달루페   49

발현 장소

테페약 언덕은 대지의 여신 토난친을 모신 신성하고 상징적인 장소였다. 스페인 정복자들에 의해 토난친 신전이 파괴되자 멕시코 원주민들은 크게 좌절했다. 성모님이 바로 그곳에서 발현하신 것은 원주민들에게 새로운 시대가 시작됨을 알리는 동시에, 다시 그들의 미래가 보장됨을 알리는 사건이었다. 만일 성모님이 다른 장소에서 발현하셨다면 7년 만에 8백만 명의 원주민이 가톨릭으로 개종할 수 있었을까? 아마 불가능했을 것이다. 성모님은 원주민들이 가장 신성시하는 장소에 발현하시어, 과거를 뒤로하고 가톨릭으로 오라는 강렬한 메시지를 주신 것이다.

수마라가 주교는 성모님의 모습이 새겨진 디에고의 틸마를 즉시 성물로 지정했으며, 이 틸마를 보존하기 위해 언덕 정상에 작은 경당을 세웠다. 이 경당은 찰흙을 햇볕에 말려 만든 벽돌로 지어졌는데, 그 크기는 가로 세로 똑같이 4.5m였으며, 원주민들과 스페인인들이 14일 동안 함께 일해 1531년 12월 준공했다. 이제 테페약 언덕에서 토난친의 신전은 자취를 감추고 성모님의 경당이 우뚝 섰다. 1533년에는 이 작은 경당을 허물고 그 자리에 더 큰 경당이 지어졌으며, 그로부터 3년 뒤에는 지성소가 준공되어 성모님께 봉헌되었다. 1660년에 다시 성모님 발현을 기념하는 경당이 건립되었는데 이 경당이 현재의 세리토 경당이다. 경당 제단에는 성모화가 모셔졌고, 경당 양쪽 벽에는 성모님 발현과 관련한 6가지 벽화가 그려졌다. 세리토 경당에서 내려다보면 과달루페 성지 전체를 한눈에 조망할 수 있다. 1709년 4월 대성당이 건립되자 세리토 경당에 보관되어 있던 성모화가 그곳으로 이전되었다.

테페약 언덕 정상에 있는 세리토 경당

테페약 언덕으로 올라가는 입구. 언덕에 세리토 경당이 보인다.

시현자

멕시코 원주민 쿠아우틀라토아친Cuauhtlatoatzin('독수리처럼 말하는 사람'이라는 뜻이다)은 작은 마을의 가난한 농부였다. 스페인 수도자들이 멕시코에 들어와 원주민들과 똑같이 가난한 생활을 하며 모범적인 모습을 보여 주자 원주민들은 수도자들을 믿고 따랐으며 일부는 세례도 받았다. 1527년 그도 세례를 받아 후안 디에고Juan Diego, 곧 '요한 야고보'라는 세례명을 얻었고, '마리아 루시아'라는 세례명을 받은 아내와 함께 꼬박꼬박 미사에 참석하였다. 집 근처에는 성당이 없어서 그는 프란치스코회 수도원으로 미사를 드리러 다녔는데, 그러려면 테페약 언덕을 넘어가야 했다. 그날도 미사를 보러 테페약 언덕을 넘어가다가 성모님 발현의 시현자가 된 것이다.

발현 이후 테페약 언덕에 성모화를 모시는 작은 경당이 건립되자 디에고는 주교로부터 책임자로 임명되었다. 그는 발현을 목격한 후 죽기 전까지 17년 동안 성모화를 보러 온 원주민들에게 성모님의 발현을 설명하는 등 열심히 하느님 나라를 전교하였다. 디에고의 이 같은 헌신으로 매일 수천 명씩 개종을 하더니 마침내 발현 이후 7년 만에, 우상숭배와 인신공양을 지내던 멕시코 인구의 대부분이 가톨릭 신자가 되는 기적이 일어났다. 디에고는 1548년 6월 30일 74세의 나이로 선종하였다.

후안 디에고

성모화

1709년 4월 27일 테페약 언덕 아래에 성모님을 위한 대성당이 건립되어, 테페약 정상에 있는 경당에 보존되어 왔던 틸마의 성모화도 이곳으로 이전되었다. 그런데 기존 대성당이 지반침하 등으로 붕괴 위험이 커지자 1976년, 1만 명이 동시에 미사를 드릴 수 있는 새로운 대성당이 건립되었고 성모화도 다시 옮겨졌다. 성모화를 보기 위해서는 제단 옆 경사로로 내려가 무빙워크웨이를 이용해야 한다. 여기에 보관되어 있는 성모화는 디에고의 틸마에서 오려 낸 천 조각으로, 보통 수명이 20~30년밖에 안 되는 선인장 섬유로 만들어진 천이 500년 가까이 지난 지금까지 그대로다. 디에고의 틸마는 크게 3개의 천 조각으로 이루어졌으며 2개의 천 조각에 성모님이 그려져 있다. 성모화가 그려진 1개 천 조각의 크기는 폭 53cm에 길이 198cm이며, 성모화의 크기는 약 85cm의 폭에 길이가 150cm이다.

과달루페의 성모 대성당 내부. 제단 뒤 정중앙에 실제 성모화가 있다.

과달루페의 성모 대성당

    1791년 성모화에 암모니아가 쏟아지는 사고가 있었지만 저절로 복원되었고, 1921년 성모화를 없애려는 폭탄 테러 때도 디에고의 동상과 함께 성모화는 전혀 손상을 입지 않았다. 틸마에 그려진 성모화에 대해 정밀 조사를 진행한 결과 붓질의 흔적이 전혀 없을 뿐 아니라 안료 역시 학계에 보고되지 않은 지구상에 존재하지 않는 것이라고 한다. 1979년 미국의 과학자들이 우주광학 장비를 이용하여 틸마 속 성모님의 눈동자를 2,500배 확대하여 보니, 장미꽃이 담긴 망토를 펼치는 디에고와 수염이 달린 노인 모습의 주교, 피부색이 짙은 여성, 디에고를 바라보는 스페인 사람 등 13명을 볼 수 있었다고 하는데, 이는 틸마에 그려진 성모화가 드러났던 순간을 그대로 보여 주고 있다.

대성당 제단 옆 지하로 내려가는 통로

무빙워크웨이에서 성모화를 볼 수 있다.

<후안 디에고의 틸마에 새겨진 성모화>

❶ 얼굴은 원주민과 백인 혼혈이다. 이는 원주민과 스페인의 화해를 의미한다.
❷ 손은 유럽식이 아닌 원주민 방식의 기도를 하고 있으며, 이는 무엇이 이루어질 것임을 암시한다.
❸ 검은 허리띠는 임신한 여자를 상징한다. 낙태 반대 등 생명 수호의 의미로 받아들여진다.
❹ 옷에는 잎이 여덟 개인 꽃이 아홉 송이가 있다. 원주민의 아홉 종족을 표현한다.
❺ 태양이 성모님의 배경이 되고 있다. 성모님이 원주민이 모셨던 태양신보다 우월함을 상징한다.
❻ 청록색은 위대한 신을 상징하고, 46개의 별은 발현 당시의 별자리를 표시한다. 별은 새로운 시대가 시작되었음을 알리는 상징이다.
❼ 성모님이 어둠의 신을 상징하는 초승달을 밟고 있다.
❽ 세 종류의 깃털을 가지고 있는 아이 천사. 아이 천사는 새로운 시대의 시작을 알린다.
❾ 성모님을 둘러싸고 있는 구름은 하늘을 상징한다.

공인 과정

1531년 12월 12일 수마라가 대주교는 성모님의 모습이 새겨져 있는 틸마를 성물로 지정하고 발현 기념 경당 건립을 시작하였으며, 1555년 멕시코의 두 번째 대주교인 알론소 데 몬투파르는 성모님의 발현을 공인하는 교령을 공포하였다. 그리고 1666년과 1723년에 다시 주교에 의한 공식 조사가 있었다. 이때는 공인 제도가 도입된 초기라 주교의 공인 과정이 다소 미흡하였지만 이후 교황에 의한 언급과 봉헌, 순방이 집중되면서 교황청의 인정을 받았다고 볼 수 있고, 이에 따라 성지에 대한 관심도 급증하였다.

① 교황 베네딕도 14세가 과달루페의 성모님을 누에바 에스파냐의 수호성인으로 선포하는 교서를 발표하였다.

② 1895년 교황 레오 13세가 성모화의 대관식을 거행하였다.

③ 1910년 교황 비오 10세가 과달루페의 성모님을 라틴아메리카의 수호성인으로, 1945년 교황 비오 12세가 멕시코의 여왕이자 아메리카 대륙의 수호성인으로, 1961년 교황 요한 23세가 모든 아메리카 주민의 어머니로 선언하였다.

④ 1966년 교황 바오로 6세가 성모화를 보관하는 과달루페의 성모 대성당에 황금 장미장을 수여하였다.

⑤ 교황 요한 바오로 2세가 첫 번째 해외 사목 방문지로 1979년 1월 25~30일에 과달루페를 방문하였으며, 1990년 5월 6일 성지에서 후안 디에고를 시복하였다. 1992년 교황은 바티칸 성 베드로 대성당 지하에 과달루페의 성모 경당을 지어 축성하였고, 1999년 1월 22일 과달루페의 성모 축일을 아메리카 대륙 교회 전체의 축일로 지정하였으며 다음 날에 과달루페의 성모 대성당을 다시 방문하였다.

옛 대성당 외관. 전면 좌측으로 기울어져 있다.

옛 대성당 내부

멕시코 과달루페

2002년 7월 31일에는 성지에서 1천2백만 명의 군중이 모인 가운데 후안 디에고의 시성식을 거행하였다. 이처럼 교황 요한 바오로 2세는 1979년을 시작으로 1990년, 1999년, 2002년 총 네 번이나 과달루페 성지를 순방하였다. 성모님이 디에고의 틸마를 통하여 세상 모든 사람들에게 모습을 드러낸 12월 12일은 과달루페의 성모님 발현 축일로 정해졌다.

⑥ 교황 프란치스코가 2013년 과달루페의 성모 대성당에 두 번째 황금 장미장을 수여했으며, 2016년 2월 13일에는 직접 순방하였다.

발현 의미

성모님의 발현과 메시지로 테페약 언덕에 있었던 토난친의 신전을 대신하여 성모님을 위한 성전이 건립되었고, 성모님이 멕시코인들의 미래를 보장하는 새로운 시대가 시작되었다. 따라서 정복자 스페인의 수탈로 고통과 절망 속에 빠져 있던 멕시코 원주민들이 성모님을 믿으며 800만 명이나 개종을 한 것은 당연하다고 할 것이다. 성모님의 발현은 정복자와 원주민 간의 깊은 갈등을 해소하였으며 이제는 같은 주님의 백성으로 함께 미래로 나아가야 한다는 것을 깨닫게 해 주었다. 그리고 멕시코에서의 대규모 개종은 다른 중남미 지역에도 큰 영향을 미쳐 가톨릭이 아메리카 대륙에서 주된 종교로 자리 잡는 데 결정적인 역할을 하였다.

과달루페의 성모님은 멕시코 독립 전쟁 이후부터 국민적인 상징이 되었다. 1810년 멕시코의 독립을 선언한 미구엘 이달고 신부는 "과달루페의 성모여, 영원하라. 나쁜 정부에게 죽음을!"이라고 외치며 독립을 쟁취하기 위하여 스페인에 대항하였다. 그들은 모두 과달루페의 성모님이 그려진 모자를 착용하고 과달루페의 성모님이 그려진 깃발을 들어 올렸다.

라틴아메리카를 대표하는 소설가인 카를로스 푸엔테스는 "자신이 그리스도교 신자가 아니라고 생각하는 사람이라도 과달루페의 성모님을 믿지 않는다면 진정한 멕시코인이라고 할 수 없다"라고 말하였다. 1990년 노벨 문학상을 수상한 멕시코의 유명 시인 옥타비오 파스는 1974년에 "과달루페의 성모님은 이제 멕시코 국민들의 정신적인 요람과 국가적인 행운의 대상으로 유일무이한 지위를 차지하고 있다"라고 기술하였다. 과달루페의 성모님을 사랑하는 이들은 특별히 과달루페노Guadalupeno로 불리는데, 멕시코인 전부를 과달루페노라고 불러도 무방할 정도로 그들에게 과달루페의 성모님은 절대적인 존재이다.

교황 요한 바오로 2세 성상

프란치스코 교황의 순방

성지 소개

과달루페 성지는 성모님 발현 성지 중에서 규모가 가장 큰 성지이다. 넓은 광장이 있을 뿐 아니라 성지 내에 1만 명을 수용할 수 있는 과달루페의 성모 대성당을 비롯하여 미사를 드릴 수 있는 성당과 경당이 무려 7곳이나 있는데, 성지 광장 주변으로 과달루페의 성모 대성당, 옛 대성당, 세례소, 포치토 경당, 산타 마리아 주교좌 성당, 옛 원주민 성당 등이 배치되어 있다. 과달루페의 성모 대성당과 옛 대성당 사이에는 과달루페를 총 4번이나 방문하신 교황 요한 바오로 2세의 대형 동상이 서 있다. 그리고 세례소 옆에는 성지에서 가장 중요한 의미를 담고 있는 테페약 언덕 정상으로 올라가는 길이 잘 정돈되어 있어, 정상에 있는 성모님 발현 장소에 세워진 세리토 경당도 쉽게 방문할 수 있다. 올라온 길의 맞은편으로 내려가면 제물의 정원으로 연결되는데 여기에는 야외에 세워진 대형 성모상과 수마라가 주교, 후안 디에고, 그의 숙부인 베르나르디노, 그리고 제물을 바치는 원주민들의 동상 등이 있다.

제물의 정원에서 광장 쪽으로 오다 보면 우물 경당인 포치토 경당이 있는데 경당 안에 들어가면 실제로 큰 우물이 있다. 아스테카 시대부터 사용하던 우물로, 그 물에는 유황 성분이 있어 치료를 목적으로 사용되었다고 한다. 성모님께서 바로 이 자리에서 네 번째로 후안 디에고에게 발현하셨고, 신자들은 이 물을 하느님께서 강복하셨다고 믿었다. 그 후 우물 위에 경당을 건립한 것이다. 다시 광장 쪽으로 나오면 옛 원주민 성당이 있는데 디에고의 오두막이 있던 곳에 성당을 세운 것이다. 후안 디에고와 그의 숙부 묘지가 있었기에 17세기 무렵부터 원주민들이 주로 이곳을 즐겨 방문했고, 이에 원주민 성당이라는 이

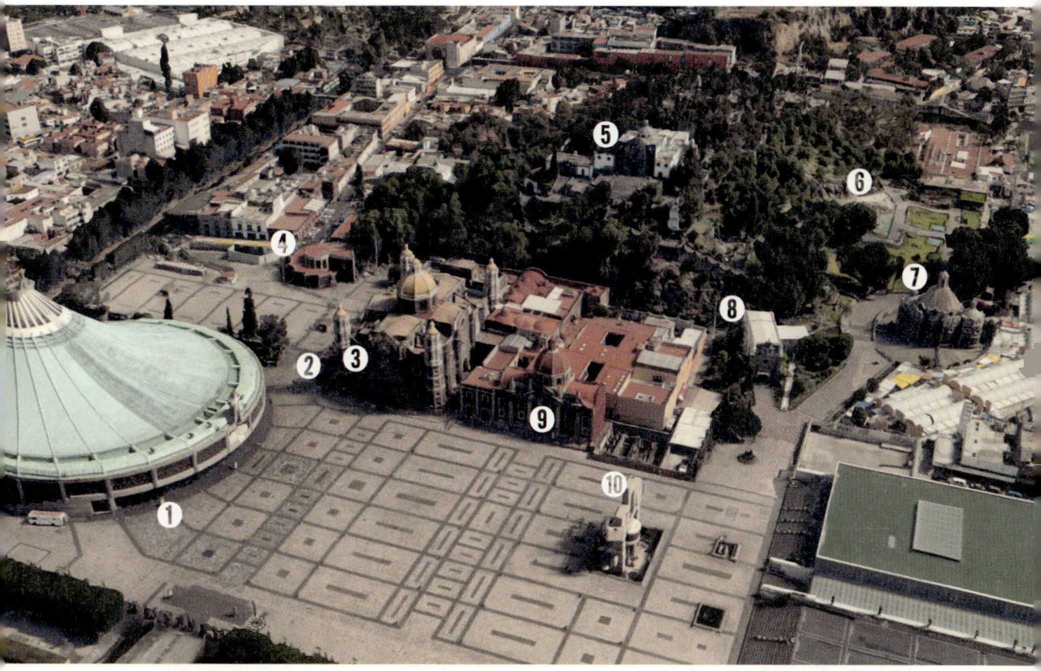

<성지 전경>

❶ 과달루페의 성모 대성당. 1만 명 동시에 착석, 최대 4만 명 수용 가능
❷ 교황 요한 바오로 2세 동상
❸ 옛 대성당. 기울어져 있어 안전 문제로 미사는 진행되지 못하고 방문만 가능하다.
❹ 세례소. 테페약 언덕으로 올라가는 입구가 옆에 있다.
❺ 세리토 경당
❻ 제물의 정원
❼ 포치토 경당
❽ 옛 원주민 성당
❾ 산타 마리아 주교좌 성당
❿ 시계탑

포치토 경당과 입구에 있는 우물

옛 원주민 소성당　　　　　　광장에 있는 십자가 모양의 시계탑

지하철역을 나와 보행로에서 바라본 성지

름이 붙었다. 스페인 사람들은 절대 이 성당에는 들어가지 않았다고 하니 원주민들만의 전용 성당임에 틀림없다.

다시 성지 광장 쪽으로 나오면 디에고가 수마라가 주교에게 틸마를 펼치는 모습의 동상과 대형 십자가 모양의 시계탑을 볼 수 있다. 1991년에 만들어진 시계탑의 상단 가운데에는 작은 종들이 달려 있으며 양쪽으로 일반 시계와 태양 시계가 붙어 있다. 매시간마다 시계와 연결된 종이 울리면서 동시에 십자가 하단에 설치된 원통을 통해 성모님 발현 인형극을 보여 준다.

성지 찾아가는 방법

과달루페 성지는 멕시코시티의 중심인 소칼로 광장에서 택시로 이동할 경우 20분 정도 소요된다. 지하철을 이용할 경우 6호선 라 빌라바실리카(La Villa-Basílica)역에 하차하여 도보로 5분만 이동하면 성지에 도착할 수 있다. 그런데 6호선은 멕시코시티 북부를 동서로 연결하는 노선이라 이용하기 쉽지 않다. 따라서 도시를 남북으로 연결하는 3호선이나 4호선을 타고 가다가 6호선으로 갈아타도록 한다.

지하철역을 나가면 넓은 도로가 나오는데 보행로가 조성되어 있어 안전하게 성지로 이동할 수 있다. 성지로 가는 길 양편으로 성물 가게가 많이 있으니 둘러보는 것도 좋다. 성지 내 성물 매장은 과달루페의 성모 대성당 지하와 옛 원주민 성당 옆에 있다. 버스는 성지 서쪽에 6번, 7번, 115번의 정류장이 있으나 가능한 한 지하철을 이용하는 것이 편리하다.

* 구글맵에서 찾기: Basilica de Guadalupe 입력

CHAPTER 2

폴란드 레자이스크
LEŻAJSK (1590)

개요

　레자이스크 성지는 성모님 발현에 대한 공인 제도를 도입한 이래 유럽 최초로 주교의 정식 조사와 보고가 있었던 성지이다. 1517년 이후 루터교를 비롯한 종교개혁파의 확산이 급속도로 광범위하게 이루어져 가톨릭이 위기에 처해 있었다. 가톨릭이 국교인 폴란드도 예외가 아니어서 당시 수도였던 크라쿠프 중심부에 위치한 성모 승천 대성당마저 루터교 교회로 사용되고 있었다. 이와 같은 종교적 혼란으로 폴란드 가톨릭이 위기에 빠져 있을 때 성모님이 남부에 위치한 레자이스크에서 발현하셨다. 1990년에는 성모님 발현 400주년을 기념하는 대규모 행사가 열렸으며, 폴란드 전역과 해외에서 25만 명의 순례자가 방문하였다.

65

시대적 배경

15세기부터 유럽은 국가 간 무역이 활발해졌고, 이로 인해 도시가 활성화되면서 서서히 확장하기 시작했다. 도시의 확장으로 이전에 없었던 새로운 직업들이 등장했을 뿐 아니라 기존의 직업들이 세분화되면서 다양한 직업군이 나타났다. 1517년 루터의 종교개혁으로 등장한 신교가 새로운 직업과 이윤 추구에 대하여 긍정적인 입장을 보이자 도시가 활성화된 지역에 살고 있던 사람들은 예외 없이 신교를 추종하게 되었다. 당시 폴란드의 수도였던 크라쿠프에는 유럽에 남아 있는 중세 광장 중에서 두 번째로 큰 광장이 있었고(첫 번째는 베네치아의 산 마르코 광장이다), 이곳에 성모 승천 대성당이 세워져 있었다. 1347년에 건립된 이 고딕양식 대성당은 가톨릭 성당으로 사용되다가, 1536년부터는 가톨릭 성당과 루터교 교회로 동시에 사용되었으며, 1572년부터 1945년까지 무려 400년 가까이 루터교 교회(전 세계에서 두 번째로 규모가 큰 루터교 교회였다)로 사용되었다.

폴란드의 수도였던 크라쿠프의 중심부에 있는 가장 상징적인 가톨릭 성당이 루터교 교회로 사용된 것은 폴란드가 전통적으로 철저한 가톨릭 국가임을 감안한다면 충격적인 사건이라고 할 수 있다. 1517년에 시작된 루터교가 20년도 안 되어 크라쿠프에 진입했으며, 순식간에 폴란드 남부를 완전히 장악한 것이다. 이제 폴란드 국민뿐만 아니라 국왕 지그문트 3세 바자도 이러한 사회적 변화와 종교적 상황을 어떻게 받아들여야 할지 큰 혼란에 빠지게 되었다. 가톨릭을 포기하고 루터교를 믿어야 할지, 아니면 가톨릭을 계속 믿어야 할지를 선택해야 하는 긴급한 시점이었다. 바로 이때 성모님이 폴란드 남동부에 위치한 작은 마을 레자이스크에서 발현하신 것이다.

성모님의 발현

1590년, 독실한 가톨릭 신자인 나무꾼 토마시 미하웨크Tomasz Michałek는 폴란드 남동부에 위치한 작은 마을 레자이스크의 북쪽 숲속(현재 대성당이 있는 위치)에서 강렬한 빛과 함께 성자를 안고 나타나신 성모님을 목격하였다. 성모님은 그에게 "두려워하지 마라. 나는 이곳을 선택했고, 여기서 나의 아들은 사랑을 받고 존경을 받을 것이다. 나는 사람들의 구원을 위하여 여기에 교회가 세워지기를 바란다. 그리고 누구든지 나에게 중보기도를 요청하는 사람은 축복을 받을 것이다"라고 말씀하셨다. 성모님은 토마시에게 이 메시지를 교회 당국에 알려 교회를 지을 것을 요청하셨으나 토마시는 그저 두려움에 떨기만 할 뿐 아무런 조치도 취하지 못하였다. 그러자 성모님은 다시 한번 그에게 발현하시어, 침묵하지 말고 행동할 것을 요구하셨다. 토마시는 자기 대신에 다른 사람을 선택해 주실 것을 간청하였지만 결국 성모님의 요구를 받아들여 성모님의 발현과 그 메시지를 교회에 증언하였다.

그러나 교회 당국은 그의 말을 믿지 않았으며, 레자이스크는 너무 작은 마을이어서 새 교회를 지을 만한 능력도 안 되고 이미 교회가 있었기 때문에 현실성이 없는 이야기로 받아들였다. 특히 의심이 많았던 보좌 사제는 토마시가 거짓으로 사람들을 현혹한다고 여겨, 이단 혐의로 고발한 뒤 법정에 세우고 감옥에 투옥하여 고문까지 행하였다. 이런 어려움을 겪은 후 석방된 토마시는 성모님을 만났던 숲속에 나무 기둥을 세우고 그 위에 예수님이 매달리신 십자가를 고정시킨 다음, 이를 '예수 그리스도의 고통'이라고 부르며 성모님의 발현을 알리는 데 노력하였다. 그 결과 루테니아 등 주변 지역의 많은 사람들이 순례를 오기 시작하였고 여러 사람이 은총을 경험하였다.

성모님 광장에 있는 성모상

대성당 내 경당에 모셔진 성모화

대성당 내 유리 경당에 모셔져 있는 토마시의 십자가

그러자 보좌 사제는 교회에 의해 조사되고 인정되지 않은 개인 숭배를 더 이상 방치할 수 없다고 판단하여, 성모님 발현 이야기의 종지부를 찍기 위해 토마시의 십자가를 순례자들이 보는 앞에서 불태울 것을 명령하였다. 그러나 불이 붙은 십자가는 아무 손상도 입지 않았고 불은 바로 꺼졌다. 이 현상이 기적으로 받아들여져, 그 십자가는 위대한 숭배의 대상이 되었고 지금도 성지의 대성당 내 유리 경당에 보존되어 있다. 이 기적 사건 후 새로 부임한 사제는 성모님 발현을 기념하는 작은 목조 경당을 세웠으나 순례자들이 계속 증가하여 이들을 수용할 만한 더 큰 성당이 필요하게 되었다.

발현 장소

독일에서 등장한 루터교는 폴란드 남부의 주요 도시인 브로츠와프, 카토비체를 넘어 크라쿠프까지 장악한 후 계속 동쪽으로 세를 확장하고 있었다. 이제 폴란드 동쪽의 큰 도시로는 제슈프만 남아 있을 뿐이었다. 당시 수도 크라쿠프를 비롯하여 폴란드의 주요 도시가 모두 체코, 오스트리아, 헝가리와 인접한 폴란드 남부에 위치했기에 이 지역이 어떤 세력에 의해 장악당한다는 것은 곧 폴란드 전체가 장악당하는 것과 다름없었다. 이 긴박한 상황에서 성모님이 제슈프 인근의 작은 마을 레지이스크에서 발현하신 것이다. 이는 제슈프를 꺼지선으로 삼아 폴란드 내에서 루터교의 확장을 막고 가톨릭을 수호하라는 의미로 볼 수 있다.

성모님이 발현하신 곳은 레자이스크 북쪽에 있는 큰 숲속의 한 덤불이었다. 발현을 목격한 토마시를 탄압하였던 보좌 사제는 갑자기 죽었으며, 그를 이어 교구 소속 얀 신부가 새로 부임하였다. 얀 신부는 성모님이 발현하신 숲속 장소를 "신성한 땅"이라고 선언하였으며 1598년에는 발현을 기념하는 작은 목조 경당을 세워 성모님께 봉헌하였다. 1606년 프세미실 교구의 주교는 지그문트 3세 바자 국왕의 지원을 받아 성모님이 발현하신 위치에 큰 성당을 건립하는 계획을 수립하였고, 그 후 이탈리아 건축가가 참여한 바로크양식의 성당이 1628년에 완공되어 현재에 이르고 있다.

그 과정에서 1608년 베르나르딘Bernardin 수도원이 레자이스크로 이전하였고, 1610년 수도자들의 노력으로 수도원 내에 벽돌로 만든 성당이 건립되었다. 그리고 성지의 서쪽에 위치한 교황 요한 바오로 2세 광장과 연결되는 북쪽의 넓은 숲속에는 그리스도 수난상이 세워진 골고타 언덕과 십자가의 길, 성모님의 길, 병든 자를 위한 길 등이 조성되어 있다.

시현자

성모님의 발현을 직접 목격한 토마시 미하웨크에 대해서는 자료가 전무하다. 성지 공식 홈페이지와 성당에 설치된 게시판에도 그가 레자이스크에 있는 양조장의 직원이자 나무꾼이었고 독실한 가톨릭 신자였다는 사실 외에는, 그의 나이나 출생 및 성장, 노년이나 죽음과 관련한 어떠한 내용도 찾을 수 없다. 그는 성모님의 발현을 목격한 이후에 투옥을 당하여 고문까지 받았지만, 북쪽 숲속에서 성모님과 그 메시지를 알리는 데 노력했다. 이러한 그의 헌신과 희생을 통해 성모님이 알려지고 발현 장소가 성지로 지정될 수 있었기에 그에 대한 자료가 없다는 사실이 매우 아쉽다.

교황 요한 바오로 2세 광장에서 북쪽 숲으로 들어가는 입구

북쪽 숲에는 여러 성상이 있어 기도하며 순례하기 좋다.

성모화

성모님이 성자를 안고 있는 성모화는 1590년 이전에 그려진 것으로, 레자이스크 출신 에라즈마 신부의 작품으로 알려져 있다. 15세기에서 16세기 사이 크라쿠프의 회화를 대표하며, 성모화를 비롯하여 많은 종교화를 그린 그는 로마의 산타 마리아 마조레 대성당에 있는, '인도자'라는 의미의 호데게트리아 Hodegetria 양식에 따라 성모화를 그렸다. 성모님은 오른손으로 성자를 가리켜 성화를 바라보는 사람들을 당신이 아닌 성자에게 주목하게 하는 한편, 왼쪽 품에 안긴 성자는 왼손에 복음서를 들고 오른손은 앞으로 뻗어 축복을 하고 있는 모습이다. 레자이스크에서 발현하신 성모님도 성자를 안고 계셨기에 이 성모화가 발현하신 레자이스크의 성모님을 상징하게 되었다. 이런 이유로 이 성모화가 발현 장소에 최초로 세워진 목조 기념 경당에 모셔졌고, 현재의 대성당이 건립된 후에는 성당 내에 경당을 따로 만들어서 지금에 이르고 있다.

1752년 9월 8일 복되신 동정 마리아 탄생 축일에 교황 베네딕도 14세가 왕관을 축복하여 레자이스크의 성모화에 봉헌하였고, 시에라코프스키 주교는 교황이 수여한 왕관을 성모님과 성자의 머리 위에 씌우는 대관식을 거행하였다. 그런데 1981년 10월 누군가가 대성당에 침입하여 성화를 훼손하고 성자의 왕관을 훔쳐 갔다. 이 사건으로 신자들과 지역 교구는 큰 충격을 받았으며, 수많은 사람이 속죄 행렬에 참여하면서 새로운 면류관을 마련하는 방안을 고민하였다. 이에 1983년 6월 19일 폴란드 쳉스토호바에서 사목 순방 중이던 교황 요한 바오로 2세는 성모화에 새로운 왕관과 면류복을 봉헌하였다. 2002년 성모화 대관식 250주년 기념 행사가 대규모로 거행되었다.

왼쪽 원래의 성모화
가운데 1752년 교황 베네딕도 14세가 봉헌한 왕관과 면류복
오른쪽 1983년 교황 요한 바오로 2세가 봉헌한 왕관과 면류복

성모화를 모신 경당

폴란드 레자이스크

공인 과정

프셰미실 교구의 주교 프스트로콘스키는 성모님의 발현을 기념하는 성당의 건립을 시작하였으며, 1630년에 주교 노보드보르스키는 성당을 봉헌하였다. 후임 주교 헨리크 필레이가 성모님 발현에 대한 조사를 진행하여 발현이 초자연적인 사건임을 확인하였다. 교황 베네딕도 14세와 요한 바오로 2세는 성모화에 왕관과 면류복을 봉헌하였으며, 1928년 7월 교황 비오 11세가 성당의 등급을 준 대성당으로 올림으로써 교황청에 의한 인정도 이루어졌다고 볼 수 있다.

발현 의미

폴란드의 남부 지방과 수도인 크라쿠프가 모두 루터교에 장악된 상황에서 성모님이 폴란드 남부에 위치한 레자이스크에서 발현하셨다. 성모님이 성당을 세우라고 하신 메시지는 단순히 건물을 세우는 것을 의미하는 것을 넘어, 이 성당을 중심으로 폴란드 내 루터교의 확산을 막고 가톨릭을 지키라는 명령이었던 것이다. 지그문트 3세 바자는 반 종교개혁을 선언하고 브레스트 일치(Unio Brestensis)를 주도하는 등 여러 교회들을 가톨릭으로 통합하려는 노력을 하였고, 동시에 1596년 더 이상 루터교로부터의 회복이 불가능한 크라쿠프를 과감히 포기하고, 루터교로부터 벗어나 가톨릭을 안전하게 보호할 수 있는 바르샤바로 수도를 옮기기로 결정하였다. 유럽의 주요 여러 나라와 인접한 관계로 1038년부터 오랫동안 수도로 유지되었던 크라쿠프를 포기하고 유럽에서는 변방으로 볼 수 있는 바르샤바로 수도를 옮긴다는 것은 받아들이기 어려운 결정이었기에, 크라쿠프와 남부의 여러 도시들의 반발을 무릅써야 했다. 그럼에도 지그문트 3세 바자가 이처럼 고뇌에 찬 결단을 내릴 수밖에 없었던 여러 배경 중에 성모님의 발현이 자리 잡고 있었던 것이다.

　지그문트 3세 바자는 바르샤바에 왕궁과 성당 등 여러 가지 주요 시설을 건립한 후 드디어 1611년 수도 이전 작업을 완료하고 바르샤바를 공식 수도로 선포하였다. 그는 바르샤바에 수많은 가톨릭 성당을 건립하였으며, 스웨덴 등 루터파 국가의 끊임없는 침략을 무사히 방어했다. 그리고 레자이스크 발현 성지에 성모님 발현 기념 성당과 베르나르딘 수도원을 지을 수 있도록 대규모로 적극 지원하였다. 16세기, 무서운 속도로 유럽에 확산하고 있던 루터교로부터 폴란드와 가톨릭을 지켜 내고 계속 유지할 수 있었던 것은 바로 레자이스크에서 발현하신 성모님 덕분에 가능하였던 것이다.

잠코비 광장에 있는 지그문트 3세 바자의 기둥. 오른쪽 붉은 건물은 바르샤바 왕궁

성지 소개

성지는 수태고지 대성당과 베르나르딘 수도원으로 크게 나누어지며, 방문자는 대성당과 주변 광장, 그리고 북쪽 숲을 순례하게 된다. 시내 쪽과 연결되는 성모님 광장은 성모상을 모신 작은 집과 성모상 기둥이 있으며 야외 미사 장소로 활용되고 있다. 이 광장에서 성지의 입구로 들어가면 천국의 광장이 나오는데, 여기에는 교황 요한 바오로 2세가 1964년 크라쿠프의 대주교로 임명된 다음 해인 1965년 5월에 이곳을 방문한 것을 기념하는 기둥이 있다. 천국의 광장에서 대성당으로 들어가면 바로 우측에 유명한 성모화가 모셔진 경당이 있다. 대성당 서쪽 출구로 나오면 교황 요한 바오로 2세 광장이 있으며 교황의 동상과 북쪽 숲으로 들어가는 입구가 있다. 이 광장에는 야외 주차장이 있어 렌터카를 이용하는 경우 이곳에 주차하면 된다. 1637년 착공하여 1677년에 바로크양식 건물로 완성된 베르나르딘 수도원은 일반 순례자들은 입장할 수 없다. 성지의 동쪽에 42개의 객실을 갖춘 순례자의 집(dompielgrzyma@tlen.pl)이 있으니 이곳에서 숙박을 하고 성지에서 제공하는 프로그램에 참여할 것을 권한다.

성지 찾아가는 방법

폴란드 바르샤바 공항에서 제슈프 공항까지 비행기로 이동한 후(40분 소요), 공항에서 53번 버스를 타고 제슈프 버스터미널로 간다(20분 소요). 터미널에서 버스를 타고 이동하면(1시간 소요) 레자이스크역에 도착하고, 역에서 북쪽으로 걸어가면 성지에 도착한다(15분 소요). 바르샤바역에서 레자이스크역까지 기차로 이동하는 방법도 있다(6시간 소요).

* 구글맵에서 찾기: Bernardin in Lezajsk 입력

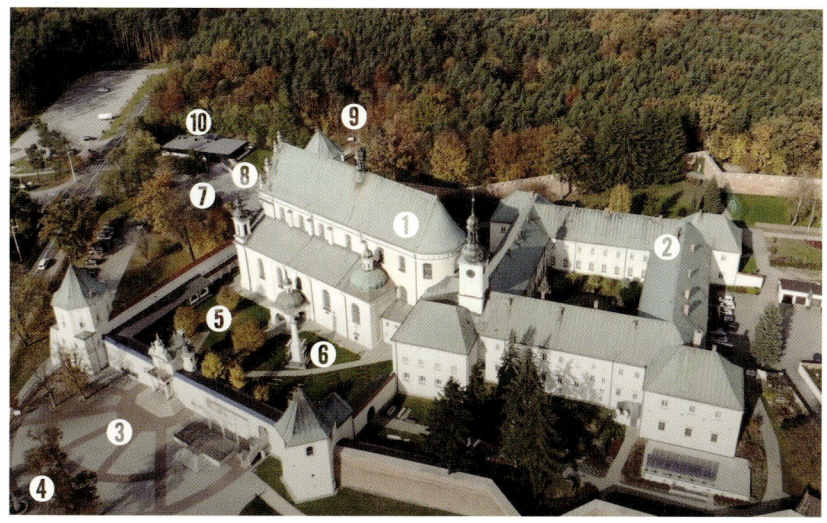

<성지 전경>

❶ 수태고지 대성당　❷ 베르나르딘 수도원　❸ 성모님 광장　❹ 성모상
❺ 천국의 광장　❻ 카롤 보이티와 대주교(교황 요한 바오로 2세) 방문 기념 기둥
❼ 교황 요한 바오로 2세 광장　❽ 교황 요한 바오로 2세 성상　❾ 북쪽 숲 입구
❿ 화장실 등 부대시설

왼쪽 교황 요한 바오로 2세 광장. 교황 요한 바오로 2세 동상과 성지 서쪽 입구가 있다.
오른쪽 카롤 보이티와 대주교 방문 기념 기둥

인근 성지 소개
크라쿠프 – 바벨 대성당

폴란드의 옛 수도인 크라쿠프에는 많은 성당이 있는데 가장 대표적인 것이 바벨 언덕에 있는 바벨 대성당이다. 1320년에 착공하여 오랫동안 건축이 진행된 바벨 대성당은 수 세기에 걸쳐 폴란드 군주들이 대관식을 올리고 사후에는 안치된 장소로 명성이 높으며, 교황 요한 바오로 2세가 젊은 시절에 사목한 성당이기도 하다. 성당의 내부가 매우 호화롭고, 황금빛 돔이 씌워진 르네상스양식의 지그문트 경당이 유명한데, 경당에는 지그문트 1세 스타리와 그의 아내의 대리석 석관이 있다. 성당의 명물 중 하나는 1520년에 제작된 지그문트 종으로 크기가 2.7m, 무게는 12.6톤이나 된다. 이 성당의 명성을 더해 주는 또 다른 성물은 높이 4m의 고딕양식으로 만들어진 장식에 위치한 십자가에 못 박힌 검은 예수상이다.

바도비체 – 교황 요한 바오로 2세 생가와 대성당

바도비체는 교황 요한 바오로 2세가 태어난 곳이다. 교황의 세속명은 카롤 보이티와이며 1978년 슬라브계로는 최초로, 비 이탈리아인으로는 455년 만에 교황에 즉위하였다. 또한 27년 가까이 재임하여, 34년을 재임한 1대 교황 베드로와 31년을 재임한 교황 비오 9세에 이어 세 번째로 오래 재임한 교황이다. 중앙 광장에는 교황의 생가와 교황이 세례를 받았던 바도비체 대성당이 있다. 생가는 현재 교황 요한 바오로 2세 박물관으로 조성되어 있으니 이곳에 간다면 반드시 방문할 것을 추천한다. 이 생가와 대성당 사이에는 교황 요한 바오로 2세의 대형 동상이 서 있다.

바벨 대성당과 그 우측의 바벨 궁전

바도비체 대성당과 그 우측의 교황 요한 바오로 2세 생가

CHAPTER 3

리투아니아 실루바
ŠILUVA(1608)

개요

　실루바는 유럽에서 가장 늦게 가톨릭을 받아들인 리투아니아의 성모님 발현 성지이다. 리투아니아에서 가톨릭이 뿌리를 내리기도 전에 루터교와 칼뱅주의가 들어와 가톨릭이 위기에 처해 있던 시기에 성모님이 발현하셨다. 리투아니아는 북쪽에 있는 라트비아, 에스토니아와 함께 발트 3국으로 불린다. 이 세 나라는 매우 유사하여 마치 하나의 운명 공동체처럼 보이는데, 이런 유사함 속에 확실히 다른 것이 있다면 바로 종교이다. 발트 3국은 오랫동안 개신교의 지배를 받아서 에스토니아와 라트비아의 주된 종교는 지금도 루터교인 반면에, 리투아니아는 성모님의 발현을 통해 신자들이 회개하고 다시 주님의 품으로 돌아오면서 가톨릭 신앙을 회복할 수 있었다.

시대적 배경

　1387년 리투아니아의 요가일라 대공은 독일 기사단의 공격에 대응하기 위하여 유럽 국가 가운데 가장 늦었지만 가톨릭을 받아들였다. 요가일라 대공은 비타우타스 대공과 함께 가톨릭 전파에 온 힘을 쏟아 다신교 최고신인 페르쿠나스의 신전까지 없애 버렸다. 비타우타스 대공은 주변국과의 전투에서 승리하여 그의 생전에 리투아니아 역사상 가장 넓은 영토를 확보할 수 있었다. 그는 그 승리 요인을 가톨릭 신앙에서 찾아 가톨릭을 국교로 삼는 데 모든 열정을 쏟았고, 이에 리투아니아는 강력한 가톨릭 국가가 되었다. 비타우타스 대공 밑에서 일했던 게드가우다스가 실루바에 최초의 가톨릭 성당을 봉헌하였으며, 로마 여행 중에 호데게트리아(인도자) 성모화를 선물로 받아 와서 실루바 성당에 모셨다.

　1532년 실루바의 영주 자비샤가 칼뱅주의를 신봉하여 모든 주민을 칼뱅교로 개종하게 하였다. 가톨릭 미사가 금지되었고 가톨릭의 재산은 몰수되어 칼뱅교도들에게 넘어갔다. 이후 모든 성당이 폐쇄되고 사제가 추방되어 실루바는 완전히 칼뱅주의에 지배되었다. 실루바 성당의 마지막 신부가 된 홀룹카는 게드가우다스의 성모화와 미사 도구, 토지 등 성당이 보유한 재산이 비타우타스 대공에 의해 가톨릭에 봉헌되었음을 증명하는 문서를 철제 궤짝에 넣어 봉인한 다음 한 바위 옆에 묻었다. 얼마 후 칼뱅교도들은 성당을 폐쇄하고 파괴하였다. 칼뱅주의의 지배가 시작되고 약 80년의 시간이 흐르면서 실루바에서는 가톨릭의 자취가 완전히 사라졌다. 마을 주민 중 나이가 많은 소수의 노인만이 실루바에 성당이 있었다는 것을 기억할 뿐이었다.

성모님의 발현

1608년 어느 여름날, 작고 가난한 마을인 실루바의 외곽에서 양떼를 치던 4명의 목동 앞에 성모님이 나타나셨다. 성모님은 큰 바위 위에 맨발로 서 계셨는데 슬픔에 잠겨 아무 말씀도 하지 않으셨으며 성자를 품에 안은 채 그저 눈물을 흘리셨고, 그 많은 눈물이 바위 위로 떨어졌다. 성모님은 푸른 망토를 걸치고 계셨고, 길고 밝은 갈색 머리가 목 주변을 감싸고 있었다. 그리고 밝은 빛이 성모님과 성자를 둘러싸고 있었다. 성모님은 곧 사라지셨고 첫 번째 발현은 그렇게 짧게 끝났다. 성모님이 발현하실 때 서 계셨던 큰 바위는 바로 홀룹카 신부가 76년 전 성모화와 중요 문서들을 파묻은 곳이었다.

목동 중 한 명이 달려가서 칼뱅교 목사에게 성모님의 발현을 전하였지만, 그는 비웃으며 누구에게도 말하지 말라고 하였다. 하지만 발현을 목격한 다른 목동들이 부모와 이웃들에게 눈물을 흘리며 발현하신 성모님에 관해 말하였다. 다음 날 아침, 목동들의 이야기를 듣고 성모님을 보기 위하여 마을 사람들이 바위 앞에 모여들기 시작하자 이를 저지하려고 목사도 따라나섰다.

칼뱅교 목사는 이 사건을 가톨릭의 음모로 간주하고 여전히 로마의 미신을 믿는다며 사람들을 질타했다. 그런데 사탄의 소행이라 경고하며 그곳을 떠나려는 순간, 가슴 저리게 우는 소리를 그도 듣게 되었다. 목동들이 전한 모습처럼 성모님이 다시 발현하시어 그 목사 역시 목격자가 될 수밖에 없었다. 성모님의 발현을 두 눈으로 직접 보게 되자 큰 충격을 받은 그는 잠시 마음을 진정한 후 용기를 내어 성모님께 물었다. "당신께서는 왜 울고 계십니까?" 이에 성모님은 슬픈 목소리로 "내 사랑하는 아들이 바로 이 땅에서 경배받았다. 그러나 이제 이

칼뱅교 목사와 4명의 목동 앞에 발현하신 성모님
실루바 순례자 센터에 소장되어 있다.

신성한 땅이 그저 농사 짓고 가축을 놓아기르는 곳으로 전락하였다"라고 답하며 사라지셨다. 성모님은 이후 1612년까지 여러 차례 발현하신 것으로 전해지고 있으나, 구체적인 내용은 알려진 바 없다.

성모님이 성자와 함께 실제 나타나셨다는 이야기가 급속도로 퍼져 나가자, 그동안 가톨릭 신앙을 거의 잊고 살아온 사람들은 성모님의 메시지에 자신들의 행동을 반성하기 시작했다. 성모님의 발현

게드가우다스가 로마에서 가져온 호데게트리아 양식의 성모화. 현재 실루바 대성당 제단에 모셔져 있다.

은 강력한 영향을 미쳐 칼뱅교를 신봉하던 마을 주민 전체가 회심했고, 인근 주민을 포함한 수많은 이들이 회개하여 가톨릭교회로 돌아오는 기적이 일어났다. 1629년 9월 8일 복되신 동정 마리아 탄생 축일에는 11,000명 이상의 사람들이 실루바에 모여 성체를 영하는 감동적인 사건도 벌어졌다.

발현 장소

성모님은 실루바 성당이 파괴되기 전에 홀룹카 신부가 궤짝을 묻어 둔 바위 위에 발현하셨다. 성모님이 그 바위 위에 발현하셨다는 것은 궤짝 속에 있는 성모화와 각종 문서와 성물 등의 진정성을 일깨우

는 동시에 가톨릭으로 복귀하라는 명령으로 볼 수 있다.

　1612년 카자케비추스 신부는 발란시우스 주교의 지시로 성모님의 발현을 조사하게 되었는데, 그 소식은 한 눈먼 노인에게도 전해졌다. 100세가 넘은 그 노인은 약 80년 전 홀룹카 신부와 함께 큰 바위 옆에 궤짝을 묻었던 밤을 기억해 냈다. 카자케비추스 신부와 마을 주민들은 그가 궤짝이 묻혀 있는 자리를 찾을 수 있도록 발현 장소로 데려갔다. 그러다 바위에 가까이 다다르자 그가 기적적으로 눈을 떴다. 노인은 기쁨과 감사로 무릎을 꿇으며 궤짝이 묻혀 있는 자리를 가리켰고, 사람들은 궤짝을 땅에서 파내어 열었다. 그 속에는 완벽히 보존된 성모화와 여러 개의 황금 성물, 예복, 교회 증서, 기타 문서들이 그대로 보존되어 있었다.

　1663년 사피에가 주교는 성모님이 발현하신 성스러운 바위 위에 작은 경당과 제단을 만들었다. 1770년에는 런던에서 대리석으로 만든 성모상을 가져와 바위 위의 제단에 봉헌하였는데, 그 앞에서 기도한 신자들이 영육 간의 건강을 회복하여 성모상은 '병자들의 건강'이라는 호칭을 얻게 되었다. 그 성모상은 현재 대성당 제단의 오른쪽에 있는 경당에 모셔져 있다.

　1908년 성모님 발현 300주년을 맞이하여 새로운 경당을 성스러운 바위 위에 세우기로 계획하였고, 1924년 9월 8일 복되신 동정 마리아 탄생 축일에 44m 높이의 흰색 경당이 봉헌되었다. 경당의 동서남북 4면에는 1979년부터 2년 동안 3명의 화가에 의해 성모님 발현을 표현한 벽화가 프레스코 화법으로 그려졌다. 성모님이 발현하신 바위는 경당 중앙에 위치한 제단 아래에 그대로 드러나 있어, 가까이 가서 직접 만져 볼 수 있고 입맞춤할 수도 있다.

발현 경당에서 기도를 드리는 교황 요한 바오로 2세

왼쪽 성모님이 발현하신 바위. 이 바위를 그대로 둔 채 경당이 세워졌고, 이 위에는 발현 성모상이 있다.

오른쪽 기도를 마치고 바위에 입을 맞추는 교황 요한 바오로 2세

시현자

시현자를 목동 4명과 칼뱅교 목사로 한정하고 있지만 발현 경당에 있는 벽화를 보면 마을 사람들도 발현을 목격한 것으로 볼 수 있다. 사실상 집단으로 성모님의 발현을 목격한 것이다. 이러한 일은 아일랜드 노크(1879)에서도 있었는데, 노크의 경우 다수의 시현자에 대한 자료가 남아 있는 반면에 시간이 많이 지난 실루바의 경우에는 자료가 거의 없어 시현자에 대한 구체적인 내용을 파악하기 어려운 상황이다.

공인 과정

1612년 발란시우스 주교가 성모님 발현을 조사하여 중요 문서와 성모화가 있던 궤짝을 찾았으며, 이 과정에서 맹인이 치유되는 기적도 일어났다. 주교는 이 문서를 바탕으로 빌뉴스 법원에 가톨릭 재산 반환 소송을 제기하였다. 소송은 판사들 대부분이 개신교도였기에 10년 가까이 걸렸지만, 1622년 빌뉴스 법원은 명확한 근거 문서들이 충분하여 어쩔 수 없이 가톨릭교회의 손을 들어 주었다. 맹인 치유의 기적으로 수많은 순례자들이 찾아왔으며, 성모님을 기리는 사면赦免 축제가 재개되었고, 주교에 의해 광범위한 조사가 여러 번 이루어졌다. 그리고 교황들이 아래와 같은 지지 의사를 표명하였다.

① 1774년 교황 비오 6세가 성당을 준 대성당으로 승격하였고, 주교의 조사 결과를 받아들여 성모님 발현을 교령으로 공인하였으며, 1775년 8월 17일 교황청은 성모화에 대한 대관식을 허락하였다.

② 1993년 9월 7일 교황 요한 바오로 2세가 발트 3국 독립 2주년을 맞이하여 발트 3국 순방 중에 실루바를 방문하였다.

발현 의미

리투아니아는 북쪽의 라트비아, 에스토니아와 함께 발트 3국으로 불린다. 이 세 나라는 면적과 인구가 비슷하고 문화와 풍속, 심지어 사람들 생김새까지 비슷하며, 나아가 외세의 지배와 독립 시기도 같아 마치 하나의 운명 공동체처럼 보인다. 이런 유사함 속에 확실히 다른 것이 하나 있는데 바로 종교이다. 에스토니아와 라트비아의 주된 종교가 루터교인 반면에 리투아니아는 가톨릭이 주된 종교이다. 1387년 리투아니아의 통치자 요가일라는 독일 기사단의 공격에서 벗어나려고 가톨릭을 받아들였으나, 가톨릭이 완전히 뿌리를 내리기 전에 루터교와 칼뱅주의가 들어와 리투아니아를 장악함에 따라 개신교가 가톨릭을 상당 부분 잠식하는 상황이 되었다. 이로 인해 리투아니아의 가톨릭 신앙은 점점 설 자리를 잃으며 위기에 빠졌다. 바로 이때 성모님이 실루바에서 발현하신 것이다.

"내 사랑하는 아들이 바로 이 땅에서 경배받았다"라는 성모님의 메시지는 다시 가톨릭 신앙으로 복귀하라는 준엄한 명령이었다. 이 메시지는 리투아니아인들에게 강한 울림이 되어 회심의 시발점이 되었다. 또한 빌뉴스 법원에서 내려진 가톨릭교회의 재산을 반환하라는 판결은 전 국민이 가톨릭교회로 돌아오는 결정타가 되었다. 리투아니아인들이 다시 가톨릭 신앙으로 돌아오는 현상이 전국에서 광풍처럼 일어나, 개신교에서 벗어나 다시 원래의 가톨릭 국가로 회복하게 되었던 것이다. 발트 3국 세 나라는 모두 상당 기간 루터교와 칼뱅주의에 지배되었지만 리투아니아만은 개혁파로부터 완전히 벗어나 가톨릭 신앙을 회복하고 지금까지 온전히 지켜 올 수 있었던 것이다. 리투아니아는 지금도 가톨릭 신자 수가 전 국민의 80%에 이른다.

성지 소개

실루바는 마을은 작지만 성지는 제법 큰 규모로 조성되어 있다. 우선 중앙에는 장방형의 대규모 성지 광장이 있는데 이 광장의 양 끝단에 성모 탄생 대성당과 발현 기념 경당이 위치한다. 이 광장은 1937년에 조성이 시작되었으나 제2차 세계대전으로 중단되었다가, 2008년 성모님 발현 400주년을 기념하기 위하여 재조성되어 현재에 이르고 있다.

광장에는 두 개의 중요한 성상이 서 있는데 하나는 성모상이고 다른 하나는 1993년 성지를 방문한 교황 요한 바오로 2세의 성상이다. 2003년 9월에는 교황 요한 바오로 2세 방문 기념관이 완공되어, 사제들의 피정 장소나 회의실, 순례자들을 위한 숙소로 사용되고 있다. 또한 광장 옆에는 실루바 순례자 센터가 있다. 이곳에는 바위 옆에 묻혔던 궤짝, 성모님이 발현하실 때의 모습을 그린 성화 등 발현과 관련한 것들이 전시되어 있으며, 관련 책자들도 많이 소장되어 있다. 광장 가장자리에는 십자가의 길이 있다.

1624년 카자케비추스 신부는 원래의 실루바 성당이 있던 자리에 작은 목조 성당을 세웠는데 이 성당은 여러 번 증축되었고, 성당 제단에는 땅에 묻혀 있다 발견된 성모화를 모시게 되었다. 1786년 9월 8일 복되신 동정 마리아 탄생 축일에는 성모화 속 성모님과 성자에게 금으로 된 왕관을 봉헌하는 대관식이 거행되었고, 이를 축하하는 행사가 3일 동안 열렸다. 12명의 주교와 3만 명의 신자가 참석했으며 행사 마지막 날에는 지금의 벽돌로 건축된 성모 탄생 대성당이 봉헌되었다. 대성당 제단에 모신 성모화의 양쪽에는 성모님의 배필인 성 요셉과 아버지인 성 요아킴의 성상이 서 있다.

<성지 전경>

❶ 성모 탄생 대성당　❷ 성모 발현 경당
❸ 광장　❹ 교황 요한 바오로 2세 성상
❺ 실루바 순례자 센터　❻ 교황 요한 바오로 2세 방문 기념관

광장에 있는 성모상과 교황 요한 바오로 2세 성상

성모 탄생 대성당 제단에 모셔져 있는 성모화와 성 요셉 성상, 성 요아킴 성상

성모님이 발현하신 바위 옆에서 찾아낸 궤짝

1886년 열린 대관식 100주년 기념식에는 러시아제국의 갖은 방해에도 불구하고 40명의 사제와 4만 명의 신자가 참석하였다. 1993년 대성당을 방문한 교황 요한 바오로 2세는 성모님을 '평화의 모후'로 칭하였다. 2004년 성모화에 봉헌된 왕관이 도난당하자 2006년 교황 베네딕도 16세가 로마를 방문한 리투아니아 주교에게 새로이 제작된 왕관을 축복하여 전달하였다. 성모님 발현 400주년을 맞이한 2008년에는 15만 명의 순례자가 성지를 방문하였고, 교황 베네딕도 16세가 파견한 독일 퀼른 교구의 추기경 요아힘 마이스너 특사도 기념식에 참석하였다.

성지 찾아가는 방법

　성지를 찾아가는 방법으로는 리투아니아 수도 빌뉴스에서 가는 방법과 라트비아 수도 리가에서 가는 방법이 있다. 먼저 빌뉴스에서 가는 경우 버스터미널에서 샤울레이까지 가는 746번 버스로 이동하다가 중간에 실루바에서 내린다(3시간 소요). 또한 빌뉴스 중앙역에서 기차를 이용하여 샤울레이에 도착한 후 746번 버스로 실루바로 가는 방법도 있다(기차는 하루 5편, 2시간 10분 소요).

　리가에서 오는 경우 터미널에서 발트 3국 국가 간 이동 버스인 럭스익스프레스Luxexpress를 타고 샤울레이에 도착한 후(2시간 10분 소요), 다시 746번 버스를 타고 실루바로 간다(1시간 소요). 렌터카를 이용할 경우 리가나 빌뉴스에서 3시간 정도 소요된다.

　* 구글맵에서 찾기: Siluva Pilgrim Information Center 입력

인근 성지 소개
십자가의 언덕

　리투아니아 국민들이 소련의 지배를 받던 1944년부터 1990년까지 십자가를 봉헌하면서 조성되었다. 독립 전쟁 희생자들을 추모하고 조국의 독립을 바라는 염원이 담긴 십자가 약 50만 개가 있는데, 소련이 불도저로 밀어 철거하려 해도 십자가는 계속 늘어날 뿐이었다. 1993년 9월 7일 교황 요한 바오로 2세가 방문하여 희망, 사랑, 평화, 희생의 장소라며 축복하였다. 순례자들은 십자가에 봉헌 내용을 적어 땅에 묻거나 걸어 두면서 기도한다.

십자가의 언덕 전경

십자가의 언덕에 있는 십자가들

샤울레이 터미널에서 버스를 타고 가다가 중간에 도만타이에서 하차한 후 20분 정도 걸으면 성지에 도착한다. 버스는 하루에 10편이 있으며 도만타이까지 15분 정도 소요된다. 그리고 리투아니아는 교황 요한 바오로 2세의 순례길이 유명하다. 빌뉴스에서 출발하여 카우나스, 십자가의 언덕, 샤울레이, 실루바를 거쳐 다시 빌뉴스로 돌아오는 순례길이다.

리투아니아의 수도 빌뉴스

리투아니아의 수도인 빌뉴스를 순례하면 성벽으로 둘러싸인 구도심 내에만 무려 20개의 유명 성당이 있어 이곳이 가톨릭의 도시임을 여실히 느낄 수 있다. 빌뉴스는 앞서 언급한 요가일라 대공의 친조부인 게디미나스 대공에 의해 도시가 건설되었으며, 이후 수도로 인정받아 지금까지 이어지고 있다. 빌뉴스의 구도심인 역사 지구는 여러 세기에 걸쳐 다른 동유럽 지역에 깊은 문화적 영향을 미친 중세 도시의 모습을 잘 보존하고 있어, 1994년 유네스코 세계유산에 등재되었다.

대표적인 성당으로는 1812년 프랑스 황제 나폴레옹이 러시아를 정벌하기 위해 떠난 원정길에서 빌뉴스에 머물다가 그 아름다움에 반해 손바닥에 얹어 파리에 가져가고 싶다고 말한 성 안나 성당, 프란치스코회 수사들이 세운 성 베르나르디노 성당, 빌뉴스에서 가장 규모가 큰 빌뉴스 대성당(지하에 리투아니아 왕족의 묘지가 있다), 빌뉴스에서 가장 오래된 바로크양식의 성 가시미로 성당, 그리고 성 테레사 성당과 성 요한 성당 등이 있다.

그리고 빌뉴스 구도심의 9개 성문 중 현재 유일하게 남아 있는 새벽의 문 위에는 작은 성모 경당이 있는데, 여기에는 블랙 마돈나, 곧 검은 성모화가 모셔져 있다. 오랫동안 이 검은 성모화는 빌뉴스의 상징 중 하나였는데, 이 앞에서 기도를 바치고 병에서 회복되는 기적이 일어나면서 지금도 많은 순례자가 방문하고 있다. 그 밖에도 스페인 몬세라트 수도원, 폴란드 야스나 구라 수도원, 스위스 아인지델른 수도원, 독일 알트외팅 성모 성지 등이 검은 성모화나 검은 성모상으로 유명하다.

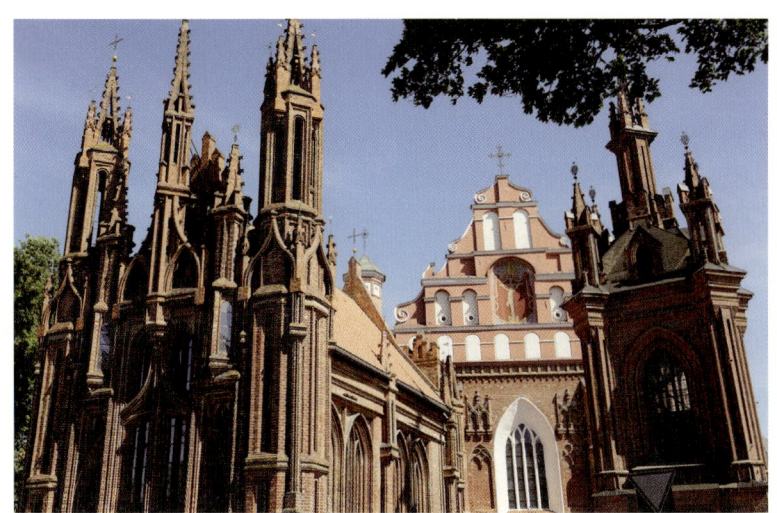

위 성 안나 성당(왼쪽)과 성 베르나르디노 성당(오른쪽)
가운데 빌뉴스 대성당과 종탑
아래 새벽의 문과 성모 경당, 검은 성모화

CHAPTER 4

프랑스 생테티엔르로
SAINT-ÉTIENNE-LE-LAUS(1664)

개요

21세기에 들어와 주교의 공인을 받은 성모님 발현 성지는 오직 2곳뿐인데, 한 곳은 르완다 키베호(2001)이고, 다른 한 곳은 프랑스 생테티엔르로(2008)이다. 생테티엔르로는 성모님이 1664년부터 1718년까지 무려 54년에 걸쳐 대략 2,500차례나 발현하신 성지이나(최장 시간, 최다 발현), 성모님이 발현하시고 344년이 지난 후에야 주교의 공인을 받았다. 성지는 알프스 기슭에 위치하여 접근하기 어렵지만 역사적인 의미가 있어 이탈리아에서 많은 순례자가 찾아오면서 산티아고 순례길에 포함되었다. 그래서 가톨릭 철학자인 장 기통은 "유럽에서 가장 멀리 숨어 있는 성지이지만 가장 영향력 있는 성지 중 하나"라고 말하였다.

99

시대적 배경

성모님이 발현하신 시기(1664~1718)는 부르봉왕조 때 절대왕권을 구축한 태양왕 루이 14세의 친정 통치 시기(1661~1715)와 거의 일치한다. 따라서 루이 14세가 통치하던 시기의 사회적 상황을 파악하면 시대적 배경을 알 수 있다. 1643년 다섯 살의 나이로 왕위에 오른 루이 14세는 반란이 일어나 파리를 탈출하기도 하고 반란군에 포로가 되기도 하는 등 온갖 정치적 위기를 겪다가, 1661년 비로소 친정을 시작했다. 재무 대신 콜베르의 활약으로 막대한 재정 수입이 생기자 수많은 전쟁과 건축 사업을 벌여 프랑스의 전례 없는 영광을 구현하였다.

그러나 루이 14세 치세의 번영은 1683년 콜베르가 사망하며 크게 약화되었다. 끊임없이 계속되는 전쟁과 낭트칙령 철회, 흉작과 기근 등으로 국가 재정 상황은 최악으로 치달았고 국민들의 생활은 힘들어졌다. 또한 친정 초기의 번영도 파리를 중심으로 한 일부 지역에 국한된 것이었고 지방은 정반대 상황에 놓여 있었다. 봉건제도를 청산하고 중앙집권제를 구축함에 따라 지방 경제가 붕괴하기 시작하였고, 국민들은 무리한 전쟁과 정책에 따른 무거운 세금으로 곤궁한 상태에 빠졌다. 지방에는 시간이 갈수록 거지들이 늘어났고, 굶어 죽거나 전염병으로 죽은 사람들의 시체가 즐비하였으며, 도적들이 나타나 약탈 등 범죄가 만연하였다.

이에 신앙생활도 위축될 수밖에 없어 냉담자가 증가하였다. 이와 같이 지방에서 살아가고 있는 사람들이 육체적으로나 영적으로 장기간 피폐해져 범법자가 될 수밖에 없던 상황에서 프랑스 남동부에 있는 작은 산골 마을 생테티엔르로에 성모님이 무려 54년 동안 발현하셨던 것이다.

성모님의 발현

1664년 5월 16일, 양을 치며 살아가고 있던 17세 소녀 브누아트 랑퀴렐Benoîte Rencurel(1647~1718)이 프랑스 남동부에 위치한 산골 마을 생테티엔르로 인근 계곡에서 성모님의 발현을 목격하였다.

브누아트는 본당신부의 강론을 듣고 성모님을 만나기를 간절히 소망하고 있었다. 5월 초 어느 날, 3세기 순교자 성 마우리티우스가 주교의 복장으로 그녀에게 나타났고, 생테티엔르로의 푸르 계곡으로 가면 하느님의 어머님을 보게 될 것이라고 말하였다. 이에 그녀는 묵주기도를 바치며 양 떼를 데리고 계곡으로 갔다. 브누아트가 어느 작은 동굴 앞에서 묵주기도를 드리고 있을 때 성모님이 성자를 안고 나타나셨다. 그녀가 "아름다운 여인이여, 여기서 무엇을 하고 계신가요? 저에게 빵이 있는데 같이 나누어 드실래요?"라고 묻자 성모님은 그저 미소만 지으시며 잠시 서 계시다가 동굴 속으로 사라지셨다.

성모님은 이후 약 4개월 동안 매일 발현하시어, 브누아트와 대화를 나누며 그녀의 행동과 영적인 삶을 변화시키셨고, 그녀에게 미래의 사명을 준비하게 하셨다. 8월 29일 브누아트가 이름을 물어보자 그 여인은 비로소 당신의 신분을 이렇게 밝히셨다. "나는 내가 사랑하는 아들의 어머니 마리아이다." 한 달이 지난 9월 말, 성모님은 계곡 반대편에 있는 펭드프라는 곳에 나타나시어 브누아트에게 "마을에서 떨어진 곳인 '로'에 있는 경당으로 가면 좋은 향기가 날 것이며, 이제 그곳에서만 나를 만날 수 있을 것이다"라고 말씀하셨다. 다음 날 그녀는 성모님이 일러 주신 장소로 갔고, 그곳에서 성모님께 봉헌된 작은 경당을 찾을 수 있었다.

초가지붕이 얹힌 그 경당은 낡을 대로 낡았지만 달콤한 향기가 나

왼쪽 로의 성모 대성당 오른쪽 대성당 제단에 모셔져 있는 발현 성모상. 왕관은 1855년 교황 비오 9세가 봉헌한 것이다.

서 성모님이 말씀하신 장소임을 알 수 있었다. 브누아트가 경당에 들어서자 먼지가 가득한 제단 위로 성모님이 나타나 말씀하셨다. "나는 나의 아들에게 죄인들의 회개를 위하여 이 장소를 요청하였고, 나의 아들은 나에게 이를 허락하였다. 내 사랑하는 아들을 기념하여 이곳에 세우는 새 성전은 수많은 죄인을 위한 회개의 장소가 될 것이며, 나는 이곳에 자주 나타날 것이다." 더불어 성모님은 그녀에게 사제들의 성화를 위하여 기도하라는 사명과 성당 가까이에 사제들을 위한 피정의 집을 지으라는 사명도 주셨다. 그녀는 사명에 따라 성당을 세우라는 성모님의 메시지를 교회 당국에 전달하였다. 성모님의 발현이 인근 지역으로 널리 알려지자 1665년 봄부터 18개월 동안 13만 명에 이르는 신자들이 이곳을 순례하였다. 이러한 상황이 계속되자 1665년 성모님은 브누아트에게 순례자와 사제를 돌보는 사명에 헌신할 수 있도록 양 떼를 돌보는 일을 중단하라고 말씀하셨다.

    1669년부터 1684년까지 15년 동안 브누아트는 예수 그리스도에 대한 환시를 다섯 차례 보았다. 예수 그리스도께서는 고통받는 모습으로 그녀에게 나타나 "나의 딸아, 네가 나의 수난을 함께할 수 있게 하려고 이 모습을 보여 주는 것이다"라고 말씀하셨다. 그날부터 그녀는 매주 목요일 오후 4시부터 토요일 아침 9시까지 십자가에 못 박히는 신비한 고통을 받았으며, 그 십자가 고통은 10년 이상 이어졌다. 성모님은 1664년 5월 16일에 처음 발현하신 이래 1718년 12월 브누아트가 선종할 때까지 54년 동안 무려 2,500번 이상 발현하셨다. 이는 성모님이 같은 지역에서 같은 시현자에게 가장 오랫동안 발현하신 것이며, 나타나신 횟수도 가장 많은 발현이다.

로의 성모 대성당 내부

발현 장소

　이곳에서 발현하신 성모님은 '죄인들의 피난처'라고 불린다. 루이 14세가 친정하는 동안, 생활이 힘들어 죄를 지을 수밖에 없었던 지방 백성들이 성모님의 위로와 위안을 받을 수 있는 적절한 장소로 프랑스의 알프스가 시작되는 해발고도 900미터에 위치한 로가 성모님의 발현 장소로 선택되었다. 순례자들이 주변의 풍광을 바라보고 있노라면 세상을 살면서 받아왔던 고통과 상처를 어느새 다 잊고 자신도 모르게 하느님께 다가가게 만드는 아름다우며 평화롭고 신비로운 장소이다.

　처음 브누아트가 성모님의 발현을 교회 당국에 알리자 앙브룅 교구는 그녀가 거짓말을 하며 신자들을 현혹하고 있다고 판단하여 사제들을 보내 이를 조사하게 하였다. 그러나 조사단으로 파견된 랑베르 신부와 가야르 신부를 비롯한 여러 사제들은 다리 장애로 6년 동안 고통받고 있던 카트린 비알에게 일어난 치유의 기적을 직접 목격하고는 "경당에서 특별한 일이 일어났습니다. 그렇습니다. 하느님의 손길이 거기에 있었습니다"라고 선언하였으며, 그 기적에 대한 공식 보고서까지 작성하였다.

　성모님의 발현이 다른 지역까지 알려지며 많은 순례자가 이어졌다. 그런데 성모님이 알려 주신 낡은 경당은 겨우 10명 정도밖에 들어갈 수 없는 작은 경당이라 끊임없이 찾아오는 순례자들을 수용할 수 있는 큰 성당을 지어야 할 필요성이 대두되었다. 이에 지역 교구는 1665년 9월 18일 신자들의 순례를 공식 승인하고 수백 명의 순례자를 수용하기 위한 새로운 성당과 사제들을 위한 집을 건립하기로 결정하였다.

왼쪽 대성당 제대 뒤쪽에 있는 천사 경당. 발현 당시 모습을 그린 성화가 봉헌되어 있다.
오른쪽 브누아트에게 로를 가리키시는 성모님

로에서 바라본 생테티엔르로 마을. 푸르 계곡이 뒤에 있다.

성당 건축을 돕고 있는 브누아트

　성당 건설에 참여했던 사람들은 대부분 그 지역의 가난하고 힘없는 이들이어서, 필요한 자재를 마련하는 데만 1년이 걸려 1666년 10월 7일에야 초석을 놓았다. 지역 주민들과 순례자들이 냇가에서 돌을 하나씩 들어 건설 현장까지 직접 가져왔으며, 어린아이들까지 돌을 나르고, 주변 지역 사람들이 돈이나 물건을 기부하여, 1669년 드디어 낡은 경당이 있던 자리에 새로운 성당을 완공할 수 있었다. 성지에서 1시간 정도 동쪽으로 걸어가면 팽드로가 있는데, 현재 그곳에는 성모님이 브누아트에게 경당 위치를 알려 주신 당시의 상황을 재현한 성상이 서 있다.

시현자

　브누아트 랑퀴렐은 1647년 9월 16일 프랑스 남동부 알프스 기슭에 위치한 생테티엔 다방송이라는 작은 마을에서 태어났다. 브누아트의 집은 가난하였는데, 그녀가 7세 때 아버지가 돌아가신 뒤로 가족들은 더욱 경제적 어려움에 시달렸다. 근처에 학교가 없어 공부할 기회를 얻지 못한 그녀에게는 주일미사 때 신부의 강론을 듣는 것이 유일한 배움이었다.

어머니를 돕기 위하여 12세 때부터 양 치는 일을 하였고, 하루 종일 묵주기도를 바치는 것이 그녀의 일상이었다. 그러다가 그녀가 1664년 17세가 되었을 때 성모님의 발현을 목격하게 된 것이다. 1666년 그녀는 가프에서 온 도미니코회 수도자들과 함께 순례자들을 안내하였는데, 이런 인연으로 도미니코회의 제3회원이 되었고, 그때부터 제3회원의 베일과 망토를 입었다. 성모님에 대한 그의 신심이 점점 더 강해지자 사람들은 그녀를 브누아트 수녀라고 부르기 시작했다.

집에서 성지까지 거리가 너무 멀어 오가는 게 힘들었던 브누아트는 1672년에는 성지 옆으로 이사하여 순례자들을 직접 안내하면서 그들이 기도와 참회를 할 수 있게 적극 지원하였다. 그리고 그녀가 몸이 아픈 순례자들에게 성모님이 가르쳐 주신 대로 성지에 있는 램프의 특별한 성유를 사용하자 그들이 치유되는 기적이 일어났다.

한때 브누아트는 교회에 의해 가택 연금을 당하여 오직 주일미사만 허락된 힘든 시기를 보냈고, 성모님이 자신에게 54년 동안 계속 발현하시는 일도 감내하였다. 성모님의 발현을 한두 번만 체험해도 그 충격과 부담이 엄청날 텐데 무려 54년간 약 2,500번의 발현이라니, 보통 사람이라면 감히 상상할 수도 없는 일이다. 그래서 여러 교황이 그녀를 칭송하였고 이러한 칭송은 지역 주교가 성모님의 발현을 공인하는 단초가 되었다.

1718년 12월 주님 성탄 대축일에 브누아트는 마지막으로 성체를 영했다. 그리고 3일 후인 28일 고해성사와 병자성사를 받고 주위 사람들에게 작별 인사를 남긴 뒤 십자가에 입 맞추고 나서 71세의 나이로 평화롭게 선종하였다.

공인 과정

1665년 9월 18일 앙브룅 교구는 신자들의 순례를 승인하고 이를 위한 성당과 사제들을 위한 집을 건립하였다. 그러나 교구의 승인은 단지 순례자를 위한 성당을 건립하기 위한 것이었지, 성모님의 발현을 공인하는 것은 아니었다. 성모님의 발현과 브누아트에 대한 교황의 언급과 칭송, 봉헌 등이 여러 차례 있은 후에야 주교는 발현을 공인하였다.

1855년 교황 비오 9세는 4만 명이 참석한 가운데 제단에 모신 성모상에 왕관을 봉헌하는 대관식을 열었다. 그리고 교황은, 죽는 순간까지 수천 번의 발현 체험을 감내하며 발현 현장에서 20년 이상 죄인들을 위해 영적 교사로 봉사한 것을 두고 1872년에 브누아트를 '하느님의 종'으로 선언하였다. 1892년에는 성지의 성당이 준 대성당으로 격상하였고, 1981년 교황 요한 바오로 2세는 브누아트의 시복 과정을 재개했다.

성모님이 처음 발현하시고 344년이 지난 2008년 5월 4일, 드디어 가프 교구 장미셸 디 팔코 주교는 성지의 야외 성전에서 여러 국가에서 온 30명의 추기경 및 주교들과 함께 미사를 집전하면서 성모님의 발현을 공인하였고, 이 기념 미사는 텔레비전으로 프랑스 전역에 방송되었다. 2009년 4월 3일 교황 베네딕도 16세는 브누아트의 영웅적인 미덕을 칭송하며 가경자로 선포하였다. 생테티엔르로는 찾아가기가 쉽지는 않지만 역사적인 의미가 있고 널리 알려져 있어 인근 이탈리아에서 많은 순례자가 찾아왔다. 이런 이유로 생테티엔르로 성지는 이탈리아 수사에서 출발하여 프랑스 남부와 아를을 거친 후 스페인으로 넘어가는 산티아고 순례길에 포함되어 있다.

2008년 5월 4일 열린 성모 발현 공인 기념 미사

프랑스 남부를 통과하는 산티아고 순례길
생테티엔르로는 세 갈래 길 중에서 상단의 붉은 선 위에 있다.

발현 의미

루이 14세가 친정을 시작한 이후부터 무리한 전쟁과 정책으로 프랑스의 지방 주민들은 곤궁함에 빠져 최악의 상황에 놓이게 되었다. 물적이나 영적으로 피폐해져 죄인이 될 수밖에 없는 이들에게 위로와 희망이 절대적으로 필요할 때 성모님이 발현하신 것이다. "내 사랑하는 아들을 기념하기 위해 새로운 성당을 건립하여 수많은 죄인들의 회개를 위한 은신처가 되게 하라"라는 말씀은 바로 이처럼 어려운 처지로 내몰린 프랑스의 지방에 거주하는 주민들을 위로하는 사랑이 담긴 메시지였던 것이다.

발현 이후 순례자가 끊임없이 방문하였다는 것과 남녀노소를 가리지 않고 심지어 순례 온 사람까지도 합심하여 새로운 성당을 건립했다는 것만으로도 이들이 얼마나 위안과 행복을 갈구하였는지를 충분히 알 수 있다. 그리고 그들이 성모님을 찾아가는 그 여정 속에서 원했던 것 이상으로 충분한 위로와 축복을 받았음은 확실하다. 이런 이유로 생테티엔르로에서 발현하신 성모님은 '죄인들의 피난처', 또는 '복된 만남의 성모님'으로 불린다.

생테티엔르로는 알프스산맥에 위치하여 풍광이 매우 좋을 뿐 아니라, 성모님이 주시는 위안의 은총을 받을 수 있는 피난처의 의미가 있기에 지금도 매년 17만 명이 순례하고 있다. 프랑스 가톨릭 신자들에게는 세계 3대 성모님 발현 성지 중 하나인 루르드 다음으로 유명한 성지로 자리매김하였다. 다만 성지가 산자락에 위치해 있어 접근하는 것이 쉽지 않다. 이를 두고 가톨릭 철학자 장 기통은 "유럽에서 가장 멀리 숨어 있는 성지이지만 가장 영향력 있는 성지 중 하나"라고 말한 것이다.

성지 입구. 오른쪽으로 진입하면 대성당으로 연결된다. 오른쪽 집 중에서 맨 마지막 집에 브누아트가 살았던 방이 있다.

브누아트의 집

왼쪽 그리스도의 성혈 경당
오른쪽 위 성지 숙소의 입구
오른쪽 아래 성지 숙소의 로비

성지 소개

생테티엔르로 성지는 크게 로의 성모 대성당과 야외 성전, 그리고 순례자를 위한 시설, 인근 주요 순례 시설 등으로 구분할 수 있다. 이 중 야외 성전은 2008년 성모님 발현을 공인하였던 장소로, 지금도 미사가 자주 봉헌되고 있다. 성지까지 오는 것이 쉽지 않아 대부분의 순례자가 이곳에서 숙박을 하는데 이들을 위한 숙소와 식당, 카페, 성물방, 회합 장소, 도서관 등의 규모가 성지 내에서 가장 크다. 생테티엔르로를 순례한다면 당일 방문은 지양하고 가능한 한 하루 이상 묵어 가는 편이 좋겠다. 성지 공식 홈페이지에서 미리 숙소를 예약하고, 그곳에 머물며 성지에서 제공하는 각종 프로그램에 참가한다면 바람직한 순례가 될 것이다. 성지 인근에는 브누아트의 집, 그리스도의 성혈 경당, 성모님이 브누아트에게 로를 가리켜 주신 팽드로, 십자가의 길이 있고, 또한 생테티엔르로 마을에는 브누아트가 어릴 적 살았던 집과 세례를 받았던 작은 경당이 있다.

성지 찾아가는 방법

파리에서 고속 열차(TGV)를 이용하여 그르노블로 이동한 후(3시간 소요), 그르노블에서 지역 열차(TER)로 환승하여 가프로 이동한다(2시간 반 소요). 가프역에서 렌터카를 빌리거나, 택시를 타거나, 걸어서 산을 넘어가는(2시간 반 소요) 방법이 있는데, 택시로 이동할 경우 왕복 요금을 지불해야 하므로 비용이 만만치 않다. 이 비용이면 렌터카를 이용하는 편이 좋다.

* 구글맵에서 찾기: Sanctuaire Notre Dame du Laus 입력

<성지 전경>
❶ 로의 성모 대성당 ❷ 야외 성전
❸ 브누아트의 집 ❹ 성지 숙소 ❺ 숙소 입구
❻ 대형 식당 ❼ 성지 카페
❽ 주차장

순례자가 이용하는 대형 식당

CHAPTER 5

프랑스 파리 뤼 뒤 박

RUE DU BAC(1830)

개요

뤼 뒤 박은 여러 성모님 발현 성지 중에서 중요한 의미를 가장 많이 담고 있는 성지라 할 수 있다. 뤼 뒤 박 발현은 성모님이 당신의 신분을 '원죄 없이 잉태되신 마리아'라고 알려 주시어 무염시태無染始胎 교리의 본격적인 시발점이 되었으며, 성모님 발현의 시대를 여는 첫 번째 발현이자, 전에 볼 수 없는 새로운 성모상이 등장한 발현이다(이전에는 성자를 안고 발현하셨다). 그리고 레지오 마리애의 수호성인인 몽포르의 성 루도비코 마리아가 예언한, 예수 그리스도의 재림 전에 반드시 와야 할 성모님의 시대가 드디어 시작되었음을 보여 주는 발현이다. 또한 성모님의 지시에 따라 세상에 널리 퍼진 기적의 메달로 유명하며, 성모님을 목격한 시현자가 성인품에 오르기도 했다.

시대적 배경

1789년 프랑스혁명에 의해 부르봉왕조가 무너지고 마지막 국왕 루이 16세가 단두대에서 처형되면서 부르주아를 포함하는 시민계급이 전면에 등장하였다. 1804년 나폴레옹이 황제에 즉위하였으나 러시아 원정에 실패하여 엘바섬에 유배되었고, 주변 국가에 의해 루이 18세가 즉위하여 다시 부르봉왕조가 들어섰다. 왕조시대의 구제도가 부활하여 혁명 이전으로 돌아가면서 모든 것이 원점으로 환원되었던 것이다. 환원된 왕권 체제는 이미 어느 정도의 권력을 차지한 시민계급과의 반목과 대립을 겪을 수밖에 없었다. 1824년 루이 18세의 뒤를 이어 왕위에 오른 샤를 10세 국왕은 입헌정치를 인정하지 않고 극단적인 구제도로 복귀를 시도하였으며, 반정부 세력이 다수를 점하고 있는 의회를 해산하고 출판의 제한까지 시도하였다. 샤를 10세와 부르주아, 시민계급의 극한적 대립이 심화하며 사회는 극심한 혼란에 빠졌다.

대결하는 두 체제의 대립으로 프랑스 사회의 긴장이 최고조에 이르렀고 한 치 앞도 내다볼 수 없는 상황이 전개되었다. 이런 상황이 이어지면서 혁명의 기운이 되살아났으며, 그러다가 결국 1830년 7월 27일에 7월 혁명이 일어났다. 성모님은 혁명이 일어나기 9일 전인 7월 18일에 발현하셨는데, 이 시기에 성모님이 발현하신 것은 중요한 의미가 있다. 게다가 성모님의 메시지를 보아도 프랑스 사회가 가장 위태로운 상황에서 발현하신 것이라고 볼 수 있다. 사회가 양분되었다는 것은 가톨릭교회에서도 신자들의 의견이 둘로 나뉘었다는 것으로 볼 수 있다. 이러한 혼란과 분열을 정리하기 위해서는 강력한 힘이 필요한데 바로 이 역할을 성모님이 하셨던 것이다.

성모님의 발현
첫 번째 발현

첫 번째 발현은 사랑의 딸회의 창설자 성 빈첸시오 아 바오로(뱅상 드 폴)의 축일 전날인 1830년 7월 18일 밤 11시 반경 수도원의 경당에서 일어났다. 축일 전야 행사에서 가타리나 라부레Catherine Labouré 수련 수녀는 빈첸시오 성인에게 하느님의 어머님을 볼 수 있게 해 달라고 간절히 기도했고, 그날 밤에 성모님을 볼 것이라고 확신하며 잠에 들었다. 그녀는 잠결에 세 번이나 자신을 부르는 소리에 놀라 눈을 떴는데 침대 옆에 너댓 살로 보이는 어린아이가 서 있었다. 하얀 옷을 입은 그 어린아이, 곧 수호천사는 말하였다. "일어나서 경당으로 가십시오. 성모님이 당신을 기다리십니다. 걱정하지 마십시오. 밤 11시 반이 지나 모두들 잠들어 있습니다. 내가 당신과 동행할 것입니다." 그녀는 재빨리 옷을 갈아입고 수호천사를 따라 방을 나섰는데 복도가 불빛으로 온통 환한 것을 보고 놀랐다.

가타리나가 경당에 도착하자 수호천사가 문을 열었는데 경당 안은 마치 자정미사를 진행할 때처럼 모든 촛불이 켜져 있었다. 그러나 성모님은 보이지 않았고 수호천사는 그녀를 제대로 이끌었다. 그녀는 제대 앞에 무릎을 꿇으면서 야간 사감에게 들켜 벌을 받을지도 모른다는 두려운 마음이 들었다. 자정이 되자 그녀는 실크 옷자락이 스치는 소리를 들을 수 있었다. 이어 성모님이 하얀 겉옷 위에 하얀 베일과 하늘색 망토를 입고 나타나셨다. 성모님이 감실 왼쪽에 있는 주임신부 자리에 앉으시자 수호천사가 말하였다. "여기에 성모님이 계십니다." 가타리나는 일어나 성모님 곁으로 다가갔다.

그녀는 다시 무릎을 꿇고 자신의 손을 성모님의 무릎에 얹었는데 이것은 시현자가 발현하신 성모님의 몸과 접촉한 유일한 경우였다. 성모님은 "하느님께서 너에게 특별한 사명을 맡기길 원하신다. 너는 큰 슬픔에 빠질 것이나 은총을 입을 것이니 두려워하지 마라. 프랑스에 혼란과 위험이 닥쳐올 것이다. 십자가와 신앙이 모독을 당하고 파리의 대주교가 고통을 당할 것이다"라고 말씀하시며 눈물을 보이셨다. 성모님은 마치 구름과 같이 사라지셨고, 수호천사는 가타리나를 다시 침실로 데려다주었다. 그때 새벽 2시를 알리는 종소리가 들렸다. 훗날 가타리나는 그 순간을 이렇게 고백했다. "제 삶에서 가장 황홀했던 순간이며, 말로 어찌 설명할 수 없습니다." 다음 날 아침 그녀는 성모님을 만났다는 것과 성모님이 말씀하신 바를 자신의 고해신부 알라델에게 모두 전하였다.

두 번째 발현

두 번째 발현도 11월 27일 오후 5시 30분경 가타리나가 첫 번째 발현 장소인 경당에서 묵상을 하고 있을 때 일어났다. 발현하신 성모님은 십자가가 붙어 있는 작은 황금색 지구본을 두 손에 들고 시선을 하늘로 향하고 계셨는데, 여기에는 지구를 하느님께 봉헌한다는 의미가 있다. 잠시 후 지구본이 사라지고 성모님은 두 손을 아래로 향하셨다. 성모님의 손가락에 있는 세 개의 반지에서 빛이 뿜어져 나왔다. 그 강렬한 빛은 성모님이 밟고 계신 커다란 지구본을 비추었고 이에 성모님은 말씀하셨다. "이 빛은 은총을 구하는 이들에게 베푸는 은총을 상징한다." 그리고 성모님의 발은 녹색 바탕에 노란 점이 있는 뱀의 목과 꼬리를 밟고 있었다. 이는 창세기 3장 15절에 나오는 여자의 '후손이 너(뱀)의 머리에 상처를 입힌다'는 구절과 연관된 것이다.

사랑의 딸회 경당의 제단 위 벽화. 첫 번째 발현이 묘사되어 있다.

왼쪽 제단 옆 성모상. 지구본을 들고 계신다.
오른쪽 제단 뒤 성모상. 성모님 두 손에서 빛이 나와 발밑에 있는 지구본을 비추고 있다.

이어 성모님의 머리 주위에 타원형의 판 같은 것이 나타났고, 이 판에는 황금색 글씨로 '오, 원죄 없이 잉태되신 마리아님, 당신께 의탁하는 저희를 위하여 빌어 주소서'(O Marie, concue sans peche, priez pour nous qui avons recours a vous)라는 문장이 새겨져 있었다. 성모님은 가타리나에게 이 문장을 기도로 바치라고 말씀하셨다. 바로 이 문장이 현재 유명한 무염시태 기도문이다. 그리고 이 타원형의 판이 뒤로 돌면서 그 뒷면이 보였다. 판의 중앙에는 예수님을 상징하는 십자가와 성모님을 상징하는 알파벳 엠M 자가 겹쳐진 문양이 있었으며, 문양 아래에는 예수님의 성심을 상징하는 가시관을 쓴 심장과 성모님 성심을 상징하는 칼에 찔린 심장이 나란히 새겨져 있었다. 그때 성모님의 얼굴 주위에는 열두 개의 별이 밝은 빛을 내며 돌고 있었는데, 이는 성모님이 열두 사도 위에 세워진 교회의 어머니임을 의미한다. 성모님은 가타리나에게 "지금 본 것을 그대로 재현하여 메달로 만들도록 하여라. 이 메달을 지니는 사람들은 큰 은총을 받을 것이다. 그 은총은 믿음을 가진 모든 사람에게 풍성히 내릴 것이다"라고 약속한 뒤 사라지셨다.

세 번째 발현

1830년 12월 30일, 성모님이 경당에서 묵상하고 있는 가타리나에게 마지막으로 나타나셨다. 그녀는 제단 뒤에서 옷이 스치는 소리를 들었고 빛을 볼 수 있었다. 이어 제대의 중앙에 나타나신 성모님은 "이 빛은 성모님에게 자비를 요청하는 사람을 위한 은총의 빛이다. 이제 더 이상 나를 볼 수 없을 것이다"라고 말씀하시면서 11월 27일에 당부하신 말씀을 다시 한번 강조하셨다. 가타리나는 알라델 신부에게 성모님의 메시지를 다시 전하였다.

<사랑의 딸회 경당 내부>

❶ 1830년 7월 첫 번째 발현을 묘사한 벽화
  가타리나 라부레가 무릎을 꿇고 성모님의 말씀을 듣고 있다.
❷ 11월 두 번째 발현을 묘사한 성상. 지구본을 들고 계신다.
  아래에는 가타리나 라부레의 유해가 안치되어 있다.
❸ 11월 두 번째 발현을 묘사한 성상
  들고 계신 지구본이 사라지고, 두 손에서 빛이 나와 발밑에 있는 지구본을 비춘다.
❹ 아치에는 성모님이 가르쳐 주신 무염시태 기도문이 새겨져 있다.
❺ 사랑의 딸회를 창설한 성 빈첸시오 아 바오로의 성상
❻ 성 빈첸시오 아 바오로와 함께 사랑의 딸회를 창설한 성 루이즈 드 마리야크의 유해

왼쪽 1851년 경당. 벽화가 없으며 현재의 성모상도 아니다.
오른쪽 1880년 이후 경당. 벽화가 없으나 현재의 성모상은 모셔져 있다.

아래 왼쪽 1930년 경당. 벽화가 있으나 현재의 벽화는 아니다.
아래 오른쪽 1933년 경당. 현재의 벽화가 있다.

발현 장소

　가타리나 수련수녀가 성모님 발현을 목격한 경당은 빈첸시오 아 바오로 사랑의 딸회의 본원에 있다. 사랑의 딸회는 1633년 11월 29일 성 빈첸시오 아 바오로와 성 루이즈 드 마리야크가 파리 뤼 뒤 박에 세운 병자와 가난한 이들의 간호를 담당하는 수도회로, 여자 수도회 최초의 활동 수도회로 평가받고 있다. 빈첸시오는 프랑스에서 가난한 농부의 아들로 태어났다. 그는 어려운 가정 형편 때문에 어려서부터 목동으로 일했으나 그의 재능을 발견한 아버지의 지원으로 프란치스코회 수도원에 맡겨져 교육을 받았고, 1600년 사제 서품을 받았다. 그는 고아와 소외되고 가난한 이들을 돕는 데 일생을 바치며 자선사업을 활발하게 전개하였는데, 이런 이유로 1885년 레오 13세는 그를 모든 자선단체와 병원의 수호성인으로 선포하였다. 청빈한 생활을 하며 가난한 이들을 도왔던 대표적인 성인으로 이탈리아에 프란치스코 성인이 있다면 프랑스에는 빈첸시오 성인이 있는 것이다. 1668년에는 사랑의 딸회가 교황청의 승인을 받았다.

　1813년 사랑의 딸회는 나폴레옹 제국의 법령에 의해 현재 위치에 있는 뤼 뒤 박 부지와 건물의 사용권을 확보하였다. 2년 후 1815년 6월 28일부터 그곳을 사랑의 딸회 본원으로 사용하기 시작하였고, 성모님이 발현하신 경당은 1815년 8월 6일 완성되어 봉헌되었다. 1815년 30명으로 시작한 본원 수녀가 500명까지 늘어나자, 1849년 경당 확장 공사가 이루어졌다. 1856년에는 지금 성지에서 볼 수 있는 성모상이 제작되어 배치되었다.

　그 후 성모상은 몇 차례 이동 끝에 1881년 현재 위치에 자리 잡았고, 1897년 교황 레오 13세의 허락을 받아 성모상에 대한 대관식이 거행되었다. 1930년에는 발현 100주년을 맞아 대대적인 내부 개조가 이루어졌다. 제단 상부의 벽면이 크게 늘어났고, 그곳에 첫 번째 발현의 모습이 프레스코 기법으로 그려졌으며, 2층 상단의 보가 철거되어 개구부가 크게 확대되면서 경당에 개방성과 충분한 빛이 확보되었다. 3년 후 제단 위 벽면에 현재 경당에서 볼 수 있는 벽화가 다시 그려졌다. 1980년 경당 전체에 대한 복원이 대규모로 진행되었고, 경당이 새로이 단장되어 열린 5월 31일에는 교황 요한 바오로 2세가 방문하여 직접 미사를 집전하였다.

시현자

가타리나는 1806년 5월 2일 프랑스 부르고뉴주에 있는 작은 마을에서 가난한 농부의 딸로 태어났다. 십 남매 중 여덟 째인 그녀는 9세 때 어머니 마들렌을 여의고 어려운 생활환경으로 학교를 다닐 수 없어서 읽고 쓰는 법도 배우지 못하였다. 그러나 12세 때 첫영성체를 받은 이후 매일 새벽 4시에 일어나 1.6km 이상 떨어진 경당으로 가서 미사에 참례했다. 금요일과 토요일에는 금식하였으며 엄격한 보속도 잘 지켰다. 1828년 그녀가 22세가 되었을 때, 아버지 피에르는 딸이 신앙 생활에 지나치게 빠지지 않게 하려고 파리 인근에서 식당을 운영하는 오빠에게 보냈다. 그녀는 식당에서 일하던 중 어느 날 우연히 사랑의 딸회라는 수도회가 있다는 소식을 듣고 그곳을 찾아갔다.

수도원 응접실에는 어느 노 신부의 초상화가 걸려 있었는데, 그 초상화는 18세 때 꿈에서 본 신부의 모습과 똑같았다. 자신을 안내하던 수녀에게 저분이 누구냐고 묻자 사랑의 딸회 창립자인 성 빈첸시오 아 바오로라고 말해 주었다. 그녀의 꿈에서 그 신부는 "너는 나한테

경당에 있는 가타리나 라부레의 유해

노년의 가타리나 라부레

호스피스에서 가난한 이들을 돌보는 가타리나 라부레

오게 될 것이다"라고 말했는데, 정말 꿈이 실현되었던 것이다. 그녀는 그것이 하느님의 부르심이라고 생각하여 수녀가 되기로 결심하였다.

    1830년 1월 가타리나는 파리 근교 샤티용쉬르센에 있는 사랑의 딸회에 입회하였고, 3개월 후 파리 뤼 뒤 박에 있는 본원으로 이동하였다. 수녀가 된 후 가타리나라는 수도명을 받았으며 성모님의 발현을 목격한 다음 해인 1831년 1월 30일에는 정식으로 착복식을 하고 다음 날부터 파리 한구석에 있는 가난한 동네인 뤼 드 뢰이의 엉기앙 호스피스로 보내져서 46년 동안 노인과 병자, 가난한 이들을 돌보았다. 1876년 12월 31일 70세의 나이로 선종하였고 유해는 호스피스의 성당 지하 묘지에 묻혔다. 가타리나는 자신이 체험한 성모님의 발현을 고해신부 외에는 결코 누구에게도 발설하지 않았다. 이는 성모님이 그녀에게 요구하신 것이었고, 그녀는 이를 죽을 때까지 지키면서 자신에게 올 수 있는 세상의 불필요한 관심을 차단할 수 있었다. 1876년 12월 31일 선종 때까지 그녀가 성모님을 만난 사람이며, 기적의 메달에 관한 메시지를 교회에 전한 사람이라는 사실을 누구도 알지 못하였다. 이는 시현자가 자신의 생전에 세상에 알려지지 않은 유일한 사례이다.

1933년에는 시복 조사를 위해 가타리나의 유해가 밖으로 꺼내졌는데, 전혀 부패하지 않은 상태로 보존되어 있었다. 그 후 유해는 사랑의 딸회 경당에 있는 유리관으로 이장되어 오늘에 이르고 있다. 가타리나는 1933년 5월 28일 교황 비오 11세에 의해 시복되었고, 1947년 7월 27일 교황 비오 12세에 의해 시성되었다.

기적의 메달

가타리나 수녀는 고해신부인 알라델에게 성모님의 발현을 알리며 메달을 만들 수 있게 해 달라고 요청하였다. 그렇지만 처음에는 젊은 수련수녀의 환각으로 간주하여 바로 허락하지 않고 그저 일상을 관찰하였다. 알라델 신부는 1년 넘게 가타리나를 관찰한 이후 그녀에 대한 신뢰가 생기자 파리 대교구장인 이아생트 루이 드 껠렝 대주교에게 가타리나의 정체를 밝히지 않은 채 성모님의 발현과 그 메시지를 알렸다. 파리 대교구는 세밀한 조사를 벌이고서 가톨릭 신앙에 위배되지 않는다고 판단하여 메달 주조를 허락하였다. 1년이 넘는 관찰 과정과 성모님이 보여 주신 메달의 모습을 제대로 재현하는 과정을 거친 끝에 1832년 6월 30일 최초의 메달이 2,000개로 제작되었다.

메달 앞면에는 성모님과 무염시태 기도문을, 뒷면에는 십자가와 엠M 자 문양, 예수님 성심과 성모님 성심 그리고 12개의 별을 새겨 넣었다. 메달에 가타리나 수녀가 보았던 모든 것이 빠짐없이 들어가게 된 것이다. 1832년 2월 파리에 콜레라가 발생하여 이미 2만 명 이상이 사망하게 되자, 사랑의 딸회는 콜레라 환자들에게 먼저 메달을 나누어 주었고, 많은 환자들이 전염병에서 회복되었다.

    1834년 50만 개, 1835년 100만 개, 1839년 1000만 개, 가타리나 수녀가 선종한 1876년까지 무려 10억 개의 메달이 전 세계에 배포되었다. 특히 1842년 로마에서 유대인 알퐁스가 이 메달을 목을 걸고 성모님을 목격한 뒤 가톨릭으로 개종을 하는 기적이 일어나자 메달에 대한 관심이 더욱 높아졌다. 처음에는 메달의 이름이 원죄 없이 잉태되신 마리아 메달, 즉 무염시태 메달이었으나 수개월 동안 메달로 인하여 수많은 치유와 개종 등이 보고되면서 점차 기적의 메달로 불리게 되었다. 당시 유럽에서는 대부분의 가톨릭 신자들이 기적의 메달을 지니고 신앙생활을 하였다. 19세기에 기적의 메달은 수백만 명의 믿음을 이끌어 내는 촉매 역할을 하였고, 기적의 메달 전파와 동시에 마리아의 원죄 없는 잉태에 대한 신심도 확산되었다.

무염시태 메달의 앞면과 뒷면

공인 과정

파리 교구에서 가톨릭 신앙에 위배되지 않는다는 판단으로 성모님이 만들라고 지시한 메달 주조를 허락하였으나, 이것이 성모님 발현을 정식으로 공인한 것은 아니었다. 메달 주조가 허락되고 4년이 지난 후인 1836년에야 비로소 파리 대주교는 성모님 발현에 대한 정식 조사를 시작하기 위하여 조사 위원회를 구성했다.

조사 위원회는 가타리나를 직접 면담하며 조사하려고 했으나 그녀는 영적 고해신부 외에는 발현에 관한 것을 비밀로 하라는 성모님의 말씀에 따라 자신의 신분이 비밀로 유지되기를 바란다며 출석을 거부하였다. 또한 그녀의 사정을 잘 아는 알라델 신부도 그녀의 이름을 익명으로 유지할 것을 조사 위원회에 간곡히 요청하였다. 이에 위원회는 가타리나의 출석 없이 그녀의 이야기를 전해 들은 고해신부의 의견을 바탕으로 발현의 진위를 판단하기로 하였고 다음과 같은 내용을 담은 최종 보고서를 제출하였다.

"메달이 전파되는 놀라운 속도와 엄청난 제작 수량, 놀랍고도 은혜로운 결과들, 신자들이 믿음를 통하여 받은 특별한 은총들은 발현이 실제로 일어났다는 것과 시현자의 이야기가 진실이라는 것을 확인해 주는 표시이다."

1836년 7월 13일 드디어 파리 대교구장은 뤼 뒤 박 성모님의 발현과 기적의 메달 모두를 공인하는 선언을 하였다. 그리고 교황청의 인정은 가타리나에 대한 1933년 교황 비오 11세의 시복과 1947년 교황 비오 12세의 시성을 통하여 이루어졌다고 볼 수 있다. 뤼 뒤 박 성모님의 발현 축일은 가타리나에게 메달을 만들라고 말씀하신 두 번째 발현일인 11월 27일이다.

발현 의미

뤼 뒤 박에서 일어난 성모님 발현에는 여러 중요한 의미가 있는데, 이를 정리해 보면 다음과 같다.

첫째, 뤼 뒤 박의 성모님 발현은 성모님 발현의 시대를 열었다. 200년 이상 성모님의 발현이 없다가, 1830년 뤼 뒤 박에서 성모님이 발현하셨고, 이후 100년 동안 발현이 집중적으로 일어났다. 지역 주교의 공인을 포함하여 교황청의 인정을 받은 성모님 발현이 총 16건인데 그중 11건이 이 100년간 일어난 것이니 성모님 발현의 시대라고 해도 과언이 아닐 것이다.

둘째, 19세기는 유럽의 왕조 체제가 무너지는 과정에서 극심한 대립과 갈등이 있었으며 계몽주의와 낭만주의가 확산되어 이성주의와 자유주의가 득세하였고, 다윈의 진화론 등 과학의 발전으로 가톨릭교회의 혼란과 분열이 확대될 위험이 컸던 시기이다. 그러나 성모님이 뤼 뒤 박에서 발현하시어 성모님 발현의 시대를 열었기에 교회와 신자들이 성모님을 중심으로 일치하여 한 방향으로 나아갈 수 있었다. 성모님은 늘 그리하셨듯이 어려움에 빠져 있는 가톨릭교회를 수호하는 역할을 하셨던 것이다.

셋째, 성모님이 뤼 뒤 박에서 발현하실 때 당신의 신분을 직접 원죄 없이 잉태되신 마리아, 곧 무염시태라고 밝히셨고, 이때 밝혀진 성모님의 신분을 가톨릭 신자들은 신앙생활 속으로 받아들였다. 이로 인해 초기 그리스도교에서부터 존재해 왔던 무염시태를 교리로까지 확정하는 시발점이 되었다. 그리하여 24년 후인 1854년 12월 8일 교황 비오 9세는 무염시태 교리를 선포하게 되었다. 이 무염시태 교리를 통하여 가톨릭 신자들이 주님과 성모님에 대한 믿음을 더욱 성숙시키

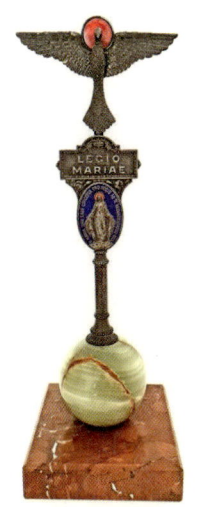 

레지오 마리애의 주회합 때 제대에 모시는 벡실리움과 성모상

며 가톨릭 신앙이 고양되었다.

넷째, 발현하신 성모님이 주신 메시지가 이전과는 완전히 다르다. 이전의 메시지는 주로 성자와 관련한 것인 반면에 뤼 뒤 박에서 발현하신 성모님은 성자와 관련한 메시지보다는 우리들에게 기도할 것을 요청하시며 신자들을 위로하시는 메시지를 주셨다. 성모님은 발현하신 모습을 그대로 반영한 메달을 몸에 지니면 은총을 받을 것이라 하셨고, 이 은총이 수많은 기적으로 이어졌다. 결국 기적의 메달로 인간을 위로하고 치유하는 기적을 이루신 것이다. 이전의 성모님 발현에서는 좀처럼 볼 수 없는 현상으로, 성모님의 시대를 여는 성모님의 새로운 메시지로 이해할 수 있다. 그리고 기적의 메달로 수많은 기적이 일어나자 메달을 몸에 지니는 수준을 넘어 집이나 각종 모임, 성당에서도 뤼 뒤 박 성모상을 모시는 일이 유행처럼 일어났다. 신자들은 이

프랑스 파리 뤼 뒤 박   131

러한 행동을 통하여 가톨릭교회와 주님에 대한 영적 성장을 이루게 되었다. 레지오 마리애도 주회합 때마다 뤼 뒤 박에서 발현하신 성모상과 기적의 메달이 앞뒤로 새겨져 있는 레지오 군기 벡실리움을 제대에 배치하고 있다.

다섯째, 이전과 완전히 다른 새로운 모습의 성모님 발현이었다. 뤼 뒤 박 이전에는 성모님이 발현하실 때 꼭 성자를 안고 발현하신 반면에 뤼 뒤 박의 성모님은 성자 없이 단독으로 발현하셨다. 그리고 뤼 뒤 박 성모님이 발현하신 이후에 교황청의 인정을 받은 12건의 성모님 발현에서도 예외 없이 모두 성모님 홀로 나타나셨다. 이는 몽포르의 성 루도비코 마리아가 예언한 성모님의 시대가 드디어 시작되었음을 보여 주는 하나의 표징이라고 볼 수 있을 것이다.

『성모님께 대한 참된 신심』

레지오 마리애의 수호성인 중 한 분인 몽포르의 성 루도비코 마리아는 『성모님께 대한 참된 신심』에서 성모님의 발현과 성모님의 원죄 없는 잉태에 관한 교의 선포로부터 레지오 마리애를 포함한 성모님 군대의 출현을 일련의 과정으로 예언하였다(『레지오 마리애 공인 교본』, 212쪽). 『성모님께 대한 참된 신심』의 핵심은 예수 그리스도가 이 세상에 처음으로 오실 때 먼저 성모님이 계셨던 것처럼 예수 그리스도가 재림하기 전에도 먼저 성모님의 시대가 와야 한다는 것이다. 그리고 성모님의 시대를 지키고 이끄는 것이 바로 성모님의 군대인데, 성 루도비코 마리아는 『성모님께 대한 참된 신심』 114절에서 세속과 악마와 부패된 본성과 맞서 싸울 성모님의 군대가 만들어질 것이라고 예언하였다. 그런데 이 같은 중요한 역할을 하는 성모님의 군대가 전 세계에 이미 5단체나 존재하고 있다는 사실에 주목할 필요가 있다.

①1917년 성 막시밀리아노 마리아 콜베가 창설한 성모기사회

②1921년 프랭크 더프가 창설한 레지오 마리애

③1943년 키아라 루빅이 창설한 포콜라레 운동 (마리아 사업회)

④1946년 해럴드 콜건이 설립한 푸른 군대 (파티마의 세계 사도직)

⑤1972년 스테파노 곱비가 시작한 마리아 사제 운동

성모님의 시대가 시작되지도 않았는데 성모님의 군대가 존재한다는 것은 말이 되지 않고 성 루도비코 마리아의 예언과도 어긋난다. 따라서 성모님의 군대가 존재하고 있다는 것은 어느 시점에 이미 성모님의 시대가 시작되었다는 것을 뜻한다고 볼 수 있다. 여기서 성모님의 시대가 언제 시작되었는지를 파악하는 일이 중요하다.

성모님의 시대가 시작되면서 성모님의 군대도 본격적으로 시작되었다고 보는 것이 타당하므로 성모님의 군대가 최초로 창설된 1917년 이전에 성모님과 관련하여 일어난 중요 사건이 바로 성모님의 시대가 시작되었음을 알려 주는 표징이라 할 수 있다. 1917년 이전에 성모님과 관련한 최대 사건은 바로 '성모님 발현의 시대'이다. 앞에서 설명한 대로 1830년 뤼 뒤 박에서 성모님이 발현하신 것이 성모님 발현 시대의 시작으로, 이후 100년 동안 지역 주교의 공인과 교황청의 인정을 받은 성모님 발현이 무려 11건이나 되면서 성모님 발현의 시대가 되었다. 그리고 이 성모님 발현의 시대가 끝날 무렵부터 성모님의 군대가 연속적으로 창설된 것이다. 이는 루도비코가 예언한 성모님의 발현과 성모님의 군대가 일련의 과정에 있다는 것과도 일치한다. 즉 뤼 뒤 박의 성모님 발현은 성모님 발현 시대의 시작이며 동시에 성모님의 시대가 본격적으로 시작되었음을 알려 주고 있는 것이다.

위 성지 통로. 왼쪽 동상과 뒤쪽 현수막에는 성 빈첸시오 아 바오로가 있고, 왼쪽 벽면에는 뤼 뒤 박 성모님 발현에 대한 설명이 있다.
아래 왼쪽 성물방에 있는 기적의 메달
아래 오른쪽 성지 입구

성지 소개

뤼 뒤 박 성지는 골목길에 있는 초록색 문을 통하여 들어갈 수 있다. 입구에 들어서면 천장이 없는 긴 통로가 나온다. 우선 통로 왼쪽에는 빈첸시오 아 바오로의 성상이 있으며, 벽면에는 기적의 메달로 은총과 치유의 기적을 체험한 사람들의 감사판과 뤼 뒤 박에서 발현하신 성모님에 대해 설명하는 게시판이 있다. 통로의 다른 한쪽에는 성물방이 있으며 통로 끝에는 성모님이 발현하신 경당이 있다. 경당은 2층으로 올라갈 수 있으며 2층에도 신자석이 있어 경당을 내려다보며 미사에 참례할 수 있다. 성지가 골목길에 위치하다 보니 성지 전체를 한눈에 조망하기 어렵고 성지로 들어와도 순례할 수 있는 공간이 작다. 성지를 방문한다면 성물방에 들러 기적의 메달을 구입하자. 무염시태 성모님이 발현하신 성지에서 무염시태 메달을 직접 구입하는 것은 특별한 의미가 있다. 미사 시간과 성지 개방 시간을 성지 공식 홈페이지를 통해 미리 확인하고 방문하는 것이 좋다.

성지 찾아가는 방법

성지를 찾아가는 가장 좋은 방법은 파리 최초의 백화점인 르 봉 마르셰 백화점을 찾는 것이다. 마르셰 백화점의 본관과 별관 사이의 골목길로 진입하면 사랑의 땀희의 초록색 출입문을 찾을 수 있다. 대중교통 편은 지하철이 편리하다. 지하철 10호선, 12호선 세브르바빌론Sevres-Babylone역에서 내려 공원 출구로 나가면 정면에 마르셰 백화점 본관이 있으며, 여기서 대로를 따라 좀 더 걸어가면 별관과 성지로 연결되는 골목길 입구에 도착할 수 있다.

* 구글맵에서 찾기: Chapelle Notre Dame Medaille Miraculeuse 입력

인근 성지 소개 - 성 빈첸시오 아 바오로 관련 성지

뤼 뒤 박 지역은 성 빈첸시오 아 바오로가 활동한 근거지였다. 1833년 4월 23일, 가난하고 소외된 이들을 도왔던 빈첸시오 신부의 정신과 활동을 계승하기 위하여 빈첸시오 아 바오로회, 곧 빈첸시오회가 당시 파리 소르본 대학교 법과대학 학생이었던 20세의 앙투안 프레데리크 오자남과 그 동료 학생들에 의하여 사랑의 딸회에서 조금 떨어진 장소에 설립되었다. 빈첸시오회는 현재에도 우리나라를 비롯하여 전 세계 교회에서 활동하고 있다. 초기 빈첸시오회는 경험이 부족하여 뤼 뒤 박 사랑의 딸회를 수시로 방문하여 도움을 청하고 하느님의 가난한 사람들을 돌보는 데 대한 조언을 구했다. 사랑의 딸회의 로잘린 랑뒤 수녀는 빈첸시오회를 물심양면으로 지원하여 초기 빈첸시오회가 자리 잡는 데 지대한 역할을 하였다.

1913년 빈첸시오회는 오자남 탄생 100주년 기념식을 개최하였는데 이때 이미 8,000개의 협의회와 133,000명의 회원이 있었다. 레지오 마리애의 창설자인 아일랜드의 프랭크 더프도 바로 같은 해에 빈첸시오회에 가입하여 봉사 활동에 본격적으로 참여하게 되었다. 빈첸시오회는 이름만 보면 수도회로 오해할 수 있는데 수도회가 아니라 당시로서는 유일무이한 평신도 사도직 단체였으며, 1845년에는 교황 그레고리오 16세에게 평신도 단체로 승인도 받았다.

르 봉 마르셰 백화점에서 180m 정도 큰길을 따라 직진하면 왼편에 성 빈첸시오 아 바오로 경당이 있고, 경당 제단 위에 빈첸시오 성인의 유해가 모셔져 있다. 뤼 뒤 박 성지를 중심으로 500m 내에 오자남의 묘지, 빈첸시오회가 설립된 장소와 빈첸시오회 총 이사회 사무실 등이 있다.

위 성 빈첸시오 아 바오로 경당 내부
왼쪽 가운데 경당 제단 위 성인의 유해
왼쪽 아래 경당 입구
오른쪽 아래 계단으로 올라가면 제단 위 성인의
유해를 가까이에서 볼 수 있다.

CHAPTER 6

이탈리아 로마 프라테 성당
SANT'ANDREA DELLE FRATTE(1842)

개요

　유럽에 이성주의가 확산하자 하느님의 존재를 부정하는 세력이 등장하였으며, 이탈리아 전역에서 일어난 통일 운동과 유럽 각국에 정착하여 성공을 이룬 유대인의 막대한 영향력은 교황청과 가톨릭에 직접적인 위협이 되었다. 이처럼 가톨릭이 어려움에 처해 있을 때, 성모님이 파리 뤼 뒤 박에서 발현하신 모습과 똑같은 모습으로 이탈리아 수도이자 가톨릭의 중심부인 로마에서 유대계 은행가의 상속자에게 발현하셨다. 발현을 목격한 유대인이 즉시 개종하는 기적이 일어났으며, 그는 가톨릭 사제가 되어 예루살렘에서 시온의 성모 여자 수도회를 설립하고 평생 동안 유대인의 개종을 위하여 노력하였다.

시대적 배경

통일을 이룬 이탈리아 정부는 1870년 교회에 관한 법률을 제정하여 교황청이 이탈리아 내에 갖고 있던 재산을 모두 빼앗고 바티칸만 교황청의 유일한 재산으로 남겨 두었다. 또한 교황의 세속권도 빼앗아 교황은 정치적인 힘을 잃음으로써 바티칸을 제외하고는 모든 것을 상실하게 되었다. 이런 이유로, 당시 교황 비오 9세는 이탈리아와의 모든 협의를 거부했으며, 자신을 '바티칸의 포로'라고 선언하였다.

1840년대 초반에 이탈리아의 통일 외에도 가톨릭을 위협하는 요소가 또 하나 있었는데 바로 유럽 각국에 정착한 유대인들이었다. 이들은 새로운 직업들을 독차지하며 시장을 장악해 갔는데 특히 금융업에 대한 독점이 심화되었다. 그들은 고리대금업자에서 금융자본가로 변신하였고, 축적한 부를 바탕으로 권력의 중심에 있는 왕족이나 귀족들과 친밀한 관계를 맺으면서 정치, 경제, 사회, 문화 전반에 막대한 영향력을 행사하였다. 이를 대표하는 금융 집단이 로스차일드 가문이다. 로스차일드 가문을 일으킨 마이어 암셀은 1800년대 초 금융가로 성장하여 왕실의 재산 관리에 관여하며 큰돈을 벌었고 다섯 아들을 독일, 프랑스, 오스트리아, 영국, 이탈리아에 파견하여 지점을 세우며 유럽 전역의 금융업을 장악하였다. 그들은 유대인과 유대교를 적극 지원하였는데 이러한 과정에서 가톨릭도 보이지 않는 공격을 받았다.

이렇게 가톨릭이 외적인 변화로 어려운 상황에 처해 있을 무렵인 1842년, 이탈리아의 수도이자 가톨릭의 중심부인 로마에서 성모님이 발현하셨다. 그리고 역설적이게도 성모님의 발현을 목격한 시현자가 로스차일드 가문과 친척 관계에 있는 은행가의 상속자로 가톨릭을 증오하고 있던 유대인이었다.

성모님의 발현

1842년 1월 20일, 28세의 유대인 알퐁스 라티스본Alphonse Ratisbonne은 산탄드레아 델레 프라테 성당의 제대 앞에서 성모님의 발현을 목격하였다. 그는 친분이 있는 백작의 장례식에 참석하기 위하여 뷔시에르 남작과 함께 성당에 왔는데 너무 일찍 도착하여 혼자 성당에 들어가 제대 바로 아래에 서 있었다. 그러자 빛으로 성당 내부가 매우 환해지면서 제대 위에 흰색 실크 옷을 입고 머리에는 흰색 베일을 쓰신 성모님이 맨발로 구름 위에 홀로 서 계신 모습으로 나타나셨다. 성모님은 알퐁스를 그윽한 시선으로 바라보셨으며, 늘어진 파란색 망토로 팔을 감쌌고, 손가락 끝에서는 빛이 뻗어 나오고 있었다. 이러한 모습을 본 알퐁스는 자신이 바로 하느님의 모후 앞에 있다는 사실을 깨닫고는 바로 무릎을 꿇고 기도하였다.

훗날 알퐁스는 이 순간을 이렇게 회상하였다. "살아 있고, 위대하며, 위엄 있고, 아름답고, 자비가 넘치며, 축복받은 한 분이 제단에 서 계셨습니다. 그분은 가장 신성하신 성모 마리아였으며, 제가 목에 걸고 있는 기적의 메달에 새겨져 있는 분과 똑같은 모습이었습니다. 밝게 빛나는 광채 때문에 제대로 올려다볼 수 없었지만 저는 그분의 손을 유심히 바라보았고 거기에서 용서와 자비의 표현을 읽을 수 있었습니다. 가장 복되신 성모 마리아께서는 제게 한마디 말씀도 하지 않으셨지만 그분의 현존 앞에서 제가 처한 상황과 저의 죄, 그리고 가톨릭 신앙의 아름다움을 깨달았습니다." 성모님은 파리 뤼 뒤 박에서 발현하신 모습과 똑같은 모습으로 발현하셨지만 여느 발현과는 달리 어떤 메시지도 없으셨기에 '침묵의 성모님'이라고도 불린다.

3분여의 짧은 시간이 흐른 뒤 성모님은 사라지셨고, 뷔시에르 남작이 성당으로 들어왔다. 그때 그는 알퐁스가 무릎을 꿇고 엎드려서 「기억하소서」(Memorare)를 기도하는 모습을 보게 되었다. 남작도 알퐁스의 모습을 보고 감동하여 눈물을 흘리고 말았다. 왜 그러냐고 아무리 물어도 알퐁스가 답하지 못하고 그저 흐느끼자 그는 알퐁스를 성당 밖으로 데리고 나왔다. 그리고 자신의 마차에 태워 호텔 세르니로 갔다. 알퐁스는 울먹이며 기적의 메달에 입을 맞추고 말하였다. "하느님께 감사합니다." 그리고 이어서 "고해신부에게 데려가 주십시오. 제가 언제 세례를 받을 수 있겠습니까? 세례를 받지 않으면 저는 더 이상 살 수가 없습니다"라고 말하며 가톨릭으로 개종하겠다는 결심을 전했다. 남작은 예수회 빌포르 신부를 만나려고 제수(예수) 성당으로 갔다. 알퐁스는 계속 울먹이다가 진정한 후 자신의 목에서 기적의 메달을 벗어 높이 들고 외쳤다. "성모님을 보았습니다. 성모님을 보았습니다." 알퐁스는 고해성사를 받고 빌포르 신부의 지도하에 예수회에 들어갔다.

발현 장소

로마에서 로마제국의 유적이 적으면서도 가톨릭의 유산이 유지되고 있으며 일반 시민들의 만남이 가장 많은 곳은 바로 스페인 광장과 스페인 계단이 있는 지역이다. 이곳은 15세기부터 스페인인과 프랑스인을 중심으로 많은 외국인들이 거주하면서 1495년 트리니타 데이 몬티(삼위일체) 성당과 수도원이 건립되었다. 가톨릭을 믿는 스페인과 프랑스 사람들이 주요 구성원이었기에 이 지역은 자연스럽게 가톨릭적인 분위기가 형성되었다. 한 예로 1854년 교황 비오 9세가 무염시태 교리를 선포한 것을 기념하기 위하여 1857년 바로 이 스페인 광

왼쪽 프라테 성모님의 발현. 파리 뤼 뒤 박에서 발현하신 모습과 거의 똑같다.
오른쪽 성당 제단에서 알퐁스 라티스본에게 발현하신 성모님

제단에서 성당 정문을 바라본 전경. 특이하게 좌석이 중앙 제단을 향해 있지 않고 기적의 성모 경당을 향해 배치되어 있다.

장에 무염시태 원주가 세워진 것이다. 이렇게 로마에서 가톨릭적 분위기가 충만했던 스페인 광장 근처의 산탄드레아 델레 프라테 성당에서 성모님이 발현하셨다.

성모님이 발현하신 프라테 성당을 건립한 사람은 가장 작은 이들의 수도회(미니미 수도회) 창설자인 파올라의 성 프란치스코이다. 1604년부터 부팔로 가문의 지원으로 성당의 새로운 개조가 시작되었고, 1658년 프란체스코 보로미니에 의해 바로크양식으로 재건되면서 둥근 천장과 종탑이 완성되었으며 현재의 성당 정면부는 1826년에 만들어졌다. 성모님이 발현하신 중앙 제단에는 세 폭의 제단화가 있는데 가운데는 사도 안드레아가 엑스x 자 모양으로 십자가형을 당하는 장면이고, 좌측은 안드레아의 죽음, 우측은 안드레아의 매장 장면이 그려져 있어 이 성당이 안드레아를 위하여 봉헌된 성당임을 알 수 있다. 제단 좌우에는 바로크 시대의 대표적 조각가 잔 로렌초 베르니니의 천사상이 있다. 원래는 산탄젤로 다리에 전시되어 있었는데 교황 클레멘스 9세에 의해 옮겨져 훗날 성당에 기부되었다. 천사상은 각각 가시관과 유다인의 왕 나자렛 예수(INRI)라는 글자가 새겨진 두루마리를 들고 있으며, 베르니니의 조각 중 대작으로 인정받는 작품이다. 성당 내부에는 총 10곳의 경당이 있으며 그중 하나가 성모님의 발현을 기념하는 기적의 성모 경당이다.

시현자

1814년 5월 1일 프랑스 스트라스부르에서 출생한 알퐁스 라티스본은 로스차일드 가문과 가까운 친척 관계에 있는 유대계 은행가 가문의 상속자였다. 그는 어렸을 때, 로마에서 가톨릭으로 개종하여 사

위 제단 뒤 세 폭의 제단화 **아래** 성당 정문에서 제단을 향해 바라본 내부

이탈리아 로마 프라테 성당

제가 된 형 테오도르를 가족들이 좋아하지 않자 자신도 다시는 형과 말하지 않기로 굳게 결심하고 가톨릭을 증오하였다고 한다. 그는 27세 때 조카인 플로레와 약혼을 하였지만 건강 상태가 좋지 않아 온화한 곳에서 겨울을 보내기 위하여 1841년 말 나폴리와 몰타를 여행하던 중에 1842년 1월 6일 우연히 로마로 와서 친구들을 만나게 되었다. 그 친구들 중 한 명의 형인 남작 테오도르 드 뷔시에르는 가톨릭으로 개종했을 뿐 아니라 가톨릭 사제인 알퐁스의 형과도 가까운 사이였다. 알퐁스는 주변에 아는 사람이 없어서 부득이 남작에게 콘스탄티노플과 로마의 여행 안내를 부탁했다. 그런데 남작은 길에서 마주치는 사람일지언정 신앙이 없다면 가톨릭으로 개종시키는 것을 사명으로 여기는 사람이었다.

    남작은 알퐁스와 가까워지자 그를 개종시키기 위하여 작은 제안을 하였다. 그에게 기적의 메달을 목에 걸 것과 매일 아침 클레르보의 성 베르나르두스가 지은 「기억하소서」를 성모 마리아에게 바칠 것을 제안한 것이다. 알퐁스는 남작의 여행 안내가 고맙기도 하고, 유대인들이 가톨릭 신자들만큼 융통성이 없지 않다는 것을 보여 주려고 제안을 받아들였고, 남작의 어린 딸이 기적의 메달을 알퐁스의 목에 걸어 주었다. 그러나 그는 남작의 신앙을 경멸하며 호프만의 이야기에 나오는 "나에게 좋은 일이 없다 하더라도 적어도 나쁜 일은 없을 것이다"를 인용하였다.

    다음 날 아침 알퐁스는 「기억하소서」를 바쳤지만 그 기도를 이해하지 못한 채 여전히 가톨릭을 증오하였다. 그러다가 며칠 후에 프라테 성당 제단 앞에서 자신의 목에 걸려 있는 기적의 메달 속 성모님과 똑같은 모습을 한 성모님을 직접 목격하게 된 것이다. 그 후 알퐁스는

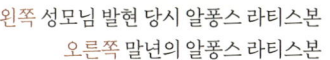

왼쪽 성모님 발현 당시 알퐁스 라티스본
오른쪽 말년의 알퐁스 라티스본

바로 고해성사를 받았으며, 자신이 가진 세속의 모든 지위는 물론이고 가업으로 물려받은 은행가라는 직업도 지체 없이 포기하였다. 1842년 1월 31일 알퐁스는 코스탄티노 파트리치 나로 추기경에게 세례를 받고 첫영성체를 하였다. 그는 자신의 형 테오도르와 화해했으며, 1843년 형이 시온의 성모 여자 수도회를 설립하는 데 적극 협조하였다. 1847년 알퐁스는 마침내 사제 서품을 받고 예수회 회원이 되었다.

1855년 알퐁스는 유대인 개종에 전념하기 위해 교황 비오 9세의 허락을 받아 예수회를 떠났고 예루살렘에 시온의 성모 여자 수도회를 설립하였다. 1856년 부속 학교와 소녀들을 위한 고아원을 포함하는 대규모의 에체 호모 수도원을 건립하였으며, 1860년에는 엔 케렘(아인 카렘)에 교회와 소녀들을 위한 또 다른 고아원과 성 요한 수도원을 세웠다. 엔 케렘은 세례자 요한의 부모 즈카르야와 엘리사벳이 살았던 곳으로, 성모 방문 기념 성당과 세례자 요한 기념 성당이 있다. 그는 '시온의 아버지들'이라 불리며 죽을 때까지 유대인과 무슬림의 개종을 위해 헌신하다가, 1884년 5월 6일 70세의 나이로 선종하였다.

공인 과정

1842년 2월 성모님 발현을 조사하기 위하여 교황청이 교령을 내려 직접 조사 위원회를 구성하였다. 관련자에 대한 면밀한 조사와 수많은 증언을 바탕으로 알퐁스의 개종이 전적으로 기적이라는 판단과 그것은 성모님의 강력한 중재를 통해 이루어진 주님의 역사하심이라는 결론을 담은 보고서가 작성되었다. 1842년 5월 불과 몇 달 만에 발현 당시 성모님의 모습을 그대로 재현한 성화가 산탄드레아 델레 프라테 성당 내 기적의 성모 경당에 봉헌되었다. 화가 나탈레 카르타가 알퐁스의 구술에 따라서 전통적인 기법으로 그린 것이었다.

1842년 6월 3일 공식적인 심의 과정을 거쳐 교황 그레고리오 16세의 총대리 코스탄티노 파트리치 나로 추기경은 프라테 성당의 발현을 복되신 동정 마리아의 개입으로 일어난 신성한 기적으로 선언했으며, 이 기적을 기록한 책자의 출판과 배포를 허락하였다. 프라테 성당의 경우 성모님이 발현하신 위치가 교황청이 있는 로마이고, 교황의 총대리인 추기경이 발현을 인정한 것이기에 주교의 공인 없이 교황청의 인정을 받은 것으로 볼 수 있으며, 교황의 지지 의사 표명이 다음과 같이 이어졌다.

① 성모화가 모셔진 프라테 성당에서 수많은 기적이 일어나

알퐁스가 목에 걸었던 기적의 메달

프라테 성당을 순방한 프란치스코 교황

지 교황 레오 13세가 프라테 성당을 찾아와 성모화에 왕관을 봉헌하였다(1892년 1월 17일).

② 교황 비오 12세가 프라테 성당을 준 대성당으로 승격하였다(1942년 4월 25일).

③ 교황 요한 바오로 2세가 순방하였다(1982년 2월 28일).

④ 최근 프란치스코 교황도 순방하였다(2017년 12월 8일).

발현 의미

　유럽에 이성주의가 강해지자 하느님의 존재를 부정하는 세력이 등장하였으며, 이탈리아 전역에서 일어난 통일 운동은 로마 교황청과 가톨릭에 직접적인 위협이 되었다. 또한 가톨릭은 유럽 각국에 정착하여 성공을 이룬 유대인의 막대한 영향력에도 적지 않은 위협을 받았다. 이렇게 사면초가에 몰린 가톨릭이 위기에 처해 있을 때 성모님이 유대계 은행가의 상속자 알퐁스에게 발현하신 것이다.

　시현자 알퐁스는 자신이 세속에서 누릴 수 있는 모든 권한만 아니라 유대교 신앙과 약속된 결혼도 포기하고 가톨릭으로 개종하였다. 알퐁스의 개종은 가톨릭을 배격하는 사람들과 유대인들에게 큰 충격을 주었다. 게다가 그가 거대 자본가의 상속자였음을 감안하면 사회적으로 큰 반향을 일으켰을 것이다.

　알퐁스는 개종에 그치지 않고 가톨릭 사제까지 되었으며, 더 나아가 다른 유대인의 개종에 전념하였다. 그는 예루살렘으로 이주하여 수도회를 설립하고 다른 신앙을 가진 이들에게 가톨릭을 알리면서, 가톨릭을 향한 외부의 공격을 선제적으로 방어하는 역할을 평생 수행하였다. 그가 보여 준 이 기적적인 활동을 통하여 로마 교황청도 외부 세력에 대항할 동력을 얻었으며, 12년 후인 1854년에는 교황 비오 9세가 무염시태 교의를 선포하기에 이르렀다. 1858년 프랑스 루르드에서 발현하신 성모님은 당신의 신분을 무염시태라고 밝히시어 무염시태 교리의 타당성을 확인하는 동시에 파리 뤼 뒤 박에서부터 로마 산탄드레아 델레 프라테 성당, 라 살레트, 루르드로 이어지는 무염시태 성모님 발현의 고리가 되었다. 이런 의미에서 프라테 성당은 로마의 루르드라고도 불린다.

위 프라테 성당을 관리하고 있는 가장 작은 이들의 수도회 수도원
아래 수도원에 조성된 중정

성지 소개

　유대교 신자 알퐁스가 파리 뤼 뒤 박 성모님이 새겨진 기적의 메달을 걸고 성모님을 목격한 뒤 즉시 개종하는 기적을 보여 주었기에 프라테 성당의 성모님은 '기적의 성모님'이라고 불린다. 또한 알퐁스가 시온의 성모 수도회를 건립하여 유대인의 개종을 위하여 평생 노력하였기에 '시온의 성모님'이라고도 불린다. 성지가 도심에 위치하다 보니 그 규모가 성당 한 곳에만 국한되며, 성모님을 위한 경당도 독립되어 있지 않고 성당 내에 있는 10곳의 경당 중 하나일 뿐이다. 기적의 성모 경당 양쪽에는 그리스도의 십자가 경당과 성 요셉 경당이 배치되어 있어 예수님과 성모님, 성 요셉을 함께 경배할 수 있다. 프라테 성당 옆에는 파올라의 성 프란치스코가 창설한 가장 작은 이들의 수도회의 수도원이 붙어 있으며, 조경이 잘되어 있는 중정이 있는데 프라테 성당 내에 있는 출입구로 연결되어 있다.

성지 찾아가는 방법

　지하철을 타고 찾아가는 것이 가장 편리하다. 빨간색으로 된 지하철 에이A 선을 타고 가서 스파냐Spagna역에서 내린다. 역에서 나와 스페인 계단을 내려온 후 좌측으로 돌아 직진하면 정면에 무염시태 원주가 있다. 이 원주는 무염시태가 선포되는 데 가장 큰 기여를 한 스페인의 대사관 바로 앞에 세워졌다. 원주 위에는 무염시태 성모상이 있고, 아래에는 십계명을 들고 있는 모세, 이사야, 다윗, 에제키엘의 성상이 있다. 이 원주를 지나면 두 갈래 길이 나오는데 오른쪽 길로 150m 정도 더 가면 프라테 성당이 나온다.

　* 구글맵에서 찾기: Basilica Sant'Andrea delle Fratte 입력

<기적의 성모 경당>

❶ 경당 제대
❷ 제단에 봉헌된 발현 성화
❸ 성 막시밀리아노 마리아 콜베의 흉상
  콜베 신부는 1917년 성모기사회를 창설하고
  1918년 사제 서품을 받은 후
  이 성당에서 첫 미사를 집전하였다.
❹ 알퐁스 라티스본의 흉상
❺ 수없이 부착된 성모 성심
❻ 발현하신 성모님에 대한 성화가
  제단의 안쪽 벽면에 새겨져 있다.

1857년 12월 8일, 무염시태 교리 선포를 기념하는
이 원주가 세워졌다.

이탈리아 로마 프라테 성당

CHAPTER 7

프랑스 라 살레트
LA SALETTE (1846)

개요

　1845년부터 유럽 전역은 기근과 질병으로 상당한 어려움에 처해 있었는데, 프랑스의 지방은 상황이 더욱 심각하였다. 이때 성모님이 프랑스 남동부에 위치한 라 살레트에서 발현하시어, 죄를 고백하고 악행을 멀리하여 하느님과 화해할 것과 이를 위해 날마다 기도한다면 지금의 고통에서 벗어날 수 있다고 알려 주셨다. 교황 비오 9세는 교황에 즉위하고 3개월 후에 라 살레트에서 발현하신 성모님의 비밀 메시지를 받고 영적인 용기와 지혜를 얻을 수 있었다. 이런 이유로 교황의 성모님에 대한 공경은 역대 교황 중 최고였으며, 결국 비오 9세는 성모님에 대한 성심으로 1854년 12월 무염시태 교의를 선포하였다.

시대적 배경

　1846년 6월 16일, 교황 비오 9세가 제 255대 교황으로 선출되었다. 교황 비오 9세는 역사상 두 번째로 길었던 33년의 재위 기간 동안 교황으로서 감당하기 힘든 고난을 겪어야 했다. 이탈리아의 민족주의자들은 교황이 오스트리아와의 전쟁을 거부하자 교황이 이탈리아를 배반하였다고 주장하며 교황의 통치권을 전복하기 위한 조치를 취하였다. 1848년 11월 15일 교황청을 지키는 스위스 근위대를 무장해제시키고 교황을 바티칸 궁전에 감금하였다. 교황 비오 9세는 일반 신부로 변장하고 간신히 로마를 빠져나와 양시칠리아왕국에 있는 가에타로 피신한 후, 반란에 가담한 일련의 관련자를 전원 파문하였다. 그러다가 1850년 4월 12일 프랑스 나폴레옹 3세의 도움을 받아 가까스로 교황청에 복귀하였다.

　교황은 이탈리아에서 민족주의와 자유주의가 득세하면 기존의 사회적·종교적 질서가 무너질 것이라고 확신하여, 자유주의에 대한 지지를 공개적으로 철회하였다. 이러한 입장은 이탈리아의 해방운동과 상반된 조치였기에 교황과 교황청은 험난한 상황에 놓일 수밖에 없었다. 비오 9세가 교황으로 즉위한 지 3개월 후에 프랑스의 라 살레트에서 성모님이 발현하셨으며 성모님의 비밀 메시지가 교황에게 전달되었다. 성모님의 메시지를 받은 비오 9세는 주님과 성모님이 지켜주고 계신다는 믿음으로 가톨릭 수장의 역할을 수행할 수 있었다.

　1845년부터 유럽 전역에 기근이 들었다. 프랑스의 지방에 거주하는 사람들은 이전보다도 힘든 처지에 놓였고, 미래에 대한 희망이 전혀 없는 상황에서 하루하루를 고통 속에서 보내야 했다. 이때 성모님이 프랑스의 남동부에 위치한 라 살레트에서 발현하셨다.

성모님의 발현

1846년 9월 19일, 소를 돌보고 있던 14세 소녀 멜라니 칼바Mélanie Calvat와 11세 소년 막시맹 지로Maximin Giraud에게 성모님이 발현하셨다. 토요일 오후 3시경 가르가스산 중턱 초원에서 두 아이는 커다란 원형의 빛을 보았는데 점점 더 밝아지고 그 크기가 커졌다. 그들이 무서워서 도망가려고 하자 원형의 빛이 열리면서 여인의 형상이 나타났다. 처음에 여인은 바위에 앉아 두 손으로 얼굴을 감싼 채 울고 있었다. 그러고 나서는 그들 앞에 일어섰는데, 순백색의 옷을 입은 그 여인은 두 발까지 내려오는, 태양보다 빛나는 노란색 앞치마를 두르고 있었다. 머리에는 장미로 만든 면류관을 쓰고, 어깨에는 장미 술이 달린 망토를 걸쳤으며, 두 발에는 흰 신발을 신은 채로 장미를 밟고 있었다.

그리고 그 여인이 목에 걸고 있는 십자가 위 예수 그리스도는 마치 살아 계신 것처럼 보였다고 한다. 십자가의 양 끝에는 못을 박는 망치와 못을 빼는 펜치가 붙어 있었는데, 이는 우리가 예수 그리스도를 다시 십자가에 못 박을 것인가, 아니면 못을 뺄 것인가를 선택하라는 의미로 해석된다. 여인이 하염없이 흘린 눈물은 아래로 떨어져 무릎에 닿자 빛을 발산하며 사라졌다. 그래서 라 살레트에서 발현하신 성모님은 '고통의 성모님', '눈물의 성모님'으로 불린다. 여인이 "내 아이들아, 두려워하지 마라. 좋은 소식을 전하려고 여기에 왔단다"라고 말하자, 두 아이가 "그런데 당신은 왜 계속 울고 계십니까?" 하고 물었고, 다시 여인은 "사람들이 하느님의 계명을 버리고 세속에 빠져 살기에 서러워 울고 있단다"라고 답하였다. 처음에 여인은 프랑스어로 말하였으나 아이들이 알아듣지 못하자, 프랑스어와 지역 방언을 번갈아 말하였다.

그 여인은 통회하는 모든 사람에게 하느님이 자비를 베푸실 것을 약속하였고, 죄를 고백하고 악행을 멀리하며 하느님과 화해할 것을 요청하였다. 이 말을 듣지 않고 계속 악행을 저지르면 기근이 들어 밀이 타 죽고, 포도가 나무 위에서 시들고, 감자가 땅속에서 썩고, 가축이 역병에 죽고, 일곱 살이 안 된 아이들이 몸을 떨며 부모의 품에서 죽는 재앙이 내릴 것이라고 경고하였다. 또 여인은 아이들에게 열심히 기도를 하느냐고 물었는데 "아니, 사실 열심히 기도하지 않아요"라고 답이 돌아오자, 이렇게 당부하였다. "아침저녁으로 열심히 기도해야 한단다. 시간이 있으면 더 많이 기도하거라. 시간이 없다면 주님의 기도와 성모송만이라도 바치거라."

여인은 모든 사람에게 이 메시지를 전하라고 하시며, 마지막으로 두 시현자에게 각각 엄청난 분량의 비밀 메시지를 전하였다. 특히 멜라니에게는 그리스도의 적과 마지막 날에 일어날 일 등 미래에 대한 매우 긴 종말론(묵시론)을 포함하는 비밀 메시지를 전하며 그 내용을 비밀로 하되 1858년 이후에는 출판을 해도 된다고 하였다. 여인은 산 쪽으로 조금 올라간 후 땅 위에서 1미터 정도 공중에 떠서 잠시 그대로 머물다가 빛 속으로 사라졌다. 두 아이는 성모님의 발현을 고용주와 인근 주민에게 알렸으나, 사람들은 도무지 믿으려고 하지 않았다. 오히려 아이들을 발현 장소로 끌고 가서는 거짓말을 인정하라고 협박하였으며 감옥에 가두겠다고 위협하였다. 그럼에도 아이들의 태도가 변함이 없자 다음 날 고용주는 아이들의 이야기를 정리하여 주임신부 루이 페랭에게 전하였다.

신부는 발현한 여인의 메시지를 그르노블의 주교 필리베르 드 브뤼야르에게 보고하였다. 성모님이 라 살레트의 황량한 산비탈에서 발

왼쪽 첫 발현 때 성모님의 모습
오른쪽 두 아이에게 메시지를 전하시는 성모님
아래 성모님이 발현하신 초원

프랑스 라 살레트

현하셨다는 소문이 퍼지자 순례자들이 몰려들기 시작하였고 막시맹의 아버지는 두 달 후에 세례를 받았다.

발현 장소

프랑스는 농업 국가로서 넓은 평원을 갖고 있는 서부는 어느 정도 생활이 윤택한 반면, 알프스가 시작되어 산악으로 이루어진 남동부는 목축업 외에는 마땅한 호구지책이 없어 늘 궁핍하였다. 정세가 불안해지거나 전쟁, 기근 등이 일어날 경우에 그 피해의 정도가 더 심한 지역이 바로 남동부 산악 지역이었다. 루이 14세의 통치 아래에서 지방 경제가 붕괴하자 남동부 지역의 피해가 더 심각하였고 그 지역 사람들의 실생활은 매우 비참하였다. 이러한 시기에 1664년 프랑스의 남동부에 위치한 생테티엔르로에서 성모님이 발현하셨다.

그리고 시간이 흘러 1845년부터 기근과 온갖 역병으로 사람들이 고통에 신음하자 다시 성모님이 라 살레트에서 발현하신 것이었다. 따라서 알프스가 시작되는 산악 지역인 생테티엔르로와 라 살레트에서 성모님이 발현하신 것은 극심한 곤경에 처한 사람들을 위로하고 구원하기 위해 성모님이 하실 수 있었던 최선의 선택으로 이해할 수 있다. 생테티엔르로와 라 살레트는 서로 가까이 위치하여 차로 1시간 30분 정도면 이동할 수 있다. 라 살레트는 프랑스 남동부에 있는 도시 그르노블에서 남쪽으로 80km 정도 떨어진 곳에 있으며, 알프스의 가르가스산 기슭에 있는 초원 지대이다.

성모님이 눈물을 흘리며 앉아 계시던 바위 아래에는 샘이 있었는데 원래는 말라 있어 물이 나오지 않았지만, 발현 이후부터 샘물이 다시 나오기 시작하였다. 이 샘물을 떠서 한 중증 여성 환자에게 매일 조

위 가르가스산과 성지
왼쪽 행진하는 순례객들
오른쪽 가르가스산에서 바라본 성지 전경

금씩 마시게 하자, 9일 후 그녀가 병상에서 일어나 건강을 완전히 회복하였다. 이 밖에도 샘물을 마시고 환자가 치유되는 기적이 수없이 일어났고, 날로 더 많은 순례자가 샘물을 마시기 위해 모여들었다. 발현 1주년이 되는 1847년 9월에는 수천 명에 달하는 순례자가 모여들어 노숙하며 기다려야 했다. 성모님이 발현하신 장소에는 앉아서 울고 계신 성모상과 두 아이에게 메시지를 전하시는 성모상이 있고, 조금 아래에는 기적의 샘이 있다. 1852년 5월 25일 브뤼야르 주교는 라살레트까지 직접 올라와 만 명 이상의 신자들이 참석한 자리에서 아무것도 없던 땅에 성당의 초석을 놓았다. 성당은 1865년에 완공되었으며, 1879년 교황 레오 13세에 의해 준 대성당으로 승격되었다. 대성당에는 성모님이 앉아 계셨던 바위의 조각이 보존되어 있다.

시현자

발현을 목격한 멜라니 칼바와 막시맹 지로는 프랑스 지방 산골 마을의 가난한 집안에서 태어나 제대로 된 공부를 할 수 없었다. 당연히 문맹이었으며, 그 지역 방언밖에 쓰지 못하였다. 발현하신 성모님도 처음에는 프랑스어로 말씀하셨으나 두 아이가 알아듣지 못하자 방언으로 말씀하신 것으로 알려져 있다. 멜라니는 십 남매 중 넷째로, 당시에 지방 대부분의 아이들이 그랬듯이 거리에서 구걸하였다. 막시맹도 17개월 때 어머니가 세상을 떠나 계모의 학대를 받았고 길거리에서 구걸을 하며 시간을 보내는 아이였다. 막시맹은 나쁜 일을 공모하거나 종종 물건을 훔치기도 하였다.

코르라는 작은 마을에서 나고 자란 두 아이는 성모님의 발현을 목격하기 전날까지 서로 만난 적도 없었다. 그들은 이웃 마을에 있는 각

위 주차장에서 성지로 건너가는 다리 아래 대성당 내부. 제단 중앙에 성모상이 모셔져 있다.

프랑스 라 살레트

각 다른 두 명의 농부에 의해 가축을 관리할 목적으로 고용되었다. 발현 이후 이 두 명의 시현자는 엄청난 공격과 비난을 받았다. 거칠고 공격적인 질문을 받아야 했고, 거짓말쟁이와 사기꾼으로 몰렸으며, 투옥과 파문의 위협을 받았고, 여러 사람에게 조롱을 당해야 했다. 실제로 성모님이 이들에게 전달한 메시지의 분량과 내용의 수준으로 보면 이해하기 어려운 부분도 있다. 어려운 단어와 그 긴 문장들, 그 많은 분량을 다 기억한다는 것은 그들이 어린 문맹자라는 점을 감안하면 충분히 의심의 소지가 있는 것이다. 통상 성모님 메시지는 간결하였는데 라 살레트에서의 메시지는 문장이 길 뿐 아니라 분량도 매우 많아 3시간이라는 한 번의 짧은 발현을 통해서 시현자가 성모님의 메시지를 모두 기억할 수 있다는 것이 상당히 특이하다.

결국 두 아이는 일반적인 성모님 발현의 시현자들보다 더 가혹한 취급을 받았으며 결국 그들의 인생도 다른 시현자들에 비해 한층 고달팠다. 막시맹은 나이가 들어 공격적인 태도를 보였고 사제가 되겠다는 허세를 부렸다. 성모님을 이용해 부당한 이익을 취하며 살다가 1875년 고향에서 40세로 사망하였다.

멜라니는 읽고 쓰는 법을 배운 후 1855년 영국 달링턴에 있는 가르멜 수도회에 들어갔고, 이후 여러 종교 단체의 일원으로 생활하였다. 1879년 멜라니는 라 살레트에 대한 마지막 원고를 작성하여『라 살레트의 복되신 동정 마리아 발현』이라는 제목으로 출판하였다. 성 안니발레 마리아 디 프란치아 신부의 요청으로 거룩한 열정의 딸 수도회의 창설을 돕는 등 시현자에 걸맞은 신앙생활을 하려고 노력하였다. 1904년 멜라니는 이탈리아 알타무라에서 72세의 나이로 선종하였고, 유해는 그곳에 있는 거룩한 열정의 딸 수도회에 안치되었다.

멜라니와 막시맹의 동상

발현 당시 멜라니와 막시맹

말년의 멜라니

거룩한 열정의 딸 수도회 수녀들과 멜라니
뒷줄의 신부는 성 안니발레 마리아 디 프란치아이다.

프랑스 라 살레트

공인 과정

라 살레트에서 발현하신 성모님은 당신의 신분을 밝히지 않으셨고, 당신에 대해 알 수 있는 어떠한 암시도 주지 않으셨다. 따라서 발현 초기 대부분의 자료에서 두 시현자도 처음에는 대단한 성녀 정도로 생각했지, 감히 성모님이라고는 생각하지 못했다고 기술하고 있다. 또한 주변 사람들도 시현자 평소의 행동으로 보아 성모님이 발현하신 것이라고 생각하지 못하고 거짓말이나 사기 행위로 간주하였다. 그러나 여인이 전달한 이야기를 살펴보면 문맹자인 시현자가 스스로 조작하여 말할 수 있는 수준이 아니었고, 예언과 묵시적인 내용까지 포함되어 있어 성모님이 아니라면 할 수 없다고 판단하기에 이르렀다. 1846년 9월 성모님 발현에 대한 보고를 받은 그르노블의 주교 브뤼야르는 예비 조사를 위하여 샹봉 신부와 직원 3명을 파견하였다. 11월에 예비 조사 보고서가 완성되었으나 주교는 더 자세한 조사가 필요하다고 판단하여 위원회를 구성하였다. 1847년 11월에 16명의 전문가로 구성된 조사 위원회가 발현에 대한 1차 보고서를 제출하였다.

이후 8번의 전체 회의를 진행하였으며, 멜라니와 막시맹도 출석시켜 질의응답이 이루어졌다. 1848년 6월 26일 성모님 발현과 관련한 최종 보고서가 작성되었으며 교황 비오 9세에게도 헌정되었다. 1846년 말 성탄절을 전후하여 여인이 예언한 모든 내용이 적중하였다. 무서운 질병이 작물, 동물, 인간을 공격하기 시작한 것이다. 감자가 땅속에서 썩고 곧이어 옥수수가 썩는 등 거의 모든 작물 수확에 실패하였다. 사료를 먹은 가축들이 죽어 나가기 시작했고, 프랑스에서 매우 중요한 작물인 포도가 진딧물의 공격을 받아 프랑스 전역의 포도나무가 말라 죽었다. 이어 콜레라가 돌아 아이들이 수없이 사망하였는데 이

발현 경당 내부

같은 극심한 불행은 전에 없던 것이었다. 발현을 의심하며 냉소적인 태도를 보였던 사람들도 이제 여인이 전한 예언의 정확성을 인정할 수밖에 없었다. 이러한 불행에 반비례하여 라 살레트를 찾아오는 순례객은 급증하였다.

결국 그르노블의 주교는 성모님이 라 살레트에서 발현하셨음을 인정하고, 정확히 발현 5주년이 되는 1851년 9월 19일에 라 살레트에 있는 두 어린 목동에게 복되신 동정 마리아가 나타나신 것은 진리의 특성을 모두 담고 있으며 신자들은 틀림없이 확실하다고 믿을 수 있음을 선언하며 발현을 공인하였다. 그리고 성모님이 발현하신 9월 19일을 축일로 지정하였다.

라 살레트와 인연이 깊은 교황 비오 9세는 선종 직전 그르노블의 주교에게 라 살레트 성모님에게 왕관을 봉헌하고 싶다는 뜻을 전하였다. 교황 레오 13세는 1879년 성지 성당을 준 대성당으로 승격하였으며 1888년 신자들 앞에서 라 살레트를 축복하였다. 또한 교황 비오 10세는 라 살레트 성모님의 발현 50주년을 축복하였고, 교황 비오 12세는 라 살레트 성모님의 발현 100주년을 축복하였다.

기적의 샘

발현 의미

1845년부터 유럽 전체에 기근이 들었다. 특히 하층민들의 주식으로 이용되었던 감자과 옥수수의 수확이 어려워지자 지방의 국민들은 기아에 허덕이게 되었다. 1847년 기근이 더 악화되자 프랑스인 10만 명을 포함하여 유럽에서 100만 명이 목숨을 잃었다. 이런 고통 속에서 그들이 기댈 수 있는 유일한 분이 바로 성모님이었다. 성모님이 발현하시어 기적이 일어났다고 하면 수많은 사람들이 몰려들어 작은 축복이라도 받으려 하였다. 라 살레트로 순례를 오는 사람들은 성모님의 메시지에 따라 기도하고 회개하면서 위로와 위안을 얻을 수 있었다.

1851년 7월 3일 그르노블의 주교는 성모님의 비밀 메시지가 교황에게 전달될 수 있도록 시현자에게 기록하라고 요청하였으나 시현자들이 교육을 받지 못하여 기록이 불가능하자, 대신에 구술을 받아 적어 봉인해서 두 명의 신부를 통하여 1851년 7월 18일 교황에게 전달하였다. 교황이 그 내용에 깊은 인상을 받아 교황청의 추기경이 발현을 조사하기 시작하였다.

1846년 6월 교황 비오 9세가 교황에 즉위한 직후 라 살레트에서 성모님이 발현하신 것과 성모님의 비밀 메시지가 교황에게 전달되었다는 것을 볼 때 라 살레트의 성모님이 교황 비오 9세에게 난관을 극복할 수 있는 영적 용기와 지혜를 주셨다는 추측이 가능하다. 그리고 교황 비오 9세는 재임 기간 동안 루르드를 비롯하여 공인을 받은 성모님 발현을 무려 5번이나 직접 접할 수 있었다. 이러한 이유로 교황 비오 9세의 성모님에 대한 공경은 역대 교황 중 최고라고 할 수 있겠다. 결국 이러한 교황의 강렬한 성모 신심은 1854년 12월에 무염시태를 교의로 선포할 수 있었던 직접적인 배경이 되었다.

성지 소개

　16곳의 성모님 발현 성지 중에서 라 살레트처럼 외따로 있는 성지는 없다. 아무리 작아도 작은 마을을 끼고 있거나 마을이 없으면 집이라도 몇 채 있다. 그러나 해발 1,800m 고지에 위치한 라 살레트 성지에는 오로지 대성당과 순례자를 위한 숙소만 있다. 일반 순례자가 성지를 찾아가는 것이 쉽지 않아서 도착하면 대부분 숙박을 하게 되므로 숙박 시설과 부대 시설이 잘 조성되어 있다. 따라서 당일 방문보다는 가능한 한 1박 이상 머무는 것이 좋은데, 숙소는 성지 공식 홈페이지(lasalette.cef.fr)에서 예약할 수 있다.

　숙박할 경우 성지에서 제공하는 각종 순례 프로그램에 참여할 것을 권한다. 대성당 옆에 있는 발현 경당에서 미사에 참례하고, 기적의 샘에 가서 샘물도 마셔 보고, 성물방에 들러 성물도 구입해 보자. 그리고 대성당 정면으로 오르막길을 올라가면 커다란 라 살레트 성모상이 모셔진 다른 작은 경당이 나오는데 여기서 성지를 내려다보면서 전경을 촬영하면 아주 괜찮은 사진이 나온다.

성지 찾아가는 방법

　파리에서 테제베를 이용하여 그르노블로 이동하고(3시간 소요), 역에서 4100번 버스를 타고 성지로 간다. 버스는 성수기에만 하루 2회 출발한다(2시간 소요, 버스 운행 여부는 www.transisere.fr에서 확인). 비성수기에는 역 앞에서 버스로 코르 마을의 나폴레옹 광장까지 이동한 후 광장에 있는 호텔에 문의하여 택시로 이동한다.

　　* 구글맵에서 찾기: Sanctuaire Notre Dame de La Salette 입력

<성지 전경>
❶ 대성당
❷ 발현 경당
❸ 성지 숙소
❹ 기적의 샘
❺ 성모님이 발현하신 자리에 있는 성모상
❻ 성모상
❼ 주차장과 연결되는 다리

발현하신 성모님이 앉아 계셨던 바위 조각

CHAPTER 8

프랑스 루르드
LOURDES(1858)

개요

　루르드는 멕시코의 과달루페, 포르투갈의 파티마와 함께 세계 3대 성모님 발현 성지로, 매년 500만 명 이상의 순례자가 방문하는 곳이다. 이곳에서 성모님은 당신의 신분을 무염시태라고 밝히시어, 4년 전인 1854년 교황 비오 9세가 선포한 무염시태 교의가 합당한 것임을 직접 보여 주셨다. 성모님의 샘에서 치유된 기적이 가장 많이 일어난 성지로서 지금까지 총 7천여 건의 치유 사례가 보고되었고, 그중 공식적으로 인정된 치유 기적은 총 70건이나 된다. 역대 교황이 가장 많이 방문한 성지이며, 성모님의 발현을 목격한 시현자가 성인품에 오르기도 했다.

시대적 배경 - 무염시태

무염시태, 곧 원죄 없는 잉태는 성모님이 하느님의 특별한 은총을 입어 원죄에 물들지 않고 잉태되었음을 뜻하는 말이다. 무염시태는 어느 한순간 갑자기 나타난 것이 아니라 오랜 역사를 통해 여러 과정을 거치면서 전해 내려왔다. 무염시태에 대한 이야기가 풍성해지고 무염시태가 교리로 확정되기를 희망하는 신자들이 많아진 상태에서 여기에 어떤 표징이 더해지고 교황과 교황청의 적극적인 개입이 이루어질 때 교리로 확정될 수 있는 것이다. 1830년 파리 뤼 뒤 박에서 성모님이 발현하시어 처음으로 당신의 신분을 밝히셨는데 그 신분이 바로 원죄 없이 잉태되신 성모였다. 성모님이 직접 당신이 어떠한 분이시라는 것을 말씀하셨기에 더 이상 논쟁이나 다툼이 있을 수 없으며 앞서 교부들과 교황이 주장했던 모든 것이 그대로 사실임이 입증된 것이다.

그리고 1846년 라 살레트에서 발현하신 성모님은 교황 비오 9세에게 비밀 메시지도 전달하였다. 이러한 배경하에 1854년 12월 8일 교황 비오 9세는 전 세계의 모든 가톨릭 주교들의 자문을 받아 초대 교회 때부터 이어져 온 가톨릭 신자들의 성모 신심과 봉헌, 교부들의 증언, 이를 뒷받침하는 성경 구절을 근거로 하여 교황령 「형언할 수 없는 하느님」(Ineffabilis Deus)을 선언하여 성모님이 원죄 없이 잉태되었음을 로마 가톨릭교회의 교의로 선포하였다. 그리고 무염시태 교의를 반포한 지 4년이 지난 1858년 루르드에서 성모님이 발현하셨는데 성모님이 다시 한번 당신의 신분을 원죄 없는 잉태라고 말씀하심으로써 교황 비오 9세가 선포한 무염시태 교의가 사실상 진실이라는 것이 입증되었다.

성모님의 발현
첫 번째 발현 - 1858년 2월 11일(목요일)

　피레네산맥과 인접해 있는 작은 마을 루르드에서 14세 소녀 베르나데트 수비루Bernadette Soubirous에게 성모님이 발현하셨다. 아직 2월이라 날이 몹시 추웠지만 베르나데트는 땔나무와 뼛조각을 모아 오겠다고 부모님에게 고집을 부렸다. 그녀는 루르드의 버려진 감옥을 개조한 단칸방에서 부모 형제와 함께 살았는데 그 비좁은 공간을 벗어나 잠시나마 숨 돌릴 틈이 필요하였다. 여동생과 여자 친구 한 명과 함께 서쪽으로 1km 떨어진 가브드포강으로 향했는데, 몸이 약한 베르나데트는 뛰어가는 두 소녀를 따라가지 못하고 뒤로 처졌다.

　베르나데트가 강을 건너기 위해 허리를 굽혀 신발과 양말을 벗으려는 순간, 갑자기 폭풍이 부는 듯한 소리가 들렸다. 그녀는 깜짝 놀라 허리를 펴고 앞을 보았는데 강 건너편에 있는 마사비엘 동굴에서 황금빛의 구름이 일더니 곧이어 열일곱 살 전후로 보이는 아름다운 여인의 모습이 나타났다. 여인은 하얀 겉옷에 머리 위에서 두 발까지 내려오는 하얀 베일을 걸치고 있었고, 허리에는 하늘색 띠를 두르고 있었으며, 오른팔에는 황금빛 줄에 흰 구슬이 엮여 있는 묵주가 들려 있었다.

　여인이 베르나데트를 쳐다보고 미소를 지으며 가까이 오라고 몸짓했다. 그러나 그녀는 한 발짝도 움직일 수 없어서 무릎을 꿇고 묵주를 꺼냈다. 그녀는 묵주기도를 마치고 성호를 그으려 했지만 손이 마음대로 움직이지 않았다. 그러자 여인이 십자가가 달린 묵주를 쥐고 성호를 그었고, 그제서야 베르나데트도 성호를 그을 수 있었다. 여인은 다시 동굴 안쪽으로 들어갔고 황금빛 구름도 여인과 함께 사라졌다. 이 발현은 약 15분간 진행되었는데 같이 있던 두 소녀는 아무것도 보지 못했다.

　베르나데트는 집으로 돌아오는 길에 만난 다른 여동생에게 비밀을 지킨다는 조건으로 여인을 본 이야기를 해 주었는데 여동생은 참지 못하고 부모에게 말하였다. 동행하였던 여자 친구는 그녀가 유령을 보았으며, 미친 것 같다고 동네 사람들에게 험담을 하였다. 마을 사람들이 베르나데트의 집으로 몰려들자 그녀의 부모가 화를 냈다. 그녀에게 체벌까지 하고 다시는 마사비엘 동굴에 가지 말라며 엄하게 꾸짖었다. 다음 날 저녁에 그녀는 페이라말 신부에게 고해하면서 여인에 대하여 말하였다.

마사비엘 동굴과 성모상, 야외 제대

두 번째 발현 - 2월 14일(일요일)

베르나데트는 아버지의 허락를 받고 친구들과 함께 성당에 들러 성수를 가지고 마사비엘 동굴로 다시 갔다. 그녀가 묵주기도 2단을 마칠 무렵 여인이 다시 나타났다. 베르나데트가 성수를 뿌리며 "만일 하느님이 보냈으면 그대로 계시고, 그렇지 않으면 물러가십시오"라고 말하자 다른 아이들도 성수를 뿌리고 마귀를 쫓는 기도를 바쳤으나 여인은 계속 미소로 답할 뿐이었다. 베르나데트가 탈혼 상태에 빠지자 놀란 친구들이 근처 방앗간 주인에게 도움을 청했고 방앗간으로 옮겨진 뒤 그녀는 비로소 정신을 차렸다. 이때부터 루르드에서 성모님이 발현하셨다는 소문이 퍼지기 시작하였다.

세 번째 발현 - 2월 18일(목요일)

많은 사람들이 베르나데트와 동행하였다. 그녀는 동굴에 도착하자 무릎을 꿇고 탈혼 상태에 빠졌다. 잠시 뒤 정신을 차린 그녀는 동네 어른이 시킨 대로 여인에게 종이와 펜을 내밀며 이름을 적어 주기를 요청하였다. 여인은 "그런 것은 필요하지 않다"라고 답하며 "너는 앞으로 2주 동안 매일 이곳으로 와 줄 수 있겠니?"라고 물었다. 그러겠노라고 약속하자 "나는 너에게 이 세상에서의 행복을 약속하지 못하지만 다음 세상의 행복은 약속해 주겠다"라고 여인은 말하였다. 베르나데트는 처음으로 여인의 맑고 부드러운 목소리를 들었고 죽을 때까지 가슴속에 소중히 간직했다고 회고하였다.

네 번째 발현 - 2월 19일(금요일)

여인이 요청한 2주간이 시작되었다. 베르나데트는 여인이 요청한 촛불을 들고 동굴로 갔다. 이날부터 3월 4일까지 무려 12번의 발현이 목격되었고 항상 백 명 이상의 사람들이 베르나데트를 따라 동굴로 갔다. 이제 루르드의 온 마을 사람들이 발현에 관심을 갖게 되었으며 주변 마을에서도 사람들이 몰려오기 시작하였다. 그러자 자코메라는 경찰이 그녀를 불러, 주민들을 현혹하고 있다며 다시 마사비엘 동굴로 간다면 투옥하겠다고 위협하였다.

다섯 번째 발현 - 2월 20일(토요일)

여인은 베르나데트에게 기도에 대하여 가르쳤다. 발현이 끝날 무렵 여인은 큰 슬픔에 빠졌다.

여섯 번째 발현 - 2월 21일(일요일)

아침 일찍 베르나데트는 동굴로 가서 여인을 만났으며 백여 명의 군중이 함께하였다. 여인은 슬픈 표정으로 "죄인을 위해 기도하라"고 말하였다. 여섯 번째 발현 후 경찰 자코메는 베르나데트를 다시 불러 위협을 하였으나 그녀는 루르드의 방언인 아케로Aquero(특별한 여인)만을 반복하여 말하였다. 그녀를 풀어 달라고 요구하며 야유하는 성난 군중들 때문에 심문은 중단되고 베르나데트는 풀려났다. 다음 날 그녀는 군중과 함께 마사비엘 동굴로 갔지만 발현은 없었다.

일곱 번째 발현 - 2월 23일(화요일)

여인은 특별한 비밀 기도를 베르나데트에게 가르쳐 주었다. 그러나 그녀는 여인의 뜻에 따라 선종할 때까지 비밀 기도에 대하여 말하지 않았지만 매일 그 기도를 바쳤다.

여덟 번째 발현 – 2월 24일(수요일)

이날은 250명 정도가 모였는데 여인은 "참회! 참회! 참회하며 죄인들을 위해 하느님께 기도하여라" 하고 말하였다.

아홉 번째 발현 – 2월 25일(목요일)

춥고 비까지 오는 이날 3백여 명이 베르나데트를 따라갔다. 동굴에서 여인이 나타나 바로 아래에 있는 바닥을 가리키며 "샘에 가서 샘물을 마시고 씻고 그곳에서 자란 풀을 먹어라"라고 하였다. 베르나데트는 처음에 잘못 알아듣고 강가로 갔으나 여인의 지시로 다시 동굴 아래로 돌아와 무릎을 꿇고 손으로 땅을 파기 시작하였다. 이내 흙탕물이 솟구쳤다. 그녀는 흙탕물을 세 차례 내버린 후 네 번째에 두 손을 모아 물을 마셨고 얼굴을 씻었으며 그곳의 풀도 뜯어 먹었다. 베르나

마사비엘 동굴과 그 인근 모형. 성 베르나데트 박물관 소장

데트가 흙으로 뒤범벅이 된 얼굴로 일어나자 사람들이 드디어 그녀가 미쳤다며 조롱하였다. 그녀에게 한 사람이 "당신이 미쳤다는 것을 알고 있습니까?"라고 묻자 그녀는 "죄인을 위한 것입니다"라고 답하였다. 전날 여인이 발현하여 죄인들을 위해 기도하라고 말한 메시지에 따른 행동임을 보여 준 것이다. 큰 소동이 일어났다. 그녀를 체포하라는 소리도 들렸다. 베르나데트는 경찰의 보호 아래 간신히 집으로 돌아갈 수 있었다. 오후 늦게 사람들은 그녀가 파냈던 흙탕 구덩이에서 맑은 물이 쏟아져 나와 가브드포강으로 흘러가는 것을 보았다.

이 소식이 널리 알려지자 온갖 병에 시달리는 환자들이 몰려와서 이 샘물을 마시고 몸을 씻었는데 그들의 몸이 치유되기 시작하였다. 이러한 기적에 대한 소식이 전국으로 퍼져 나가자 루르드에 대한 관심이 커지며 순례자들이 급증하였다. 수천 명이 한꺼번에 몰려 물을 얻으려고 하는 바람에 폭동까지 일어났고, 경찰의 힘만으로 진압이 되지 않아 군인까지 동원되었다. 이에 지방 검찰이 베르나데트를 심문하였다.

열 번째 발현 - 2월 27일(토요일)

8백여 명이 참석한 이날, 베르나데트는 샘물을 마시고 속죄하는 모습을 보여 주었다. 그러나 여인은 침묵하였다.

열한 번째 발현 - 2월 28일(일요일)

1,000명도 넘는 사람들이 베르나데트의 탈혼 상태를 목격하였다. 그녀는 땅에 입맞춤한 뒤 참회의 표시로 무릎을 꿇고 기어가면서 기도하였다.

열두 번째 발현 – 3월 1일(월요일)

1,500명 이상의 사람들이 모였다. 카트린 라타피라는 부인이 사고로 인해 오그라진 오른손을 샘물에 담근 이후 회복되는 최초의 치유 기적을 보여 주었다.

열세 번째 발현 – 3월 2일(화요일)

이날은 여러 지역 사람들이 2천 명 이상 모여 베르나데트를 지켜보았다. 여인은 동굴 암반을 가리키며 "사제들에게 가서 이곳에 작은 성당 하나를 세우라고 말하여라. 그리고 이리로 행렬이 향하도록 하여라"라고 말한 뒤 "많은 사람들이 참배하기를 바란다"라고 덧붙였다. 베르나데트는 뒤따라오는 2천 명의 군중과 함께 페이라말 신부에게 가서 성모님의 요청을 전달하였다. 그런데 신부는 그녀의 말을 믿지 않았으며 오히려 마사비엘 동굴로 가지 말라고 하였다. 그러면서

왼쪽 마사비엘 동굴에 있는 원래의 샘
오른쪽 현재는 샘을 유리 덮개로 보호하고 있다.

왼쪽 마사비엘 동굴의 성모상   **오른쪽** 베르나데트 앞에 발현하신 성모님

도 신부는 "여인이 누구인지 궁금하니, 혹시라도 다시 만난다면 이름을 물어보고, 겨울철이지만 장미꽃이 피어나게 해 달라고 요청해 보거라. 그러면 나도 믿고 그 말에 따르겠다"라고 말하였다.

열네 번째 발현 – 3월 3일(수요일)

베르나데트가 이름을 물어도 여인은 미소로 답할 뿐이었다.

열다섯 번째 발현 – 3월 4일(목요일)

여인이 요청한 2주가 드디어 끝나는 날 약 8,000명의 군중이 모였으나 여인은 침묵하였다. 수많은 군중에 놀란 경찰은 동굴을 울타리로 막고 출입 금지 구역으로 지정하였다.

열여섯 번째 발현 - 3월 25일(목요일)

베르나데트는 어떤 강한 충동을 느껴 새벽 5시에 일어나 동굴로 갔고 20일 만에 다시 여인을 만날 수 있었다. 동굴 주위에는 접근을 막기 위한 울타리가 쳐져 있어 가브드포 강가에서 무릎을 꿇고 기도를 하고 있을 때 여인이 나타났다. 베르나데트가 여인에게 세 번이나 이름을 물었으나 여인은 미소만 지을 뿐 아무런 대답을 하지 않았다. 그리고 마침내 네 번째로 같은 질문을 하자 비로소 여인은 루르드 방언으로 "나는 원죄 없는 잉태이다"라며 당신의 이름을 밝혔다. 베르나데트는 그 말의 의미를 알지 못했기에 잊지 않으려고 계속 소리 내어 반복하며 자리에서 일어나 뛰기 시작했고 이를 본 군중들도 그녀를 따라서 함께 뛰었다. 베르나데트가 페이라말 신부의 집으로 달려가서 여인의 이름을 전달하자 신부는 그 말을 듣고 깜짝 놀라 그제서야 베르나데트가 그동안 한 이야기에 거짓이 없음을 알게 되었다.

열일곱 번째 발현 - 4월 7일(수요일)

성모님이 발현하시는 동안 베르나데트는 탈혼 상태에 빠졌으며 그녀가 들고 있던 촛불이 다 타서 손에 불이 붙었는데도 그녀의 손은 아무런 상처도 입지 않는 기적이 일어났다.

열여덟 번째 발현 - 7월 16일(금요일)

베르나데트는 신비로운 부름을 받아 저녁 8시에 동굴로 찾아갔고, 가브드포 강가에서 마지막으로 성모님을 보았다. 성모님은 말없이 미소만 보이셨다. 훗날 베르나데트는 그토록 아름다운 모습은 한 번도 본 적이 없었다고 회고하였다.

발현 장소

　루르드는 피레네산맥 인근에 위치한 곳으로, 당시 약 4,000명이 살고 있는 가난하고 작은 마을이었는데, 1845년부터 시작된 기근과 사회적 혼란의 여파가 남아 있어 여전히 살기가 어려웠다. 해발고도가 400~960m에 달하는 산골 마을인 이곳은, 이미 성모님이 발현하셨던 산기슭 마을 생테티엔르로, 라 살레트와 함께 프랑스에서는 가장 가난한 지역 중 하나였다.

　베르나데트는 "아마 저보다 더 가진 게 없고 불행한 사람이 있었다면 성모님은 제가 아닌 그 사람 앞에 나타나셨을 거예요"라고 말하였다. 예수 그리스도가 세상에서 가장 비천한 말구유에서 탄생하신 것과 같이 성모님도 세상에서 가장 가난하고 불행한 환경에 있던 베르나데트를 선택하고 프랑스에서 가장 못 사는 마을 중 하나인 산골 마을 루르드를 선택하여 발현하신 것이다.

　성모님이 발현하신 마사비엘 동굴은 높이 약 27m의 거대한 바윗덩어리의 하단에 있는 동굴로서, 높이는 3.8m, 폭은 9.8m, 깊이는 9.5m 정도로 아주 크거나 깊지는 않다. 동굴 입구 바로 위에 있는 움푹 파인 자리에는 14세 소녀 베르나데트 수비루가 보았다는 푸른색 허리띠와 흰색 베일을 두르고 두 발 위에 두 개의 노란 장미가 놓여 있던 성모님의 모습을 그대로 재현한 1.8m 높이의 채색된 성모상이 여러 주교와 1만여 명의 신자들이 참석한 가운데 1864년 4월 4일에 축성되었다.

　동굴 입구에는 성수가 나오는 원래의 샘이 보존되어 있으나, 현재는 유리 덮개로 보호하고 있어 눈으로만 볼 수 있다. 그 대신 동굴 입구의 벽은 늘 물기에 젖어 있어서 순례자들이 두 손으로 직접 만지며 신

순례객들이 마사비엘 동굴 앞에서 야외 미사를 드리고 있다. 저 멀리 둥근 지붕의 건물은 침수장이다. 침수장으로 가다 보면 왼쪽 벽면에 성수 꼭지가 달려 있어 누구나 받아 갈 수 있다.

광장에서 바라보는 대성당 전경. 마치 한 성당처럼 보이나 실은 성당 3곳이 겹쳐 보이는 것이다.

프랑스 루르드　　185

비로운 물의 기운을 느낄 수 있다. 그리고 동굴 앞에는 미사를 드릴 수 있는 제단 등이 설치되어 있어 야외 미사가 자주 열리며, 루르드를 방문하는 많은 신자들이 이 미사에 참석한다. 이곳에서 미사를 드리면 발현하신 성모님의 영적인 기운을 직접 느끼면서 성체를 모시는 특별한 체험을 할 수 있다. 매년 전 세계에서 500만 명이 넘는 순례자들이 루르드 성지를 찾아오는데, 이 가운데 질병과 장애에 시달리는 사람들만 8만 명이 넘는다고 한다.

시현자

베르나데트는 1844년 1월 7일 루르드의 가난한 방앗간 주인 프랑수아의 육 남매 중 첫째로 태어나 작은 방앗간에서 어린 시절을 보냈다. 몸이 허약하여 또래 아이들보다 키가 작은 편이었던 그녀는 10세 때 콜레라를 앓았고, 평생 천식을 비롯해 여러 질병으로 고생하였다. 단순하고 감상적이며 유쾌한 성격을 지녔던 반면에 수줍음을 많이 타고 행동이 다소 느렸다고 한다.

베르나데트의 가족은 1854년 방앗간의 임대료를 내지 못해 거리로 쫓겨났고, 하는 수 없이 버려진 감옥을 개조한 단칸방에서 온 가족이 지내야 했다. 희망이 없는 막막한 삶 속에서 가족 모두가 묵주기도를 바치며 성모님께 도움을 청했고, 4년 후 베르나데트는 성모님의 시현자가 되었다. 그러나 성모님의 발현을 통해서 그녀와 가족들 생활이 개선된 것은 아니었다. 그녀 이외에는 아무도 성모님의 모습을 보거나 말을 듣지 못하였기에 오히려 베르나데트는 발현에 대해 의혹을 품은 이들의 분별없는 열광과 과도한 관심, 조롱하는 듯한 태도로 인해 고통받아야 했다.

왼쪽 발현을 목격할 당시 14세의 베르나데트
오른쪽 느베르에서 생활할 당시 수녀 베르나데트

왼쪽 성 질다르 수도원 정원에 있는 성 베르나데트의 성상
오른쪽 성 질다르 수도원 내 유리관에 안치되어 있는 성 베르나데트의 유해

그녀는 문맹이었고 신앙 교육조차 제대로 받지 못한 상태였음에도 불구하고, 거짓 없는 태도와 용기, 사욕이 전혀 없는 태도로 모든 논쟁을 피할 수 있었다. 또한 거의 4년 동안이나 조사를 받으면서도 한결같이 흔들림이 없었고, 점점 더 사람들의 호기심에 시달려 가면서도 인내를 갖고 잘 견디어 냈다.

1860년 7월 16세가 된 베르나데트는 사람들의 관심을 피하기 위해 프랑스 중부에 있는 느베르 애덕 수녀회에서 운영하는 양육원으로 보내졌다. 그녀는 그곳에서 보호를 받으며 생활하였으며 읽고 쓰는 법을 배운 후 1861년 최초로 성모님 발현에 관한 내용을 기록하였다. 1864년 8월 이 수녀회에 입회하기를 원하였지만, 건강하지 못하다는 이유로 받아들여지지 않았다. 1866년 7월 느베르 애덕 수녀회 성 질다르 수도원에 마침내 입회하여 마리베르나르라는 이름으로 서원하였다. 여기서 그녀는 꿈에도 그리던 루르드를 다시 가 보지 못한 채 기도와 은둔 속에서 수도생활을 하다가 1879년 4월 16일 35세의 젊은 나이로 선종하였고, 그 시신은 성 질다르 수도원에 안치되었다.

1909년 베르나데트 수녀의 유해가 부패하지 않은 채로 발견되었으며, 1913년 8월 13일부터는 유리관에 안치하여 일반 신자에게 공개되고 있다. 베르나데트 수녀는 교황 비오 11세에 의해 1925년 6월 14일 시복되었고, 1933년 12월 8일 원죄 없이 잉태되신 복되신 동정 마리아 대축일에 시성되었다. 2011년에 제작된 프랑스 영화「미라클」과 최근에 제작된 뮤지컬「루르드의 베르나데트」는 발현하신 성모님을 직접 목격했던 베르나데트의 심적 변화와 영적 성숙을 감동적으로 그리고 있다.

기적의 샘물

루르드 샘물은 기적의 샘물로 불리며 루르드에서 성모 마리아에 대한 신심을 고취하는 데 큰 도움을 주고 있다. 발현 이후 난치병을 앓는 많은 사람들이 이곳에 와서 치유를 희망하며 물을 마시거나 몸을 씻고 있다. 이런 이유로 루르드는 해마다 500만 명이 넘는 순례자가 방문하는 세계 3대 성모님 발현 성지가 되었다. 루르드 성지는 루르드 샘물을 마시거나 목욕하러 찾아오는 순례자 모두에게 샘물을 무상으로 제공하고 있는데, 매년 순례자들이 마시거나 떠 가는 샘물의 양이 1만 톤이나 된다고 한다.

치유의 기적은, 1882년 설립된 루르드 의료국에서 루르드의 치유 사례를 조사한 후 그 결과를 루르드 국제 의학 위원회에 보고하면 위원회에서 기적 여부를 결정하고 주교가 이를 인정하는 과정으로 공식 인정이 진행된다. 루르드 의료국은 전 세계 모든 의사들에게 열려 있으며, 의사들은 기적으로 병이 나은 사람들을 조사하거나 의료국 내 문서를 살펴볼 수 있다. 치유의 기적으로 인정받으려면 신체의 질병이어야 하고 그 상태가 매우 심각하여 치료가 어렵거나 불가능한 질병으로, 회복 단계가 아니어야 하며 효과적인 약물을 사용하지 않았다는 점 등을 충족해야 한다. 그리고 치유는 즉각, 완전하게, 영구적으로 이뤄져야 한다. 이렇게 사람들이 걸린 병이 의학적인 치료로 나을 수 없는 질병이어야 하기 때문에 기적으로 인정받는 것이 쉽지 않다. 성모님 발현 이후 최초 55년간 4,445건의 치유가 보고되었고 지금까지 총 7천여 건의 치유 사례가 보고되었으나, 현재 루르드 의료국과 루르드 국제의학위원회를 통하여 주교가 공식적으로 인정한 기적은 70건에 불과하다.

침수장 전면. 늘 침수하기 위하여 대기하는 사람이 많다. 성지에 도착하면 미리 침수 시간을 확인하자.

왼쪽 침수장 내부. 완전히 옷을 벗고 침수한다.
오른쪽 침수장으로 가는 길. 한쪽 벽에서 기적의 샘물을 받을 수 있다.

최근의 예로 2018년 2월 11일 보베 교구장 자크 브누아고냉 주교는 루르드 대성당에서 78세의 모리오 수녀가 루르드 성모님 발현 성지를 순례한 후 하반신 마비가 치유된 사례를 70번째 치유의 기적으로 공표하였다. 모리오 수녀는 27세부터 하반신 마비가 시작되었으며 4차례의 수술을 받았지만 결국 41세에 하반신 마비 판정을 받았다. 수녀는 69세가 되던 2008년, 루르드 성모님 발현 150주년을 맞아 루르드를 순례하면서 샘물을 사용하였고 고해성사와 병자성사를 받았다. 그리고 다시 보베에 있는 수녀원으로 돌아온 뒤로 수녀는 통증이 사라졌으며 어떠한 보조 기구의 도움 없이도 걷게 되었다.

성지에는 다른 성모님 발현 성지에서는 볼 수 없는 침수장이 있어서 성모님의 샘물에 몸을 담그는 은총의 시간을 체험할 수 있는데, 실제 수많은 치유의 기적이 이 침수장을 이용한 사람에게서 나왔다.

공인 과정

베르나데트는 처음에는 몽상가에 허풍쟁이, 혹은 정신이상자라는 비난을 받아야 했다. 그리고 발현 초기에 매우 비판적인 태도를 보였던 교회 당국은 프랑스 전역에서 성모님 발현에 관한 질문이 쇄도하고 순례객이 급증하자, 타르브 교구의 베르트랑세베르 로랑스 주교를 중심으로 1858년 11월 17일 조사 위원회를 구성하여 발현의 진위 여부를 조사하게 하였다. 로랑스 주교는 특히 베르나데트를 수차례에 걸쳐 직접 심문하여 조사하는 동시에 치유의 기적들 역시 면밀히 관찰하였고 그 결과를 교황청에 보고하였다. 보고를 받은 교황 비오 9세는 로랑스 주교에게 공인 권한을 부여하면서 루르드의 성모님을 공경해도 좋다는 허락을 내렸다.

이에 성모님이 최초로 발현하신 후 3년 11개월이 지난 1862년 1월 18일 로랑스 주교는 베르나데트의 발현 목격을 진실한 것으로 선언하며 루르드 성모님에 대한 공경을 인정하였다. 또한 성모님의 소망에 응답하기 위한 성당을 건립할 것과 샘물은 기적적인 효험을 지닌 것이라고 발표하며 발현에 대한 공인을 선언하였다. 그 후 이어지는 교황의 방문으로 루르드는 역대 교황이 가장 많이 방문한 성모님 발현 성지가 되었다.

① 베네딕도 15세와 비오 11세가 주교 시절에 방문하였다.

② 비오 12세도 루르드를 방문하였으며, 1958년 루르드의 성모 발현 100주년을 기념하여 회칙 「루르드의 성지 순례」를 발표하였다.

③ 교황 요한 바오로 2세가 1983년 8월 15일과 2004년 8월 15일에 순방하여 성모 승천 대축일 미사를 집전하였다. 성모님이 첫 번째로 발현하신 2월 11일은 성모님 발현 축일로 지정되었으며, 교황은 성모님 발현을 기념하기 위해 이날을 세계 병자의 날로 선포하였다.

④ 교황 베네딕도 16세는 루르드의 성모님 발현 150주년을 맞아 2008년 9월 13일 기념 미사를 집전하며, 45,000명의 순례자와 함께하였다.

발현 의미

1941년 유대계 오스트리아인 프란츠 베르펠은 베르나데트의 일생과 기적의 불가해함을 다루는 장편소설을 발표하였다. 1943년에는 이 장편소설을 토대로 영화 「베르나데트의 노래」가 제작되어 세계적인 성공을 거두었다. 영화 덕에 루르드는 유명 성지가 되었으며, 순례객을 비롯하여 일반 관광객도 많아졌다. 또한 20세기 후반 루르드는

왼쪽 1983년 8월 15일, 교황 요한 바오로 2세
1978년 교황직에 선출되고 5년 후에 방문하여 매우 젊은 모습이다.
오른쪽 2004년 8월 15일, 교황 요한 바오로 2세
선종하기 8개월 전에 휠체어를 타고 방문했다.

왼쪽과 오른쪽 교황 베네딕도 16세

프랑스 루르드 193

미국의 시사 주간지 『뉴스위크』 1971년 8월 9일 자에 실린 기사 내용으로 인하여 다시 세상에 널리 알려지게 되었다. 기사 내용을 요약하면 다음와 같다. "스코틀랜드의 프란시스 번즈라는 13세 소녀가 3세 때부터 신장암으로 한쪽 신장을 제거하였고 암 전이가 이루어져 치료가 불가능하다고 선고받았다. 소녀의 부모는 기적을 바라고 루르드 샘물을 찾게 되었고 샘물을 먹고 몸에 적시며 3일을 보내고 고국으로 돌아왔는데, 돌아온 후 3일째 되는 날부터 기적이 일어났다. 소녀는 혼자 힘으로 일어나 앉게 되었고 오렌지 등 음식을 먹기 시작하였으며, 점점 몸이 회복되어 결국 완전한 치유가 이루어졌다. 담당 주치의는 '이것은 기적이다'라고 최종 소견을 밝혔다."

이렇게 루르드는 성모님 발현 성지 중 세상의 관심을 가장 많이 받고, 다양한 신앙 체험이 이루어지는 곳이다. 또한 치유의 기적이 가장 많이 일어나서 많은 순례객이 찾을 수밖에 없는 성지이다. 루르드 성모님 발현 성지의 의미를 다시 정리하면 아래와 같다.

첫째, 성모님이 발현하시어 당신의 신분을 "나는 원죄 없는 잉태이다"라고 밝히셨다. 앞서 설명한 대로 발현 4년 전인 1854년 교황 비오 9세가 무염시태 교의를 선포하였는데 이 선포가 합당한 것임을 보여 준 것이다. 이로 인해 안팎의 여러 어려움에 처해 있었던 교황은 힘을 얻어 가톨릭 수장으로서의 역할을 잘 수행할 수 있었다.

둘째, 샘물을 통한 치유의 기적이 많이 일어났다. 아마도 성모님 발현 성지에서 이루어진 기적은 루르드가 가장 많을 것이다. 이에 따라 지금도 몸과 마음의 아픔을 갖고 있는 신자와 일반인들이 가장 많이 순례하는 성지이다. 성모님의 메시지대로 우리가 회개를 한다면(2월 24일 메시지) 몸과 마음의 치유라는 보상(2월 25일 메시지)을 받을 수 있을 것이다.

셋째, 성모님의 계시이다. 성모님은 발현하시어 우리에게 기도할 것을 요구하셨으며 회개와 이에 따른 보속 행위도 요청하셨다. 회개와 기도가 신앙생활의 핵심이라는 메시지로 우리가 어떻게 신앙생활을 해야 하는지를 알려 주신 것이다.

넷째, 목격자 베르나데트의 삶의 변화이다. 베르나데트는 탁월한 영적 능력을 보유한 특별한 사람이 아니라, 여러모로 부족한 어린 소녀였을 뿐이다. 그러나 그녀는 성모님을 목격한 이후 완전히 다른 사람이 되었으며 평생 불행과 질병에도 불구하고 항상 기쁨과 행복에 넘쳤으며 결국 성인품에 오를 수 있었다. 그녀는 문맹이라는 결점을 믿음으로, 혹독한 가난을 신앙으로 대처하였다. 따라서 우리도 올바른 믿음과 신앙을 갖는다면 언제든지 현재의 베르나데트가 될 수 있다. 중요한 것은 우리가 성모님을 믿고 느끼는 삶을 살고 있느냐이다. 믿고 느끼는 순간 거룩해지고 이전과는 다른 사람으로 영적인 성장을 이룰 수 있기 때문이다.

이처럼 성지 순례를 통하여 우리들은 신앙생활의 안정을 얻을 수 있다. 성지를 순례하면서 오랫동안 주님을 떠나 있던 냉담자가 다시 신앙생활을 시작하고, 근심과 걱정으로 힘들었던 사람들이 평화와 위로를 얻는다. 또한 기적을 바라고 성지에 왔던 사람들이 비록 병이 낫지 않아도 실망하지 않고 감사하며 성모님의 위로를 받아 돌아가는 모습은 항상 감동적이다. 이러한 모습이 바로 성모님 발현 성지를 순례하는 우리들이 얻어 갈 수 있는 더없이 값진 선물이자 축복이라고 생각한다.

성지 소개

성지는 5곳의 성당(대성당 3곳과 지하 성당, 동굴 성당)과 넓은 광장, 그리고 부대시설로 이루어져 있다. 먼저 성당의 경우 1866년 5월 19일 마사비엘 동굴 바로 위쪽에 작은 지하 성당이 건립되어 성모님 발현을 공인한 로랑스 주교가 첫 미사를 드렸고 베르나데트도 이 미사에 참석하였다. 1876년 지하 성당 위에 고딕양식의 대성당이 축성되었다. 이곳에는 성모님이 당신의 신분을 "나는 원죄 없는 잉태이다"라고 직접 밝히신 것을 기념하여 '무염시태 대성당'이란 명칭이 부여되었다. 대성당 정면에서 보면 1층과 2층에 각각 출입구가 있는데 1층이 지하 성당 출입구이며 2층이 무염시태 대성당 출입구이다. 정면 중앙에는 70m 높이의 첨탑이 솟아 있는데, 이 첨탑과 대성당 내부를 보면 명동 대성당과 매우 비슷하다. 1889년 무염시태 대성당 앞쪽으로 비잔틴 양식의 묵주기도(로사리오) 성모 대성당도 건립되었다. 그리고 1958년에는 루르드 성모 발현 100주년을 기념하여 성 비오 10세 교황 대성당이 성지 지하에 건립되었다. 길이는 약 200m, 폭은 81m에 이르는 성전으로, 동시에 2만 5천 명이 미사를 드릴 수 있다.

성지 중앙에는 커다란 광장이 조성되어 있다. 성모 승천 대축일 등 주요 대축일 때마다 묵주기도 성모 대성당 앞에 제단이 차려지고 야외 미사가 열리는데 이 넓은 광장이 순례자로 가득 찬다. 광장 가운데는 왕관을 쓴 성모상이 서 있다. 마사비엘 동굴에서 더 안쪽으로 들어가면 루르드 샘물을 받을 수 있는 여러 개의 꼭지가 있으니, 미리 성수통이나 다른 통을 준비하는 것이 좋다. 그곳에서 안쪽으로 가면 초 봉헌대가 크게 마련되어 있다.

다른 어떤 성지보다 루르드의 초는 훨씬 크다. 초 봉헌대 안쪽에

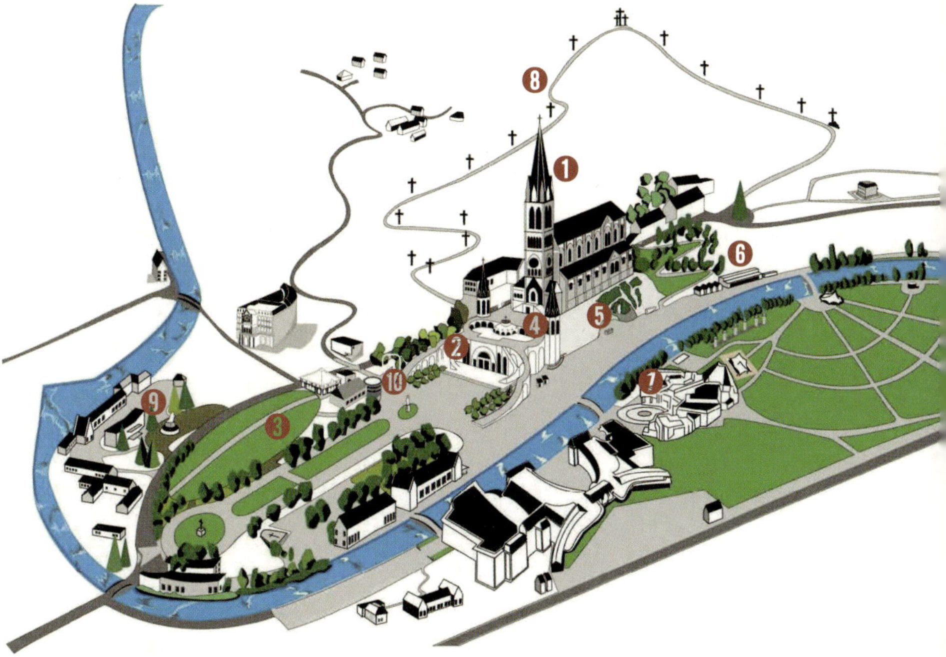

<성지 지도>

❶ 무염시태 대성당
❷ 묵주기도 성모 대성당
❸ 성 비오 10세 교황 대성당
❹ 지하 성당
❺ 성모님이 발현하신 마사비엘 동굴
❻ 침수장
❼ 성 베르나데트 성당
❽ 십자가의 길
❾ 성 베르나데트 박물관
❿ 왕관을 쓴 루르드 성모상

성지 광장에 서 있는 왕관을 쓴 루르드 성모상

는 침수장이 있다. 이용할 때 옷을 완전히 벗고 들어가며 침수가 끝난 후에는 물을 닦아 내지 않는다. 침수하려는 순례자가 많아 대기 시간이 길기 때문에 성지에 도착하면 미리 침수장 운영 시간을 확인하는 것이 좋다. 성지 입구 쪽에는 성 베르나데트 박물관이 있는데 발현 당시를 설명하는 내용이 많으니 꼭 방문하기를 권한다. 성지 밖에는 베르나데트의 생가가 있는데 여기에도 유물들이 보존되어 있으니 방문하도록 하자.

성지 찾아가는 방법

루르드 성지는 수도 파리에서 남쪽으로 850km 정도 떨어져 있어 버스나 렌터카로 이동하기는 쉽지 않다. 파리에서 루르드로 가는 첫 번째 방법은 항공기를 이용하는 것이다. 파리 외곽에 있는 오를리 공항에서 루르드 공항으로 이동한다(1시간 20분 소요). 도착한 이후 다시 공항버스를 타고 가면 바로 루르드 시내에 도착할 수 있다(20분 소요). 두 번째 방법은 고속 열차인 테제베를 이용하는 방법인데 루르드로 가는 열차는 파리 몽파르나스역에서 출발하며, 중간에 환승할 필요 없이 곧바로 루르드역에 도착할 수 있다(6시간 소요). 루르드역이 시내에 있으므로 역에서 내리면 도보로 호텔과 성지에 접근할 수 있어 아주 편리하다.

루르드에서 파리로 돌아올 때 루르드 공항에서 시간이 잘 안 맞는다면 인근에 위치한 프랑스에서 네 번째로 큰 도시 툴루즈를 둘러보고 그곳 공항을 이용하는 방법을 고려해 보자.

* 구글맵에서 찾기: Sanctuaire Notre Dame de Lourdes 입력

묵주기도 성모 대성당 돔에서 바라본 성지 광장. 저 멀리 오른쪽에 루르드성이 보인다. 성에서 내려다보는 성지 전경이 멋있으니 꼭 방문하자.

왼쪽 베르나데트 수비루의 생가
오른쪽 성 베르나데트 박물관

프랑스 루르드

CHAPTER 9

체코 필리포프
FILIPOV (1866)

개요

필리포프는 체코 서부 지역인 보헤미아에 있는 마을로 체코와 독일, 폴란드의 국경이 만나는 곳에 자리해 있다. 보헤미아는 강대국 사이에 위치해 오랫동안 이웃 나라의 지배를 받았으며 수많은 전투가 치러져 유랑 생활을 하는 집시가 생겨날 수밖에 없었던 지역이다. 이런 이유로 필리포프의 주민들은 늘 불안하고 고단한 생활에서 벗어날 수 없었는데 이처럼 열악한 환경에 있는 필리포프에 1866년 성모님이 발현하시어 보헤미아 사람들에게 위로와 희망을 안겨 주었다. 1930년대에는 매년 10만 명이 넘는 순례자가 방문하여 보헤미아의 루르드로 불렸던 성지이기도 하다.

시대적 배경

필리포프를 포함하여 현 체코의 북서부 지역의 옛 명칭은 보헤미아이며, 이 지역에 거주하는 사람들을 보헤미안이라 부른다. 보헤미안은 사회의 관습에 구애되지 않는 자유분방한 생활을 하는 예술가나 지식인, 문학가를 지칭하는 말이지만, 이는 최근의 일이고 이전에는 유랑 생활을 하는 집시를 비하하여 부르는 말이었다. 보헤미안의 유랑 생활은 지정학적인 이유에서 찾을 수 있는데 바로 강대국과 강대국이 서로 맞대고 있는 국경선에 위치한다는 점이다. 특히 필리포프는 보헤미아의 여러 지역 중에서도 이러한 환경을 극단적으로 보여주는 마을이다. 필리포프는 3분만 걸어가면 바로 독일로 들어갈 수 있으며 차로 30분만 가면 폴란드이다. 마을의 이름도 체코어로는 필리포프이지만 독일에 속해 있을 때 명칭인 필립스도르프로 더 많이 알려져 있다.

1866년 프로이센-오스트리아전쟁이 일어나 프로이센이 오스트리아를 침략하였는데, 주요 전투가 벌어진 곳들이 모두 보헤미아 지역에 있다. 마지막 전투에는 약 45만 명의 군인이 투입되어 5만 명 가까이 되는 전사자가 발생하였다. 이러한 대규모 전투가 일어나면서 이 지역은 쑥대밭이 되었고 엄청난 타격을 받을 수밖에 없었다. 이런 상태에서 보헤미안들이 이곳에서 정착하여 산다는 것은 여간 어려운 일이 아니었다. 전쟁이 일어날 때마다 지금의 시리아 난민처럼 상당수 사람들이 고향을 떠나 유랑 생활을 할 수밖에 없었으며, 그곳에서 버티면서 산다 해도 고단한 생활을 벗어날 수 없었던 것이다. 이렇게 항상 불안하고 열악한 환경에 있었던 보헤미아 필리포프에 1866년 성모님이 발현하셨다.

성모님의 발현

1866년 1월 13일 필리포프 63호 주택에서, 일찍이 부모를 여의고 각종 질병으로 침상에 몸져 누워 있던 31세의 막달레나 카데오바 Magdalena Kadeová에게 성모님이 발현하셨다. 그녀는 폐렴과 흉막염, 수막염 등으로 고생하고 있었다. 1865년 2월에 또 다른 심각한 가슴 통증이 나타났고 그녀의 오빠 요제프의 가족과 두 명의 주치의가 그녀를 돌보았다. 1865년 11월 두 주치의는 막달레나가 더 이상 치료가 불가능하며, 곧 죽을 것이라고 진단하였다. 그녀는 점점 고통이 심해졌으며, 더 이상 움직이지 못했고 자주 의식을 잃었다. 1865년 12월 21일 이리코프의 신부 프란티셰크 스토르흐가 그녀에게 병자성사를 집전하였으며, 가족과 주위 사람들은 모두 이제 죽음만이 그녀를 고통에서 해방시켜 줄 것이라고 생각하였다.

3주 후 1866년 1월 12일 밤, 옆집에 살고 있던 막달레나의 오랜 친구 베로니카 킨더만이 찾아와 그녀의 머리카락을 빗어 주며 같이 기도를 바친 후 잠자리에 들었다. 새벽 4시경 고통이 심해 잠을 이루지 못한 막달레나가 기도를 바치는데 갑자기 밝은 빛이 비치면서 방이 낮보다 더 환해졌다. 깜짝 놀라 팔꿈치로 베로니카를 깨우며 "저 아름다운 빛을 봐!"라고 말했으나 잠에서 깬 베로니카에게는 아무것도 보이지도 들리지도 않았다. 그때 막달레나는 그녀의 침대 앞에서 흰옷을 입고 머리에 황금색 왕관을 쓴 빛나는 여인을 볼 수 있었다. 그 순간 이 여인이 하느님의 어머니라는 생각이 들자 막달레나는 몸을 떨면서도 두 손을 모아 "저의 영혼은 주님의 영광으로 빛나고, 저의 정신은 저의 구원자이신 하느님 안에서 기뻐합니다"라고 기도하였다.

그 빛나는 여인은 여느 사람들의 목소리와 달리 특별한 음성으로 부드럽게 "내 아이야, 이제부터 너의 병이 나을 것이다"라고 말하였다. 그리고 여인이 사라지자 막달레나는 즉시 치유되었다. 그날 새벽 막달레나는 혼자의 힘으로 침대에서 일어나 움직일 수 있었고, 다시 일을 할 수 있다는 생각에 무한한 행복감에 젖었다. 아침이 되자 막달레나는 빵을 사러 동네 빵집에 갔다. 주민들은 그녀가 건강한 상태로 마을을 돌아다니는 것을 보고 깜짝 놀라 그녀에게 무슨 일이 있었는지 물었다. 막달레나는 "밤에 성모님이 저에게 이제부터 건강을 회복할 것이라 말씀하셨고 저는 그 순간 병이 모두 나았습니다. 그리고 더 이상 아무 일도 일어나지 않았습니다"라고 말했다. 이 소식은 즉시 주변 지역에 퍼졌다. 막달레나의 집으로 찾아온 사람들은 직접 그녀를 보고 싶어 했다. 많은 사람들이 그녀의 집 앞에 모였으며 일부는 집 안까지 밀고 들어왔다. 그녀는 찾아오는 모든 사람들에게 무슨 일이 일어났는지를 수도 없이 반복하며 자세하게 이야기하였고, 그녀의 집으로 순례를 오는 사람들이 점점 늘어났다.

발현 장소

시대적 배경에서 자세히 설명한 것과 같이 지정학적 위치로 인하여 수백 년 동안 핍박과 수난을 당하며 고통스럽게 살 수밖에 없었던 보헤미아 지역의 작고 가난한 마을 필리포프에서 성모님이 발현하셨다. 성모님은 필리포프의 주민 가운데 가장 불행한 삶을 살았으며 이제 죽음을 목전에 두고 있는 불쌍한 막달레나를 선택하시어 그녀가 몸져누워 있는 침대 앞에서 발현하셨다. 1866년 1월 이 기적적인 치유의 소식이 퍼지자 막달레나의 집을 찾아오는 순례자가 날로 증가하였다.

위 1866년 1월 13일 새벽 4시경 침대에 누워 있던 막달레나 앞에 발현하신 성모님
아래 왼쪽 대성당 입구의 성모상
아래 오른쪽 막달레나가 누워 있던 침대. 현재는 대성당 제단의 오른쪽 방에 보관되어 있다.

성모님이 발현하실 당시 막달레나의 집 주변에는 초원만 있을 뿐 어떤 건물도 없었다. 이에 1866년 5월 막달레나는 순례자를 맞이하기 위해 성모님이 발현하신 방을 깨끗하게 정리하여 임시 경당으로 사용할 수 있게 해 놓았다. 오래된 책상을 수리하고 막달레나가 성모님을 보았던 침대에는 아름답게 수놓은 베개가 놓였으며 하루 종일 촛불이 봉헌되었다.

1870년 프란티셰크 스토르흐 신부는 막달레나의 집을 매입하여 우선 경당으로 사용하였고, 이어서 1873년 1월부터 막달레나의 집터에 건립될 성당의 공사를 시작하였다. 1885년 정면에 2개의 탑이 있는 신 로마네스크 양식의 성당을 축성하였으며 이리코프의 지부 교회로 운영하였다. 성당을 관리 유지하고 순례자를 안내할 목적으로 1884년부터 성당 바로 옆에 수도원 건립이 시작되었다. 치유의 기적이 일어났던 침대가 있던 위치에는 막달레나의 구술에 따라 만들어진 90cm 높이의 성모상이 세워져 있다. 이 성모상은 이탈리아산 카라라 대리석으로 만들어졌으며, 비용은 폴란드 귀족 카롤리나 라친스키가 지불했다고 전해진다.

시현자

1835년 6월 5일 막달레나는 독일어를 사용하는 카데오바 가족의 둘째 아이로 태어났다. 원래 가난한 집이었는데 막달레나가 13세 때 아버지가 갑작스레 세상을 떠나자 더 큰 경제적 어려움에 빠졌다. 1854년 19세가 되자 또 다른 고통이 그녀를 기다리고 있었는데 바로 여러 가지 중병에 걸린 것이다. 그녀는 폐렴과 늑막염, 그리고 나중에는 수막염으로 고생했다.

위 성모님이 발현하셨던 필리포프 63호 주택
아래 임시 경당에 몰려온 순례자들

대성당 내부. 제단에는 성모상을 모신 발다키노가 있다.

혼자 힘으로는 지낼 수 없던 막달레나는 오빠 요제프의 가족과 함께 살면서 도움을 받았다. 이런 상태로 무려 12년을 살다가 결국 병자성사까지 받고 죽음을 기다릴 수밖에 없는 비참한 상태에 이르렀을 때 성모님이 발현하신 것이다. 성모님의 메시지를 받은 막달레나가 즉시 병에서 치유되어 일상생활로 복귀하는 기적이 일어나게 되었다. 기적의 치유를 받은 후 막달레나는 자신의 집을 방문하는 수많은 순례자를 맞이하면서 성모님 발현 이야기를 상세하게 전달하였고, 집으로 찾아온 환자들을 정성껏 돌보았다. 또한 교회 성역화를 위한 자금을 마련하는 데 협조하기 위해 자신이 가지고 있던 모든 것을 매각하여 기부하기도 하였다. 그후 이리코프에 있는 한 양로원에서 오랫동안 봉사 활동에 전념하다가 1905년 12월 10일 70세 나이로 선종하였다. 병자성사까지 받은 중증 환자가 70세까지 장수한 것은 기적임에 틀림없다. 그녀의 유해는 이리코프의 공동묘지에 묻혀 있다가 1925년 필리포프의 공동묘지로 옮겨졌고, 1994년 다시 필리포프 성당으로 이전되었다.

지금까지 성모님의 발현을 목격한 시현자 가운데 막달레나의 경우처럼 특이한 경우는 매우 드물다. 시현자 중에서 이렇게 중병에 걸려 죽음을 앞두고 있던 사례는 없으며, 더 나아가 시현자가 고통과 죽음에서 치유되는 기적을 직접 체험한 경우도 막달레나가 유일하다. 물론 성모님을 직접 만나뵙는 것 자체도 기적이며, 시현 이후 삶이 달라져서 영적인 생활을 하게 되는 것도 분명 기적이다. 그러나 막달레나처럼 죽음을 목전에 두고 있는 상태에서 성모님이 다른 메시지 없이 오로지 시현자의 치유만을 언급하는 경우는 처음 있는 일이었다.

공인 과정

　1866년 스토르흐 신부는 발현 이후 성모님과 관련하여 은총과 치유의 기적이 11번이나 일어났다고 기록했다. 그리고 막달레나의 치유의 기적 1주년이 다가오던 시점에 또 다른 기적이 일어났다. 1867년 1월, 이리코프에서 살고 있던 막달레나 랑한소바는 11년 동안 다리가 꼬여 누운 채 걷지 못하는 장애가 있었는데 그녀를 데려와 막달레나가 누워 있던 침대에 눕히자마자 다리가 회복되어 일어나 걷게 되었다. 이 기적 이후 막달레나의 집으로 찾아오는 순례자가 급증했으며 결국 리토메르지체 교구의 아우구스틴 파벨 바할라 주교는 조사 위원회를 구성하여 막달레나의 심문과 두 주치의의 증언을 포함하여 사건을 면밀히 조사했으며, 조사 결과를 바탕으로 성모님 발현의 초자연적인 성격과 치유의 기적을 인정하였다.

　발현 7년 후인 1873년부터 성모님 발현을 기념하기 위한 성당의 공사가 시작되었고 1885년 성모님께 봉헌되었다. 1926년 1월 13일 교황 비오 11세는 성모님 발현 60주년을 기념하며 성당을 준 대성당으로 승격하였고, 1926년 9월 12일 교황은 성모님께 봉헌할 왕관을 축복하였으며 대관식은 주교의 주례로 진행되었다. 그런데 1945년 무렵 성모님의 왕관이 감쪽같이 사라졌다. 1980년 이후 독일의 가톨릭 신자들이 체코의 루비로 장식된 새로운 왕관을 마련하였고, 1985년 4월 10일 교황 요한 바오로 2세가 바티칸에서 새로운 황금 왕관을 축복하여 전달하였다. 1985년 6월 16일 프란티셰크 토마셰크 대주교가 참석한 가운데 성모상에 대한 대관식이 성지의 대성당에서 거행되었다. 새로운 왕관을 쓰고 계시는 성모상은 대성당 입구에 있는 경당에서 만나 볼 수 있다.

발현 의미

필리포프 성지는 보헤미아 지역에 있는 유일한 성모님 발현 순례지이다. 필리포프는 오래전부터 독일에 속한 마을로 막달레나 가족을 비롯한 대부분의 마을 사람들이 독일어를 사용하는 독일계였다. 1930년대에는 매년 10만 명이 넘는 순례자가 방문하여 중부 유럽에서 제일 유명한 성모님 발현 성지가 되었고 보헤미아의 루르드로 불렸다. 그러나 제2차 세계대전이 끝난 후 토지의 소유권이 체코로 넘어가면서 예상하지 못한 비극이 일어났다. 체코는 1945년부터 1950년까지 독일 국적을 갖고 있던 주민들을 필리포프에서 추방하였으며 아무런 연고도 없는 체코인을 이주시켰다. 더욱이 공산당이 집권 정당이 되면서 종교 탄압까지 생겨났다.

1970년까지 필리포프는 잊힌 순례지가 되었으며, 대성당은 유지 관리할 비용조차 없어 방치되었으나 프라하의 봄 혁명 후부터 원래의 상태를 점차 회복하고 있다. 필리포프를 순례하다 보면 시현자 막달레나는 운명적인 지정학적 위치 때문에 수난을 겪었던 보헤미안을 상징한다는 생각이 든다. 가난한 집안에 태어나서 어릴 때 부모를 잃고 온갖 질병에 시달리는 모습이 강대국에 치여 고통받고 살아가던 보헤미안의 상황과 닮아 있기 때문이다. 막달레나에게 치유의 기적을 보여 주신 것은 바로 성모님이 고통받는 보헤미안 모두에게 위로와 위안을 주신다는 의미로 볼 수 있다. 이에 필리포프의 성모님은 '그리스도인들의 도움이신 성모 마리아'로 불리고 있다. 성지 순례자가 많이 줄었지만 독일과 체코 사람들이 매 주일 10시 30분에 두 국가의 언어로 미사에 함께 참례하며 이웃 국가 간의 중요한 영적 가교 역할을 하는 새로운 모습을 보여 주고 있다.

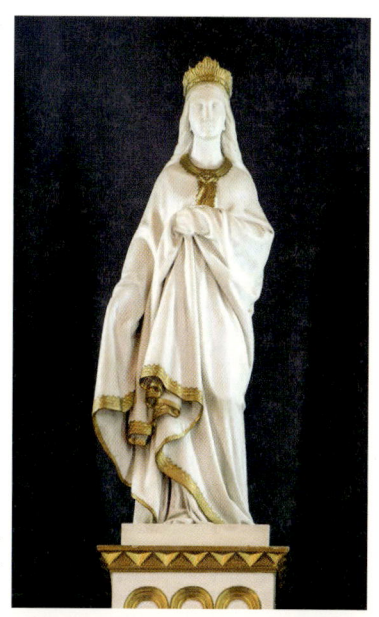

병자들의 치유이신 성모 마리아 경당 내부와 그 제단 위 성모상. 교황 요한 바오로 2세가 축복한 왕관을 쓰고 있다.

성지 소개

필리포프 성지는 그리스도인들의 도움이신 성모 마리아 대성당과 노인 요양 시설로 크게 구분된다. 1885년 5월 대성당 옆에 수도원이 완공되면서 대성당의 유지 관리를 잘한 덕에 많은 순례자가 방문하여, 1930년대에는 성모님 발현 성지로 널리 알려졌다. 그러나 제2차 세계대전과 체코의 공산화로 독일과의 국경 지역에 위치하던 수도원이 제대로 운영되기 힘들어졌다.

1953년에는 국경 조정으로 수도원이 폐쇄되어 군부대의 훈련을 위한 병영으로 사용되었고, 이에 순례자가 급감하였다. 1966년 수도원은 민간 시설인 고아원으로 변경되었다가, 1971년 노인 요양 시설로 변경되어 현재에 이르고 있다. 대성당 실내 후면부 2층에 설치된 아름답고 풍성한 음색의 파이프 오르간이 유명하여, 2001년부터 매년 가을에 정기적으로 파이프 오르간 연주회가 열리고 있다. 연주회에는 체코 주민들은 물론이고 인근의 독일 주민들도 많이 참석하여 양국 간의 화합과 교류의 장이 되고 있다.

성지 찾아가는 방법

대중교통을 이용할 경우 체코 프라하에서 기차나 버스를 이용하여 성지에서 가장 가까운 마을인 룸부르크(성지까지 5.5km)나 이리코프(성지까지 2.7km)까지 온 다음에 그곳에서 택시를 이용하거나 걸어서 성지에 도착할 수 있다. 렌터카를 이용할 경우 체코는 프라하에서(2시간 소요), 폴란드는 브로츠와프에서(2시간 30분 소요), 독일은 드레스덴에서(1시간 30분 소요) 출발하는 것이 편리하다.

* 구글맵에서 찾기: Bazilika minor Panny Marie Pomocnice Filipove 입력

뒤쪽에서 본 그리스도인들의 도움이신 성모 마리아 대성당과 노인 요양 시설

왼쪽 노인 요양 시설에서 진행되는 음악 행사
오른쪽 2018년 파이프 오르간 정기 연주회 포스터

인근 성지 소개 - 야스나 구라 수도원과 블랙 마돈나

    폴란드의 남부 중앙에 위치한 쳉스토호바의 야스나 구라 수도원은 '블랙 마돈나'라는 성모화로 유명한 성지이다. 블랙 마돈나는 성모님과 아기 예수가 검은 피부를 하고 있다. 전승에 의하면 루카가 식탁을 쪼갠 조각에 성모님을 그린 것으로, 비잔틴제국 등을 거쳐 1382년 이곳 수도원에 안착하였다고 전해진다. 1656년 이 성화가 기적을 일으켜 수도원을 스웨덴의 침략으로부터 구해냈다는 일화가 있는데, 이 일로 1656년 4월 1일 폴란드 국왕 얀 2세 카지미에시 바사는 블랙 마돈나를 폴란드의 여왕으로 선포하는 의식을 거행하였다. 15세기에 성모화를 약탈하려던 자가 칼로 성모화를 두 번 내리쳐 성모님 뺨에 두 줄의 상처가 생겼는데 지금까지 복구되지 못하고 있다. 성모화를 보기 위해 연 600만 명의 순례자가 찾는 성지로, 블랙 마돈나는 하루 두 번 미사 때만 공개된다.

야스나 구라 수도원 전경

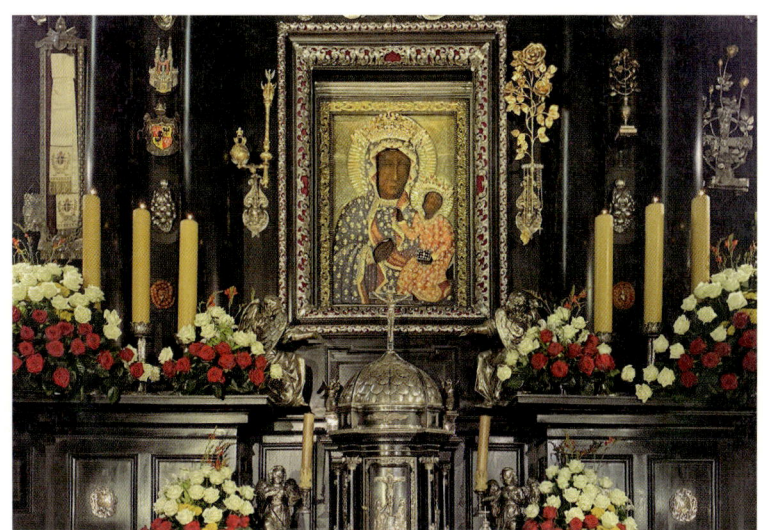

블랙 마돈나가 모셔진 경당. 미사가 없을 때는 천으로 가려져 볼 수 없다. 미사 시간을 미리 확인하고 방문해야 한다.

왼쪽 수도원 입구. 입구를 따라 각 나라의 국기가 게양되어 있는데 태극기도 볼 수 있다.
오른쪽 교황 요한 바오로 2세의 동상. 전 세계에서 가장 큰 교황 성상으로 알려져 있다.

CHAPTER 10

프랑스 퐁맹
PONTMAIN (1871)

개요

　1871년 나폴레옹 3세의 오만과 판단 착오로 벌어진 프로이센-프랑스전쟁에서 프랑스가 계속 패배하면서 프랑스인들의 오랜 자부심도 땅에 떨어졌다. 이때 퐁맹과 라발을 비롯한 프랑스 전역에서 국민들이 묵주기도를 드린 결과 성모님이 발현하셨고, 라발을 향한 프로이센의 공격이 중단되어 퐁맹만 아니라 프랑스 전체가 절체절명의 위기에서 벗어날 수 있었다. 프랑스는 비록 전쟁에서는 졌지만 국민들의 단합으로 엄청난 배상금을 지불하면서 프로이센 군대를 완전히 몰아낼 수 있었고, 이후 프랑스는 이전과는 완전히 다른 모습으로 변화하여 안정과 번영의 시대로 진입하였다.

시대적 배경

1866년 프로이센-오스트리아전쟁이 프로이센의 일방적인 승리로 끝나자 프로이센과 프랑스는 이제 유럽 대륙의 패권을 놓고 다투지 않을 수 없게 되었다. 1870년 7월 14일 프랑스의 나폴레옹 3세는 군사 동원령을 내리고, 7월 19일 프로이센에 대해 선전포고를 한 뒤 직접 군대를 이끌고 국경으로 진격하였다. 그러나 군비가 우세한 프로이센은 8월 4일 프랑스 국경을 넘어와 마르스라투르 전투와 그라블로트 전투에서 대승을 거두었고, 스당 전투에서 황제 나폴레옹 3세와 83,000여 명을 포로로 잡았다.

프랑스의 군사 동원령에 따라 퐁맹에서도 예외 없이 징집이 이루어졌다. 퐁맹 성당의 미셸 게랭 신부는 38명의 징집된 병사에게 고해성사를 주고 미사를 집전한 후 무사 귀환을 빌며 성모님께 전구를 청하였다. 프로이센은 1871년 1월에 프랑스 영토의 3분의 2를 점령하였으며, 퐁맹 인근에 있는 대도시 르 망 전투에서도 대승을 거두었고, 1월 16일에는 퐁맹에서 40km 떨어진 도시 라발에 도착하였다. 사람들은 공포에 떨었으며 거리는 피난민으로 가득 찼다. 이와 같은 절체절명의 위기 속에서 프랑스인들은 모두 묵주기도를 바치며 성모님께 조국을 구해 주실 것을 간청하였다.

1871년 1월 17일 라발 교구의 주교도 성모님께 의탁하는 장엄한 내용의 서약문을 작성하여 저녁 6시경 신자들이 모인 가운데 낭독하면서 성모님께 도움을 청하고 있었다. 바로 이 시간 퐁맹에서 성모님이 발현하셨다. 성모님이 발현하시는 동안 라발을 향해 진격을 시도하고 있던 프로이센의 지휘관 슈미트 장군은 공격을 중단하라는 지시를 받아 저녁 무렵에 진격을 멈추었다.

성모님의 발현
첫 번째 단계

1871년 1월 17일 프랑스 북서부에 위치한 브르타뉴 지방의 작은 마을 퐁맹에서 성모님이 발현하셨다. 혹한의 날씨에 폭설까지 내린 저녁 6시경 12세의 외젠 바르베데트Eugène Barbedette와 10세의 조제프 바르베데트Joseph Barbedette 형제는 아버지 세자르와 함께 헛간에서 말에게 먹일 건초를 다듬고 있었다. 이웃인 자네트가 방문하여 군대에 징집돼 3주일 동안 소식이 없던 이복형 오귀스트 프리토가 무사하다는 소식을 전하자 그들은 자세한 이야기를 듣기 위해 작업을 잠시 멈추었다.

외젠은 이야기를 듣다가 날씨를 확인하기 위하여 문으로 가서 밖을 내다보다가 건너편 집의 지붕 6m 위 공중에서 키가 크고 아름다운 여인이 자신을 향해 웃고 있는 것을 발견하였다. 그가 가족들을 불러 지붕 위를 보라고 했으나 자네트와 아버지는 아무것도 보이지 않는다고 하였고, 동생 조제프만 황금색 별이 새겨진 푸른색 옷을 입고 있는 여인이 있다고 말하였다. 아버지는 아이들이 잘못 본 것이라 여기며 다시 헛간으로 가서 작업을 계속하였다. 어머니 빅투아르가 헛간에 왔다가 아이들의 이야기를 듣고 지붕 위를 보았지만 그녀의 눈에도 보이는 것이 없었다.

어머니가 두 아들에게 성모송 5번을 암송한 다음에 다시 지붕 위를 보라고 했는데, 아이들은 여전히 비탈린 수녀처럼 키가 큰 여인이 보인다고 말하였다. 6시 15분경 집으로 들어와 저녁식사를 하는 둥 마는 둥 하고 외젠과 조제프가 다시 밖으로 나왔을 때도 여인은 여전히 지붕 위에 있었다. 어머니가 두 아들의 학교 교사인 비탈린 수녀를 서

프랑스 퐁맹 219

둘러 불러왔지만, 수녀 역시 아무것도 안 보인다며 다시 학교로 돌아갔다.

비탈린 수녀가 학교에서 만난 3명의 아이들을 헛간으로 데려와 지붕 위를 보게 하였더니, 11세의 프랑수아즈 리셰르Francoise Richer와 9세의 잔마리 레보세Jeanne-Marie Lebossé만이 두 형제가 이야기한 대로 황금 별이 새겨진 짙은 푸른색 옷을 입고 있는 여인이 보인다고 말하였다. 이때 마리에두아르 수녀가 도착하였으나 그녀 역시 아무것도 볼 수 없었으며 호기심 많은 마을 사람들까지 모여들기 시작하였다. 마리에두아르 수녀는 퐁맹 성당의 게랭 신부에게 달려가 떨리는 목소리로 굉장한 발현이 있는 것 같으니 빨리 가자고 재촉하였다.

두 번째 단계

50명 정도의 동네 사람이 모였으며 마리에두아르 수녀와 게랭 신부도 도착하였다. 신부가 기도하자고 제안하자 마리에두아르 수녀와 마을 사람들은 함께 묵주기도를 시작하였다. 그때 라발 근처를 막 다녀온 조제프 바빈이라는 주민이 "프로이센군이 라발까지 들어왔어요. 우리는 기도해야 합니다"라고 외치자 신부의 지도로 모두 「마니피캇」(Magnificat)과 「순결하신 어머니」(Inviolata)를 외며 더 열심히 기도하였다. 그러자 여인의 모습에 변화가 생겼다. 여인을 감싸는 푸른색 타원형 프레임이 생겨났고 프레임 안쪽에는 불이 켜지지 않은 4개의 양초가 나타났는데 2개는 여인의 어깨 양쪽에, 나머지 2개는 무릎 높이 정도에 나타났다. 이어 여인의 왼쪽 가슴에 작고 붉은 십자가가 생겨났으며 여인의 옷에 새겨진 별들의 수가 증가했고 프레임 밖에 있던 별들이 여인의 발밑으로 모였다. 4명의 아이는 40개 정도의 별을 보았지만

발현 첫 번째 단계

발현 두 번째 단계
타원형 프레임이 보인다.

발현 세 번째 단계
두 손이 어깨 위로 올라왔다.

발현 네 번째 단계
가슴에 붉은 십자가가 나타나서
두 손에 쥐었다.

발현 다섯 번째 단계
어깨에 흰 십자가가 나타났다.

헛간의 문을 열고 정면을 보면
기드코크의 집 지붕 위에 성모상
이 보인다.

프랑스 퐁맹 221

마을 사람들은 3개만 보였다고 했다.

시간이 갈수록 마을 사람들이 모여들었다. 당시 퐁맹의 인구는 150명 전후로 추측되는데, 100명 정도가 자리를 함께했고, 강추위에 60명 정도는 헛간에 들어가서 상황을 주시했다. 여인의 발아래에 높이 1m 정도의 현수막과 같은 흰색 판이 나타나더니, 보이지 않는 손에 의하여 천천히 금색으로 한 글자씩 대문자로 쓰이기 시작하였다. 첫 번째 문장은 엠M 자로 시작하였는데 아이들은 큰 소리로 글자를 따라 읽었다.

"MAIS PRIEZ MES ENFANTS."
("오, 나의 자녀들아, 기도하여라.")

그리고 다른 문장이 이어 나타났다.

"DIEU VOUS EXAUCERA EN PEU DE TEMPS."
("하느님께서 곧 너의 기도에 응답하실 것이다.")

"MON FILS SE LAISSE TOUCHER."
("나의 아들이 움직일 것이다.")

아이들이 읽는 소리를 들은 마을 사람들은 곧 전쟁이 멈출 것이라는 희망에 차올라 기뻐하면서, '나의 아들'이라는 표현으로 미루어 지붕 위에 있는 여인이 성모님이라고 생각하게 되었다.

세 번째 단계

사람들이 다시 그 지역 성가인 「희망의 어머니」를 부르자 성모님의 모습이 새로운 단계로 변화하였다. 성모님은 매우 슬픈 표정을 지으셨고 공중에 있던 흰색 판과 글자는 사라졌다. 성모님은 양손을 펼쳐 어깨 위로 올리시고 성가의 리듬에 따라 손가락을 움직이면서 무

헛간 내부에 그려진 발현 성화
기드코크의 집과 발현하신 성모님 사이에 메시지가 쓰여 있는 흰색 판이 있다.

성당과 기드코크의 집, 헛간 사이에 모인 사람들. 발현을 목격한 아이들은 가운데 있다.

프랑스 퐁맹

엇인가 말씀을 하시는 것처럼 보였지만 소리는 들리지 않았다.

네 번째 단계

사람들이 「주님, 용서하소서」(Parce Domine)를 부르자 네 번째 단계가 시작되었다. 성모님의 가슴에 등장한 붉은 십자가를 양손으로 붙잡고 계셨는데 붉은 십자가 위에 있는 작은 흰색 판에는 '예수 그리스도'라고 적혀 있었다. 성모님 발아래 1개의 별이 나타나 움직이면서 초에 닿자 촛불이 켜졌으며 별이 계속 이동하여 4개의 촛불이 모두 켜지고 별은 성모님의 머리 위에 위치하였다. 성모님은 슬픈 표정으로 수난 받으신 붉은 예수 그리스도와 십자가를 한참 동안 바라보셨다.

다섯 번째 단계

그리고 다섯 번째 단계가 시작되었다. 마리에두아르 수녀가 「바다의 별이신 성모」(Ave Maris Stella)를 부르기 시작했다. 성모님의 가슴에 있던 붉은 십자가가 사라지면서 양손을 아래로 내리시자 양쪽 어깨에 희망을 나타내는 흰색 십자가가 나타났다. 게랭 신부의 지시에 따라 모두 무릎을 꿇고 저녁기도를 시작하였다. 4개의 촛불이 켜진 상태에서 성모님 발아래부터 커다란 흰색 천이 서서히 올라오기 시작하였다. 천이 올라오자 푸른색 프레임과 4개의 촛불이 사라졌으며 성모님은 마지막으로 미소를 보여 주셨다. 밤 9시경에 아이들이 침묵하자 신부가 아직도 성모님이 보이냐고 물었고 아이들은 "아니요, 모든 것이 사라지고 끝났습니다"라고 답했다. 마을 사람들은 집으로 돌아갔고 모든 두려움이 사라졌으며 평화가 다시 찾아왔다.

발현 장소

프랑스가 프로이센에 연이어 패하면서 프랑스의 도시와 마을이 함락되어 약탈당하는 엄청난 피해가 이어졌다. 라발도 프로이센의 공격을 받는다면 함락당하는 것은 시간문제였다. 또한 라발이 점령당하면 40km밖에 떨어져 있지 않고 아무런 요새가 없던 작은 마을 퐁맹도 피해를 받을 수밖에 없는 상황이었다. 이러한 위기 속에서 성모님이 발현하시어 라발과 퐁맹은 아무런 피해도 입지 않고 극적으로 살아남게 되었던 것이다.

성모님이 발현하신 곳은 바르베데트 가족의 헛간 건너편에 있는 오귀스탱 기드코크의 집 지붕 6m 위 허공이었다. 성모님과 지붕 사이 허공에 많은 별이 생겨났고, 두 번째 단계에서 흰색 판이 나타났다. 이 판에 성모님의 메시지가 말이 아닌 글자로 나타났는데, 이는 성모님의 메시지가 글로 표현된 유일한 경우이다. "나의 아들"이라는 글자가 나타나자 드디어 사람들은 지붕 위에 있는 여인이 성모님이라는 것을 알게 되었다. 성모님은 18세 정도로 보였으며 공중에 떠 계셨고 황금색 별이 새겨진 짙은 푸른색 옷을 입었지만 허리띠는 없었다. 머리에는 검은 베일을 쓰시고 그 위에 간호사가 사용하는 간호모처럼 단순하게 생긴 황금 왕관을 쓰고 계셨는데 왕관 가운데에는 가느다란 폭의 붉은 띠가 둘러져 있었으며 황금새 리본이 달린 푸른새 신발을 신고 계셨다. 이 모습은 발현하신 성모님의 복장 중에서 가장 특이하다고 할 수 있다. 현재 기드코크의 집 지붕 위에 크지는 않지만 발현하신 성모님의 모습과 글이 쓰인 흰색 판이 세워져 있다.

헛간 정문을 열고 안에서 밖을 내다보면 지붕 위에 있는 성모상과 흰색 판이 보인다. 헛간의 외부 지붕 중앙에는 성모님의 모습이 그려져 있다. 헛간의 내부 전면 벽 전체에는 성모님이 지붕 위에 발현하셨을 때의 상황이 그림으로 재현되어 있으며, 또한 전면의 양쪽 벽에는 5개 단계로 변화한 모습의 성모상이 있고, 발현 당시 농기구들도 그대로 보존되어 있다. 퐁맹을 순례하게 된다면 대성당만 아니라 이 헛간도 반드시 봐야 한다.

헛간을 나와서 왼쪽을 보면 성당이 또 하나 있는데, 이 성당은 외젠과 조제프가 세례를 받은 퐁맹 성당으로, 발현 당시의 상황을 묘사한 그림을 보면 이 성당이 등장한다. 이 성당과 헛간, 그리고 기드코크의 집 사이의 넓은 거리에 사람들이 모여 지붕을 바라보고 아이들이 말하는 것을 들으면서 감사와 찬미의 기도를 올렸던 것이다.

시현자

시현자가 어릴 경우 발현에 대한 목격이 무시당하거나 의심을 받는 경우가 대부분이고 시현자의 삶도 그리 평탄하지 않은 것이 일반적이다. 생테티엔르로, 라 살레트, 루르드의 경우 성모님의 발현을 본 시현자가 어린아이였기에 성모님의 발현이라는 대사건을 감당하기가 쉽지 않았다. 욕을 먹거나 거짓말쟁이, 사기꾼으로 몰렸을 뿐 아니라, 감옥에 잡아넣겠다는 협박까지 받았다. 시현자로 인정받는 것도 어려웠지만 시현자로 인정받은 후에도 많은 사람들에게 시달리는 삶을 살아야 했다. 퐁맹의 발현은 예외적이거나 특이한 점이 많은데 시현자의 경우도 그러하다. 발현이 있는 동안 사제뿐만 아니라 세 명의 수녀도 함께한 것이다. 시현자는 항상 발현을 사제에게 전달하고 그 전달이 진실임을 증명하기 위해 표징이나 기적과 같은 것을 제시해야만 했다. 루르드의 경우도 베르나데트가 성모님이 말씀하신 '무염시

기드코크의 집 지붕 위에 있는 성모상과 성모님의 메시지가 새겨진 흰색 판

왼쪽 헛간 외부. 발현하신 성모님이 지붕 가운데 그려져 있다.
오른쪽 헛간 내부. 당시 농기구들이 그대로 보존되어 있다.

대성당 스테인드글라스에 그려진 성모님의 발현 모습. 4명의 시현자가 아래에 있다.

태'라는 메시지를 사제에게 전달한 다음에야 시현이 인정되었다. 그러나 퐁맹의 경우 발현 현장에 본당사제인 게랭 신부가 있었으며 그때 벌어진 모든 상황을 직접 목격하였기에 사제에게 발현을 전달하는 과정이 필요 없었고 외부로부터의 질문도 사제가 담당할 수 있어서 시현자는 상대적으로 자유롭고 평범한 삶을 살 수 있었다.

퐁맹의 시현자 4명 중 3명은 성모님 발현의 시현자답게 자신의 삶을 하느님과 교회에 바치는 영적인 삶을 살았다. 외젠은 신부가 되었으며 나중에 라발 교구의 여러 본당에서 주임신부로 일했다. 동생 조제프는 원죄 없이 잉태되신 마리아의 오블라띠 선교 수도회의 사제가 되었다. 이 선교회가 퐁맹 성지를 관리하게 되어 조제프는 성모님의 발현에 대한 자세한 기록을 남겼다. 잔마리도 보르도 성가정 수녀회에 입회하였다. 마지막으로 프랑수아즈는 가정부 일을 하였고 여러 작은 시골 학교에서 교사로도 일했으며 1900년부터 외젠 신부의 집안일을 돌보다가 시현자 중 가장 먼저 세상을 떠났다.

12세 외젠
(1858~1927)

10세 조제프
(1860~1930)

11세 프랑수아즈
(1859~1915)

9세 잔마리
(1861~1933)

성모님의 발현을 목격한 4명의 시현자

프랑스 퐁맹

공인 과정

성모님의 발현 소식은 주변 지역으로 순식간에 퍼졌다. 다음 날 아침부터 순례자들이 헛간으로 몰려와서 기도했고, 3일도 채 안 되어 프랑스 전역에 소식이 알려졌다. 얼마 후 헛간은 성지로 변모했고, 헛간 내부 전면에는 기드코크의 집 위에 발현하신 성모님을 그대로 재현한 그림이 그려졌다. 발현 두 달이 지난 3월부터 라발 교구로부터 성직자와 평신도로 구성된 조사 위원들이 퐁맹을 방문하며 발현에 대한 본격적인 조사가 시작되었다. 성모님의 발현을 목격하였던 두 소년은 기꺼이 순종하여 성실히 조사에 임하였다. 1년 후 라발 교구의 주교 카지미르 위카르는 발현 1주년을 축하하며 조사 결과에 만족한다고 발표하였다. 그리고 1872년 2월 2일 주님 봉헌 축일에 퐁맹에서의 성모님 발현과 관련한 특별 교령을 발표하며 성모님이 참으로 발현하셨다는 것을 공식적으로 다음과 같이 공인하였다. "우리는 하느님의 어머니인 성모님이 1871년 1월 17일 참으로 작은 마을 퐁맹에서 외젠, 조제프, 프랑수아즈, 잔마리에게 나타났다고 판단합니다. 우리는 이 판단을 겸손과 순종의 자세로 모든 교회를 통합하는 교황청에 제출합니다."

1873년에 성당 건립이 시작되어 1900년에 축성되었으며 1905년 2월 21일 교황 비오 10세가 성당을 대성당으로 승격하였는데 이는 로마 교황청의 인정으로 볼 수 있다. 1932년 7월 16일 에우제니오 파첼리 추기경(1939년 교황 비오 12세로 즉위)이 퐁맹의 성모님께 황금 왕관을 봉헌하는 교령을 통과시켰으며, 2년 후 1934년 7월 24일 파리 교구의 장 베르디에 추기경이 주교, 사제, 신자들이 함께 모인 자리에서 성모상에 왕관을 봉헌하였다. 퐁맹의 성모님은 퐁맹만 아니라 인근의 라발, 더 나아가 프랑스 전체가 전쟁의 참화에서 벗어날 수 있게 해 달라는 간절한 희망을 들어주셨기에 '희망의 성모님'으로 불린다. 발현 11일 후인 1871년 1월 28일 프로이센과 프랑스 간의 휴전협정이 체결되자 퐁맹에서 징집된 38명의 젊은이들은 모두 무사히 고향으로 돌아오게 되었다. 축일은 성모님이 발현하신 날짜인 1월 17일로 정하였다.

발현 의미

프로이센과의 전쟁에서 프랑스는 일방적으로 패배하였다. 프랑스 전 국민이 드린 묵주기도에 대한 하느님의 응답이 없었다면 아마도 프랑스는 회복하기 어려운 상황에까지 몰렸을 것이다. 그나마 성모님이 발현하신 날을 기준으로 전투가 중단되고 휴전협정이 체결되어 프랑스로서는 한숨 돌릴 수 있었다. 퐁맹 발현 이후 기적 같은 사건

희망의 성모 마리아 대성당과 잘 정돈되어 있는 마을 전경

왼쪽 퐁맹 대성당 **오른쪽** 광장에 있는 퐁맹 성모상

을 경험한 프랑스인들은 주님께서 자신들의 기도를 들어주신 것에 대한 감사와 다시 프랑스인으로서의 자부심을 갖고 미래에 대한 희망을 가질 수 있었다. 주님이 자신의 기도를 들어주신다는 믿음을 가진 자를 감히 누가 이길 수 있겠는가?

 프랑스 국민들은 프랑크푸르트조약에 따라 프랑스가 배상금을 모두 갚기 전까지 프로이센군이 프랑스에 주둔한다는 사실을 알게 되자 주님이 주신 믿음을 바탕으로 한데 뭉쳐 배상금을 모으기 시작하였다. 자금이 있는 사람들은 기부금으로, 부족한 사람들은 금, 은, 구리 등 닥치는 대로 모아 배상금 갚는 데 보탰다. 그리하여 불과 1년 8개월 만에 전쟁 배상금 50억 프랑을 모두 갚는 놀라운 성과를 이루어 냈다. 프랑스가 도저히 갚을 능력이 없다고 판단하였던 프로이센의 수상 오토 폰 비스마르크는 이 소식을 듣고 매우 놀랐으며 영국과 스페인의

견제로 어쩔 수 없이 군대를 철수시켰다.

퐁맹에서 발현이 일어난 후 프랑스 국민들은 달라졌다. 주님의 도움으로 절체절명의 위기에서 벗어난 이들은 이미 이전의 프랑스인들이 아니었다. 전쟁에서 참패하고 국토 일부까지 빼앗긴 몰락한 프랑스가 이제 다가오는 평화와 번영의 주역으로 등장한다. 바로 벨 에포크 시대의 도래이다. 프랑스는 짧은 시간 내 그동안의 궁핍, 혼란에서 벗어나 이전과는 완전히 다른 새로운 시대를 펼쳐 나가게 되는데 1871년 퐁맹에서의 성모님 발현이 없었다면 상상하기 어려운 결과였을 것이다.

평화와 번영, 희망의 시대 - 벨 에포크

프랑스어로 '벨 에포크'Belle Époque는 '아름다운 시절', '좋은 시절'이라는 뜻으로, 역사적으로는 보통 서유럽에서 1871년 프로이센-프랑스전쟁 종결 이후부터 제1차 세계대전 발발 이전까지 전쟁 없이 평화와 번영을 구가한 시대를 의미한다. 우리말로 '태평성대'라고 표현하면 딱 맞을 것이다. 사실 벨 에포크가 지나간 이후 20세기에는 제1차 세계대전부터 세계 대공황, 제2차 세계대전까지 재앙과 혼란이 연달아 터지며, 오히려 19세기 말이 안정된 시대로 재평가되기도 했다.

또한 벨 에포크는 제국주의가 절정에 달한 시대이자, 일본이 근대화에 들어간 시기이며, 미국이 조용히 힘을 키워 나간 시기이기도 했다. 일반적으로 1870년대부터 1910년대 초까지의 40년 동안으로 잡는데, 더 짧게는 유럽의 기근이 끝난 1880년부터 제1차 세계대전이 일어나기 전인 1910년까지의 30년 동안으로 잡기도 한다. 그렇다면 이 기간에 프랑스가 사회적·경제적 안정을 유지할 수 있었던 이유는 무엇일까?

첫 번째 이유는 유럽 각국의 패권 다툼과 영토 확보가 완전히 끝났기 때문이다. 프로이센-오스트리아전쟁과 프로이센-프랑스전쟁을 거치면서 유럽 주요 강대국 간의 국경이 확정된 것이다. 프랑스, 독일, 오스트리아, 헝가리, 이탈리아 간의 영토 쟁탈전이 종결되어 전쟁을 해야 할 이유가 사라졌다. 두 번째 이유는 독일 및 이탈리아의 통일이다. 막강한 독일은 프랑스와의 전쟁이 끝난 1871년에서야 통일을 이루었기에 내부의 단합과 일치가 최우선의 과제가 되어 다른 국가에 대한 관심이 줄어들었으며, 이탈리아 역시 마찬가지 상황이었다. 세 번째 이유는 유럽 각국의 국민들이 1789년 프랑스혁명 이래 100년 동안 이어진 사회적·정치적 혼란과 전쟁에 신물을 느끼면서 안정적인 삶을 추구하려는 욕구가 그 어느 때보다 강해졌기 때문이다.

이에 따라 프랑스를 중심으로 서유럽 국가들에서 예술과 문화가 급격히 번창했고, 여러 혁신적인 기술들이 한꺼번에 쏟아져 나오며 미래에 대한 희망이 최고조에 이르렀다. 수세식 화장실에서 시작하여 전화, 전기, 영화, 철도와 자동차, 비행기, 지하철에 이르기까지 현대인의 생활 전반에 큰 영향을 미치는 대부분의 것들이 이 시대에 만들어져 보급되었다. 또한 사회의 안정과 기술의 발전으로 경제적 상황도 호전되어 생활이 윤택해졌다. 이제 대부분의 유럽 국가들은 평화와 번영을 누구나 피부로 느낄 수 있는 수준까지 도달하였다. 미술계의 모네, 고흐, 르누아르, 문학계의 에밀 졸라, 프루스트, 1889년 파리 만국 박람회의 에펠탑, 호화로운 장식을 대표하는 아르누보 양식, 캉캉춤과 화가 툴루즈로트레크로 유명한 물랭루주 등이 이 시대를 대표하는 것들이다.

1889년 파리 만국 박람회. 벨 에포크의 상징 에펠탑이 보인다.

앞서 1830년 파리 뤼 뒤 박 발현을 소개하면서 이후 100년간을 성모님 발현의 시대라고 하였는데, 1830년부터 1846년, 1858년, 1866년, 1871년, 1877년, 1879년으로 쉴 틈 없이 이어져 온 성모님 발현이 끊임없이 이 세상과 인간들을 변화시켜, 결국 벨 에포크라는 태평성대를 맞이하게 한 것이다. 이후 이 평화로운 시대에는 성모님의 발현이 잠시 멈추었다가 제1차 세계대전으로 전 세계가 다시 위기에 빠지자 1917년 파티마에서 성모님이 38년 만에 다시 발현하시어 이 세상에 구원의 메시지를 전하셨다.

성지 소개

성지는 대성당과 옛 퐁맹 성당, 광장, 헛간 등으로 구성되어 있다. 성모님이 발현하신 기드코크의 집 뒤편에 1873년 성지 성당 건립이 시작되어 1900년 10월 15일 축성되었다. 1905년 성당이 대성당으로 승격되었으며, 1908년 9월 추기경 2명과 주교 4명, 신부 600명, 신자 15,000명이 모인 가운데 퐁맹 희망의 성모 마리아 대성당이란 이름으로 봉헌되었다.

대성당 내의 모든 십자가는 발현하신 성모님이 들고 계셨던 십자가와 같은 붉은색으로 되어 있다. 제대의 뒤쪽 창에 발현하신 성모님이 대규모 스테인드글라스로 그려진 것은 퐁맹이 유일하다. 스테인드글라스의 푸른색에 해가 비치면 성당 내부는 성모님 옷과 같은 푸른색으로 가득 차서 분위기가 신비롭다. 대성당 앞 광장에는 붉은 십자가를 안고 있는 발현 네 번째 단계의 성모상이 세워져 있다. 대성당 옆에는 성지 안내를 담당하며 숙박도 가능한 사목 센터가 있으며, 대성당 뒤에도 '렐레 르 보카주'라는 대규모 순례자 숙소가 있다.

성지 찾아가는 방법

파리 몽파르나스Montparnasse역에서 테제베를 이용하여 라발Laval이나 렌Rennes까지 간다. 라발역에 내릴 경우 렌터카를 이용하여 퐁맹으로 바로 가면 되고(50분 소요), 렌역에 내릴 경우 버스로 갈아 타서 푸제르Fougères까지 다시 이동한다. 푸제르에 도착하면 호텔이나 식당에서 도움을 청하여 택시를 타고 퐁맹으로 간다(20분 소요).

* 구글맵에서 찾기: Sanctuaire de Notre Dame de Pontmain 입력

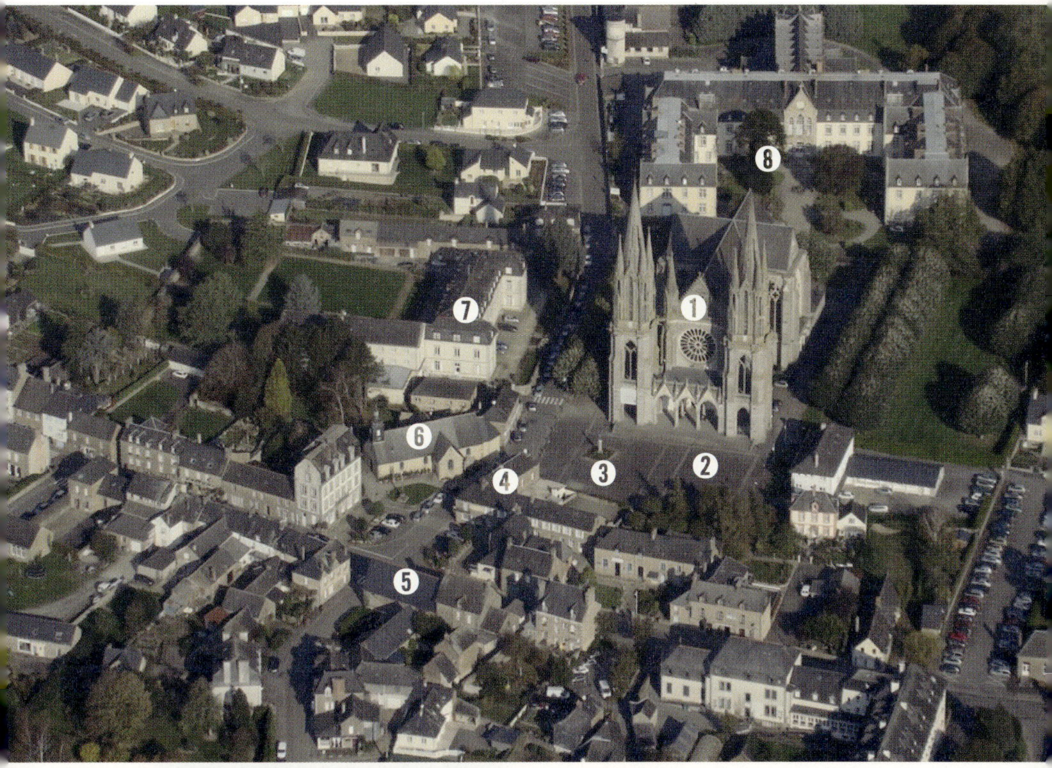

<성지 전경>

❶ 희망의 성모 마리아 대성당
❷ 성지 광장
❸ 퐁맹 성모상
❹ 성모님이 발현하신 기드코크의 집
❺ 헛간
❻ 옛 성당
❼ 사목 센터
❽ 순례자 숙소

대성당 제단에 붉은 십자가가 보인다.
스테인드글라스를 통해 들어온 빛으로
내부가 온통 푸르게 변화한다.

인근 성지 소개 - 몽생미셸 수도원

몽생미셸은 프랑스 북서쪽 노르망디 해변에서 1km 떨어진 작은 섬이다. 거주 인원은 40여 명, 면적은 $0.97km^2$, 둘레는 960m에 불과한 이 작은 섬은 매년 350만 명이 찾아오는, 파리 다음으로 인기 있는 관광지이며, 1979년 유네스코 세계문화유산으로 지정되었다. 조수간만의 차가 15m에 이르는 이 섬에 수도원이 들어선 것은 1,300년 전이었다.

아브랑슈의 주교 성 오베르는 꿈에서 대천사 미카엘을 만나 이 섬에 수도원을 지으라는 지시를 받았다. 단순한 꿈이라고 여겨 무시했으나 분노한 대천사가 다시 꿈에 나타나서 손가락을 내밀어 오베르의 이마를 태웠다. 오베르는 꿈에서 깨어나 이마에 생긴 구멍을 확인한 후, 곧바로 수도원 공사에 착수하여 708년 완공하였다.

섬의 가장 높은 곳에는 11세기에 세워진 로마네스크양식의 수도원 성당이 있으며, 13세기에 수도자들이 기도와 묵상을 할 수 있는 고딕양식의 회랑이 추가되었다. 성당 지붕 꼭대기에는 대천사 미카엘의 성상이 있어 이 성당이 미카엘 대천사를 기념하여 건립된 것임을 알 수 있다. 오랜 세월 증개축을 거듭한 이 수도원은 여러 시대의 건축양식이 다양하게 반영되어 현재의 모습에 이르게 되었다.

지금은 성 베네딕도회 수도원으로 사용되고 있지만, 프랑스혁명 이후 73년 동안 감옥으로 사용되기도 하였다. 몽생미셸과 직접 연결되는 마을인 라 카제른으로 가기 위해서는 파리 몽파르나스역에서 렌행 테제베를 타야 한다(5시간 반 소요). 렌역에서 몽생미셸로 가는 105번 버스에 탑승하면 1시간 20분 후에 도착한다.

몽생미셸 전경

수도원 내 회랑

CHAPTER 11

폴란드 기에트슈바우트
GIETRZWAŁD (1877)

개요

기에트슈바우트 성지는 폴란드 북부 바르미아 지역의 아주 작은 마을에 있다. 1772년부터 1795년까지 폴란드는 3차에 걸쳐 분할되어 영토가 프로이센과 오스트리아, 러시아에 귀속되며 유럽 지도에서 사라졌다. 그로부터 100년이 지난 후 프로이센이 점령한 바르미아 지역은 가톨릭에 대한 박해와 강압적인 독일화 정책으로 고통과 절망에 빠져 있었다. 이 어려운 상황에서 성모님이 발현하시자 폴란드는 다시 하느님에 대한 믿음을 회복할 수 있었으며, 성모님의 위로와 치유를 받을 수 있었다. 또한 발현하신 성모님이 폴란드의 해방에 대해서도 말씀하시어, 수많은 폴란드인들이 독립에 대한 희망을 품고 이 성지를 순례하였다.

시대적 배경

　1632년 지그문트 3세 바사 국왕이 사망한 이후 스웨덴과의 전쟁이 계속 이어지며 폴란드의 국력은 서서히 쇠퇴하였다. 오스트리아가 1769년과 1770년 사이 독일계 주민들이 많이 살고 있는 폴란드 남부 지역을 강제로 병합하였는데도 이에 대해 폴란드는 어떠한 물리적 대응을 하지 못하였다. 이렇게 영토를 빼앗겨도 무방비 상태인 폴란드를 놓고 러시아와 프로이센, 오스트리아는 1771년 초부터 본격적으로 폴란드 분할을 논의하기 시작하였다. 1772년 8월 5일 러시아와 프로이센, 오스트리아는 폴란드 1차 분할 조약을 체결하고 바로 각각 폴란드를 점령했다. 이에 영토의 20% 정도가 분리되어 세 나라의 국토로 편입되었다. 1793년에는 폴란드 2차 분할 조약이 체결되어 영토의 60%가 사라지며 소국으로 전락하였다.

　1794년 분할 점령에 대항하여 타데우시 코시치우슈코 장군이 러시아에 맞서 무장봉기를 일으키자, 진압을 명분으로 폴란드에 진입한 러시아와 프로이센에 의해 1795년 10월 폴란드에 대한 3차 분할이 선포되었으며 폴란드는 영토의 5% 정도만 남은 채 유럽 지도에서 사라지게 되었다. 1918년 제1차 세계대전의 결과로 독립이 이루어지기 전까지 146년 동안 폴란드는 러시아와 프로이센, 오스트리아에 분할되어 지배를 받았던 것이다. 특히 기에트슈바우트가 위치한 폴란드 북부를 지배한 프로이센은 1870년부터 반가톨릭 정책과 독일화 정책을 시행하였으며, 어떠한 종류의 정치적 활동도 일어날 수 없도록 사회적 통제를 강화하였다. 이렇게 폴란드인들이 아무런 희망도 없이 고통을 받고 있던 상황에 성모님이 1877년 기에트슈바우트에서 발현하셨다.

성모님의 발현

　1877년 6월 27일 폴란드 북부에 있는 작은 마을 기에트슈바우트에서 13세의 유스티나 샤프린스카Justyna Szafryńska는 첫영성체를 하기 위한 시험을 보고 어머니와 함께 성당을 나오다가 단풍나무 위에서 밝은 빛을 보았다. 그때 성당 종탑에서 종이 울리면서 삼종기도 소리가 들려왔는데, 빛 속에서 아기 예수를 품에 안고 천사들에 둘러싸여 진주로 장식된 황금 왕좌에 앉아 있는 아름다운 여인이 나타났다. 다음 날인 6월 28일 유스티나는 신부에게 이러한 사실을 알렸으며 친구들에게도 털어놓았다. 그녀가 친구인 12세의 바르바라 사물로프스카Barbara Samulowska와 단풍나무 앞에 가서 묵주기도를 드리고 있는데 다시 날개 달린 천사와 함께 그 여인이 나타났다. 여인은 루르드에서 발현하신 성모님과 거의 비슷한 복장을 하고 있었으나 머리에 베일이나 왕관은 없었고 긴 머리카락을 어깨 아래까지 늘어뜨린 모습으로 단풍나무 위에서 구름을 밟고 서 있었다. 그 후로 발현은 9월 16일까지 거의 날마다 계속되었으며, 성모님은 하루에도 여러 번 나타나시어 82일 동안 약 160번 이상 발현하신 것으로 알려져 있다.

　6월 30일 본당신부가 지시한 대로 "당신은 무엇을 원하시나요?"라고 유스티나가 묻자 여인은 "내가 바라는 것, 그것은 묵주기도를 날마다 바치는 것이다. 묵주기도를 바치면 내가 매일 저녁 이곳에 올 것이다"라고 폴란드어로 답하였다.

　7월 1일 아이들이 첫영성체를 마친 후 단풍나무 아래에서 묵주기도를 바치고 있었는데 여인이 다시 나타났다. 유스티나가 "당신은 누구신가요?"라고 묻자 여인은 "나는 원죄 없는 잉태인 성모 마리아다"라고 당신의 신분을 밝히셨다. 루르드에서 발현하신 성모님이 당신을 원죄 없는 잉태라고 말씀하신 이후 19년 만에 다시 성모님이 기에트 슈바우트에 발현하시어 당신의 신분을 원죄 없는 잉태로 드러내신 것이다. 유스티나와 바르바라는 그날부터 매일 저녁 묵주기도를 올렸으며 다른 사람들도 합류하기 시작하였다.

7월 3일, 아이들이 성모님께 언제까지 나타나실 것인지 묻자 성모님은 "나는 두 달 동안 여기에 올 것이다. 기적이 일어날 것이며, 병자들이 치유될 것이다. 병자들은 묵주기도를 바치도록 하여라"라고 말씀하셨다.

7월 6일, 성모님이 당신의 성상과 경당을 건립하라고 말씀하셨고, 다음 날인 7월 7일에는 성상과 경당을 어떻게 만들 것인지 구체적으로 지시를 내리셨다.

7월 22일, 사람들이 너무 많이 모여들자 교회는 질서를 유지하고 종교적 분위기를 확보하기 위하여, 아이들은 단풍나무 가까이에서 묵주기도를 하고, 순례자들은 성당 광장의 지정된 곳에서 묵주기도를 하도록 조정하였다.

7월 28일, "누군가가 거짓 맹세를 한다면 어떻게 되나요?"라고 묻자 성모님은 "그런 사람은 천국에 갈 수 없으며, 그는 사탄에게 유혹을 받은 것이다"라고 답하셨다.

8월 1일, "버려진 교구에서도 사제를 받을 수 있나요?"라고 묻자 성모님은 "사람들이 열심히 기도한다면 교회가 박해받지 않을 것이며, 버려진 교구에서도 사제를 받게 될 것이다"라고 답하셨다.

8월 11일, 폴란드 교회가 해방될 것인지 묻자 성모님은 "그렇다"라고 답하셨다.

9월 8일 저녁 7시경 성모님은 샘을 축복하시며 "이제 병자들은 치

단풍나무 위에 발현하신 성모님

유를 위하여 이 물을 마실 수 있다"라고 말씀하셨다. 이때부터 이 샘물은 성사 때마다 사용되었고, 순례자들이 샘물을 마시기 시작하며 치유의 기적이 일어났다.

  9월 16일 오후 3시경 14명의 사제와 15,000여 명의 신자가 야외 경당에서 새로운 성모상을 봉헌하는 예식에 참석하였다. 성모님은 그때 마지막으로 발현하시어 먼저 야외 경당에 배치된 당신 성상을 직접 축복하셨고, 이어 은총을 바라는 사람들을 축복해 주셨다. 그리고 끝으로 "묵주기도를 열심히 하여라"라고 당부하셨다. 위 발현 일자는 성모님이 주요 메시지를 전하신 경우만 선별한 것이다. 실제로 성모님은 거의 날마다 발현하셨으며, 발현은 주로 시현자가 질문을 하면 성모님이 답변을 해 주시는 과정으로 진행되었다.

발현 장소

　1772년 1차 분할 때부터 프로이센의 지배를 받고 있던 기에트슈바우트 지역의 폴란드 국민들은 미래에 대한 희망이 전혀 없었다. 더욱이 23년 후인 1795년 3차 분할로 인하여 폴란드가 유럽 지도에서 아예 사라져 버리자 그들은 말로 다 표현할 수 없을 정도로 절망했다. 프로이센의 지배를 받은 지 100년이 넘었지만 시간이 갈수록 탄압은 심해져만 갔다. 희망이 사라지고 고통만 남은 그때 폴란드 북부의 작고 가난한 마을 기에트슈바우트에 성모님이 발현하셨다.

　시현자들은 성당 앞에 있던 단풍나무에서 성모님을 목격하였다. 성모님이 발현하신 장면을 그린 성화를 보면 뒤쪽에는 성당이 있고 앞쪽에는 성모상을 모신 경당과 큰 단풍나무가 있는 것을 알 수 있다. 성모님이 7월 6일 지시하신 당신의 성상은 독일 뮌헨에서 제작되어, 9월 12일 성지에 도착했다. 1877년 9월 16일 그 성상을 성모님이 발현하신 자리에 세운 경당에 모시며 봉헌하였고, 지금은 거기서 자주 야외 미사가 열리고는 한다.

　성당 앞에는 나무가 많지만 성모님이 발현하신 단풍나무는 현재 없다. 단풍나무는 야외 경당이 조성되는 과정에서 없어졌다고 한다. 단풍나무가 있던 자리에는 그 대신 기념석이 놓여 있다. 기념석에는 '1877년 6월 27일부터 9월 16일까지, 여기 있던 단풍나무에 성모님이 발현하셨다'라고 새겨져 있다. 또한 성모상을 모신 경당 하단에는 유리로 볼 수 있는 창이 나 있는데 그곳에는 그 단풍나무의 조각이 보관되어 있다. 기에트슈바우트를 방문하는 순례자들은 주로 이곳에 머물며 미사 참례를 하고 성모님이 우리에게 거듭 요청하신 묵주기도를 바친다.

성모님의 지시로 세운 야외 경당

왼쪽 단풍나무가 있던 자리에 놓여 있는 기념석
오른쪽 야외 경당 하단에 보관되어 있는 단풍나무 조각

위 치유의 샘 **아래** 치유의 샘 옆에 있는 야외 제대에서 미사가 거행되고 있다. 사람들 뒤로 보이는 작은 집 모양들은 십자가의 길 각 처이다.

시현자

성모님을 처음부터 목격한 주된 시현자는 유스티나와 바르바라이다. 유스티나는 매우 겸손하고 조용한 편인 반면에 바르바라는 영리하고 재능이 많으며 활동적이었다. 두 소녀는 어머니가 서로 친척관계라 매우 친했다. 그런데 발현 장면을 그린 성화를 보면 두 소녀 외에도 나이가 더 들어 보이는 두 여성 시현자가 있다. 두 여성은 45세의 엘주비에타Elżbieta Bilitewska와 23세의 카타지나Katarzyna Wieczorkowna이다. 두 여성 시현자는 7월 12일과 13일부터 성모님을 목격하기 시작하여, 그 후 유스티나, 바르바라와 함께하였다.

그런데 두 소녀와 두 여성이 보고한 내용에는 미미하지만 분명 차이가 있다. 예를 들어 8월 16일에 성모님의 발현을 목격한 횟수가 두 소녀는 3번, 엘주비에타는 6번, 카타지나는 4번이었다고 증언한 것이다. 이 같은 차이로 두 여성은 의심을 받았고, 이따금 시현자로 언급되지 않는 경우도 있었다. 그러나 두 여성도 교회의 가르침에 반하지 않았으며, 항상 겸손과 인내, 순종을 보여 주었기에 지금은 네 사람 모두를 시현자로 인정하고 있다. 대성당의 내부 벽화에도 성모님이 발현하신 장면이 그려져 있는데, 거기에도 시현자가 네 사람으로 묘사되어 있다.

한편 두 소녀는 발현하신 성모님께 자신들의 미래에 대해 물어보았고, 수녀원에 들어갈 것이라는 답을 들었다. 결국 두 소녀는 기초 과정을 마치고 파리에 있는 빈첸시오 아 바오로 사랑의 딸회에서 수련 과정에 들어갔고, 1889년 2월 2일 드디어 수녀가 되었다. 성모님의 말씀이 현실이 된 것이다. 유스티나는 14년 후 수녀회를 떠났지만 프랑스에서 계속 봉사 활동을 이어 갔으며, 바르바라는 1895년 선교 활동을 위하여 과테말라로 떠난 이후 평생 고아원과 병원에서 봉사하다가, 1950년 12월 85세의 나이로 그곳에서 선종하였다.

공인 과정

필리프 크레멘츠 주교는 본당사제에게 발현과 관련한 상세한 보고를 요구하였으며, 성모님의 발현이 진행되는 도중에 발현의 진위 여부를 가리기 위한 조사 위원회를 미리 구성하였다. 기에트슈바우트에 도착한 조사 위원들은 성모님의 발현 과정에서 묵주기도를 바치고 있는 시현자들의 상태와 행동을 관찰하고 그들의 증언 외에도 순례자와 성직자의 증언까지 조사하여 기록하였다. 조사 위원회는 시현자인 두 소녀가 정상적으로 행동했고 이득이나 인정을 바라지 않았으며 겸손하고 진실하며 순수했기에 성모님의 발현이 거짓이 아니라고 보고했다. 1878년 크레멘츠 주교는 조사 위원회의 보고 결과를 받았고, 프란츠 히플러 신부가 연구 내용을 『공식 보고에 따른, 가톨릭 신자들에 대한 기에트슈바우트의 발현』이라는 제목으로 독일어와 폴란드어로 출판할 수 있게 허락하였다. 그렇지만 폴란드는 가톨릭을 반대하는 프로이센의 지배에서 벗어나지 못한 상황이라 성모님의 발현은 강한 반대와 탄압을 받았다. 따라서 발현이 신속하게 공인되지 못했으며, 발현 성지가 널리 알려지기도 힘들었다.

대성당 제단 위에는 1568년에 그려진 유명한 성모화가 있는데, 기에트슈바우트에서 첫 번째와 두 번째에 발현하신 성모님이 성자를 안고 계셨기에 이 성모화가 기에트슈바우트에서 발현하신 성모님을 상징하게 되었다. 1967년 9월 10일 발현 90주년을 기념하기 위해 스테판 비신스키 추기경과 카롤 보이티와 추기경(교황 요한 바오로 2세)이 성

위 대성당 내부
아래 왕관이 봉헌된 성모화

폴란드 기에트슈바우트　251

1967년 카롤 보이티와 추기경이 참석한 성모화 대관식

지를 방문하여 성모화 속 성모님과 아기 예수님에게 왕관을 봉헌하는 대관식을 거행하였으며, 로마 교황청은 9월 8일을 기에트슈바우트 성모님의 발현 축일로 삼는 것을 허락하였다. 1970년 2월 2일 교황 바오로 6세는 기에트슈바우트의 성당을 준 대성당으로 승격하였다. 성모님 발현 100주년을 맞이하여 1977년 9월 11일에는 폴란드 주교회의 주교단과 신자들이 모여 기념 미사를 거행하였다. 예식 중에 바르미아의 주교 유제프 자스가 성모님 발현이 신앙과 도덕에 어긋나지 않고 초자연적인 기적이라며 발현에 대한 공인을 선언하였다. 특이하게도 교황이 먼저 여러 차례에 걸쳐 지지 의사를 표명한 후에야 주교의 공인이 이루어졌다. 2002년 6월 교황 요한 바오로 2세는 성모님 발현 125주년을 맞이하여 기에트슈바우트에 성모님의 발현과 성모님의 보호에 감사를 표하는 서한을 보냈다.

발현 의미

기에트슈바우트가 속한 폴란드 북부 바르미아 지역은 1772년 1차 분할 때부터 독일 프로이센의 지배를 받았으며, 1870년부터 프로이센의 반가톨릭 정책과 독일화 정책으로 절망과 고통에 빠져 있었다. 폴란드가 이처럼 어려운 상황에 처해 있을 때 성모님이 발현하셨고 그 영향은 대단하였다. 특히 성모님이 폴란드어로 말씀하신 것이 폴란드인들에게는 커다란 위안이 되었으며 미래에 대한 희망도 가질 수 있게 되었다. 이제 가톨릭 신자들은 하느님께 대한 강력한 믿음을 다시 회복하였고 영적인 생활로 복귀할 수 있게 된 것이다.

1882년 9월 27일 본당신부 아우구스틴 바이히젤은 성모님 발현이 있은 후 5년 동안의 변화를 정리한 보고서에 이렇게 서술하였다. "성모님 발현의 영향이 전국 모든 곳으로 퍼져 나갔습니다. 저의 교구뿐 아니라 이웃의 모든 교구도 성모님 발현 이후에 더욱 열정적으로 변했습니다. 이러한 점은 모든 가정에서 온 가족이 함께 묵주기도를 바치고, 많은 사람들이 수도원을 방문하고, 꼬박꼬박 교회 미사에 참석하는 것 등으로 확인할 수 있습니다."

성모님의 발현으로 발생한 이러한 의미 있는 결과들이 폴란드 전역으로 퍼져 나갔다. 기우바강 주변의 마을에서는 가톨릭 신자 전체가 성당에서 하루에 세 번씩 묵주기도를 암송했으며, 더 나아가 죄인들이 개종하는 경우도 수없이 많았다. 성모님이 "사람들이 열심히 기도한다면, 그때에 교회는 박해받지 않게 될 것이고 버려진 교구에서도 사제를 모실 수 있단다"라고 하신 말씀은 폴란드인들에게 올바른 신앙생활의 방향을 제시하였으며 외세로부터 독립할 수 있다는 희망도 심어 주었다. 폴란드가 성모님의 발현 이후 바로 독립을 이루지는 못했지만 전통적으로 이어진 가톨릭에 대한 열정적이고 헌신적인 믿음을 회복할 수 있었다. 이러한 이유로 기에트슈바우트 성지는 유명해졌으며 폴란드 전역에서 수많은 순례자들이 찾아오게 되었다.

성지 소개

성지는 대성당과 야외 경당, 사제관, 순례자의 집, 치유의 샘, 십자가의 길, 묵주기도의 길, 야외 제대가 있는 초원 등으로 구성되어 있다. 최초의 성당은 1352년 나무로 세워졌으며, 1500년 3월 31일 고딕양식의 성당이 건립되어 성모님께 봉헌되었고, 성모님의 발현 이후에는 신고딕양식으로 개축하고 증축하여 지금에 이르고 있다. 1977년 발현 100주년을 맞이하여 순례자들을 위한 숙소가 착공되어 1989년에 완공되었으며 100개의 침상을 확보하였다. 1877년 9월 8일에 성모님이 샘물을 축복하자 샘물을 마신 병자에게 치유의 기적이 일어났다. 이에 바위를 지팡이로 내리치는 모습의 모세 성상과 물을 마시는 이스라엘 백성이 새겨진 대리석을 샘 위에 설치하였다. 2007년 6월에는 십자가의 길이 봉헌되었는데, 넓은 초원 위에 각 처마다 잘 조성되어 있다. 또한 대성당에서 기적의 샘물로 이어지는 나무 숲속 길에는 묵주기도를 하며 걸을 수 있도록 묵주기도의 길도 만들어져 있다.

성지 찾아가는 방법

폴란드의 수도 바르샤바 중앙역에서 고속 열차를 이용하여 올슈틴Olsztyn으로 간다. 오스트루다Ostróda도 성지에서 가까우나 도시가 올슈틴보다 작아 성지로 가는 차편 확보가 어려울 수 있다. 바르샤바 중앙역에서 올슈틴까지는 하루 6회 정도 고속 열차가 운행한다(3시간 소요). 일반 열차의 경우 운행 시간이 6시간 40분이나 걸리므로 가능한 한 고속 열차를 이용한다. 올슈틴역 앞에서 택시를 타고 성지로 이동한다.

　　* 구글맵에서 찾기: Bazylika Narodzenia NMP w Gietrzwaldzie 입력

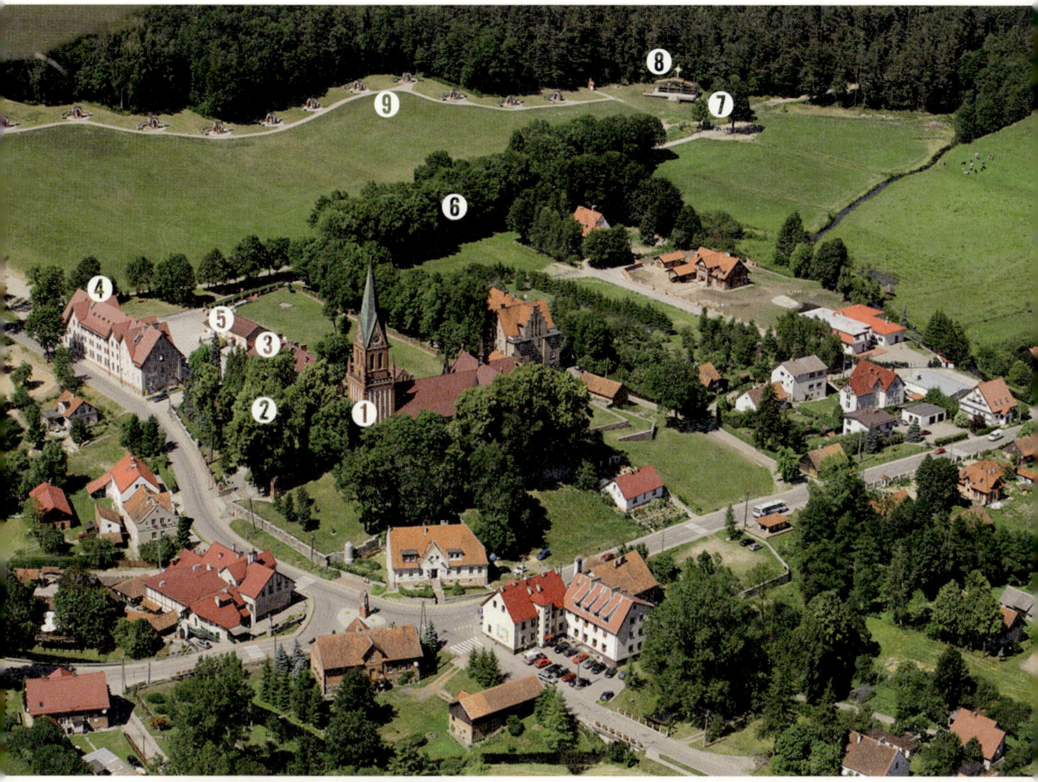

<성지 전경>
❶ 복되신 동정 마리아 탄생 대성당
❷ 야외 경당
❸ 사제관
❹ 순례자의 집
❺ 순례자 식당
❻ 묵주기도의 길
❼ 치유의 샘
❽ 야외 제대
❾ 십자가의 길

묵주기도의 길. 대성당에서 치유의 샘으로 가는 길에 있다.

CHAPTER 12

아일랜드 노크
KNOCK (1879)

개요

노크 성지는 세계 3대 발현 성지와 비교해 규모와 시설 면에서 손색이 없는 아일랜드 최고의 가톨릭 성지이다. 아일랜드는 무려 800년 가까이 영국의 식민지로 온갖 핍박과 종교적 박해를 받으면서도 오로지 가톨릭 신앙으로 견뎌 왔으나, 감자 기근을 두 차례 겪으며 나라가 붕괴되어 미래의 희망이 완전히 사라졌다. 이런 절망적인 순간에 노크에서 성모님이 발현하시어 하느님께서 아일랜드를 결코 버리지 않으셨다는 것을 보여 주심으로써 다시 가톨릭 신앙이 회복되었다. 성모님을 아일랜드의 모후로 칭할 정도로 아일랜드에서 성모님에 대한 신심은 그 어떤 가톨릭 국가와도 비교가 되지 않는다.

시대적 배경

　1171년 영국의 헨리 2세가 아일랜드 남동부 렌스터 지방을 침략한 이래, 아일랜드는 1949년 완전한 독립국가가 될 때까지 800년 가까이 영국의 지배를 받았다. 아일랜드인들은 영국에 저항하는 과정에서 전 국민이 열렬한 가톨릭 신자가 되었다. 그 이유는 첫째, 아일랜드인들은 오랜 기간 동안 가톨릭을 주된 신앙으로 삼고 있었고, 둘째, 신교를 강요하는 영국에 대한 반감이 있었으며, 셋째, 영국에 대항하는 국가인 스페인이 바로 가톨릭 국가였고, 넷째, 교황이 파견한 예수회의 선교 활동이 아일랜드에서 큰 성공을 거두었기 때문이다. 상황이 이러하자 영국의 박해는 교활한 방법으로 계속되었으나 아일랜드인들은 가톨릭 신앙을 버리기보다 차라리 굶어 죽는 쪽을 택하였다. 아일랜드인들에게 가톨릭은 자신들의 비참한 현실을 참고 견디는 힘의 원천이자, 자신들이 꿈꾸는 미래에 대한 희망이었다.

　1845년에서 1851년 사이 아일랜드에 감자 마름병이라는 전염병이 돌았다. 유일하게 주식으로 사용되는 감자가 전부 다 썩어 버렸고 기록적인 한파까지 덮쳤다. 100~150만 명이 굶어 죽었고, 고국을 뒤로한 채 바다 건너 타국으로 떠난 사람들도 100만 명이 넘었다. 그 후 30년 동안 상황이 조금씩 회복되는 듯하였으나 1877년에서 1879년 사이 불행히도 또다시 감자 기근이 발생하였고 다른 전염병도 돌아 수많은 사람들이 죽었다. 게다가 가톨릭에 대한 영국의 박해까지 계속되자 사람들은 이제 하느님이 아일랜드를 버리셨다며 좌절하였는데, 이는 그들에게 굶주림보다 더 무서운 고통이었다. 이렇게 아일랜드인들이 역사상 가장 깊은 절망에 빠져 있을 때 노크에서 성모님이 발현하셨다.

성모님의 발현

　1879년 8월 21일 목요일 아일랜드 동쪽 메이요 카운티의 작은 마을 노크에서 성모님이 발현하셨다. 저녁 7시부터 비가 쏟아져 대부제 카버나는 흠뻑 젖은 채로 사제관에 돌아왔다. 저녁 8시경, 사제관 가정부인 45세 메리 매클로플린Mary Mcloughlin이 친구인 68세 마거릿 번Margaret Byrne 부인을 만나기 위해 사제관에서 나와 교구 성당 옆을 지나가고 있었는데 성당의 남쪽 벽에서 환히 빛나는 아름다운 형상과 제단을 보았다. 메리 매클로플린은 대부제 카버나가 더블린에서 주문한 성상을 빗속에 그대로 세워 둔 것이라고 생각했다. 마거릿의 집에서 이야기를 나누고 사제관으로 돌아올 때는 마거릿의 딸 29세 메리 번Mary Byrne이 동행해 주었다.

　메리 매클로플린이 교구 성당 앞을 지나는데 아까보다 더 환한 빛이 나서 메리 번과 함께 가까이 다가가 자세히 보았다. 교구 성당의 남쪽 벽에 세 가지 형상이 땅에서 60cm 정도 공중에 떠 있었는데, 비가 계속 쏟아지면서 바람이 불어오는데도 형상들과 그 아래의 땅, 성당 남쪽 벽은 젖지 않은 상태였다. 메리 번은 형상이 약간 움직이는 것을 보고 성상이 아니라고 판단했는데, 특히 가운데에 있는 형상이 다름 아닌 성모님이라는 것을 깨닫는 순간 깜짝 놀라 집으로 달려갔다. 그리고 어머니 마거릿 번과 여동생 21세 마거릿 번Margaret Byrne, Jr, 오빠 36세 도미닉 번Dominick Byrne, 사촌 8세 캐서린 머리Catherine Murray에게 성모님이 계시니 빨리 가 보자고 재촉했다. 메리 번은 가족 모두를 성당으로 데리고 갔으며 이웃에게도 알렸다. 세 형상은 사람과 크기가 비슷했고 가운데는 성모님, 그 오른편에는 성 요셉, 왼편에는 사도 성 요한이 있었다.

사도 성 요한의 왼편에는 아무런 장식 없이 평범한 제단이 있었고, 그 위에는 십자가와 어린양 한 마리가 있었으며, 발현이 진행되는 동안 6명의 천사가 날개를 펄럭이며 십자가가 있는 제대 위를 돌고 있었다. 생후 8주 정도로 보이는 어린양으로부터 나오는 빛이 가장 밝았는데, 이는 하느님의 어린양인 예수 그리스도를 상징한다. 성모님은 흰색 겉옷에 흰색 망토를 걸치셨고 머리에는 황금 왕관을 쓰고 계셨다. 그리고 두 팔은 가슴 높이까지 들고 시선은 하늘을 향하여 기도하는 모습이셨다. 성 요셉은 백발노인의 모습으로 긴 겉옷을 입고 있었는데, 성모님을 향해 합장한 채 고개를 숙여 공경하는 자세로 서 있었다. 주교 복장을 한 사도 성 요한은 왼손에는 복음서를 들고 오른손으로는 축복을 내리는 듯한 모습이었다. 그러나 어떠한 소리도 들리지 않았다.

이 놀라운 소식에 동네 사람들이 몰려들어서 14명이 동시에 성모님의 발현을 직접 목격하였다. 이들은 성모님이 발현하시는 동안 쏟아지는 비에 옷이 흠뻑 젖은 채로 묵주기도를 바치며 발현을 지켜보았다. 특히 11세 패트릭 힐Patrick Hill은 아주 가까이 서 있어서 성모님이 쓰신 왕관 한가운데 한 송이 장미가 박혀 있는 것과 성모님이 앞으로 내딛고 계신 오른쪽 발목, 성모님의 눈동자까지 자세히 보았다고 한다. 그리고 마지막 15번째 목격자인 65세 패트릭 월시Patrick Walsh는 성당에서 800m 떨어진 자신의 집 뜰에서 성당 벽에 생긴 둥근 황금빛을 보았다.

노크에서 일어난 성모님 발현은 다른 발현과 많은 차이가 있는데 먼저 성모님이 어떠한 메시지도 남기지 않으셨다. 따라서 침묵의 성모님으로 불리기에 우리는 발현의 정확한 의미를 추정해야 한다. 그

교구 성당 남쪽 벽에 발현하신 성모님과 성 요셉, 사도 성 요한, 제단 위에 있는 어린양과 십자가, 그리고 그 주위를 날아다니는 6명의 천사

리고 유일하게 성모님이 성 요셉, 사도 성 요한 등 성인들과 함께 나타나신 발현으로, 발현 시 제대와 어린양, 복음서가 나타난 것과 6명의 천사가 날개를 펴고 날아다닌 것도 특이하다. 성모님의 발현은 마거릿 부인의 딸 21세 마거릿 번이 성당의 문을 닫으면서 건물의 반대편이 환하다고 느꼈던 7시 30분부터 빛이 점점 어두워지면서 완전히 모든 것이 사라진 9시 30분까지 2시간 정도 진행되었다. 다른 자료에서는 저녁 7부터 9시까지 진행되었다는 설명이 있으며, 노크 성지 홈페이지에는 정확한 시간은 없고 저녁에 2시간 동안 진행되었다는 설명만 있다. 메리 매클로플린은 대부제 카버나에게 달려가 자신이 본 형상에 대하여 전달하였다. 이날 이후 1880년 1월 2일과 5일, 6일에도 성모님의 발현이 일어났다는 기록이 있으나 공식적으로 확인받지는 못한 상태이다.

발현 장소

노크Knock라는 지명은 아일랜드어로 언덕을 뜻하는 크노크Cnoc에서 온 것으로, 예부터 이곳은 마리아의 언덕으로 불렸다고 한다. 실제로 노크 마을은 주변 지역이 훤히 내려다보이는 언덕 위 가장 높은 곳에 자리하고 있다.

노크도 아일랜드 전역을 휩쓴 제2차 감자 기근을 피해 가지 못하고 큰 타격을 받았다. 감자밭은 쑥대밭이 되고 허름한 농가만 남아 빈촌 중 빈촌이 되었다. 사람들이 줄줄이 죽어 나가고 다른 곳으로 다 떠나 버린 1879년, 노크에는 단 열여덟 가구만 남았다. 이 작은 마을이 곤궁과 고립 속에서 더 이상 존속하기란 아무래도 어려워 보였다. 이때 성모님은 21년 전 프랑스의 가장 가난한 산골 마을인 루르드에서 발현하셨던 것처럼, 그보다 더 가난한 데다가 절망적인 상태에 빠져 있던 노크에서 발현하셨다. 마을 이름 노크처럼 삶에 지친 아일랜드인들이 믿음과 기도로 하느님이 계신 하늘에 노크를 하였고, 하느님은 성모님의 발현이라는 선물로 아일랜드에 응답하신 것이라고 생각할 수 있다.

성모님이 발현하신 정확한 장소는 교구 성당인 세례자 성 요한 성당의 외부 남쪽 벽이며, 교구 성당 내부에서 볼 때는 제단이 있는 쪽의 벽에 해당한다. 성모님의 발현 이후 수많은 순례자들이 교구 성당 남쪽 벽 앞에 모여 축복을 기원하며 기도를 드렸다. 지팡이 없이 걷지 못하던 사람들이 기도 끝에 치유되어 걸어 놓은 지팡이가 남쪽 벽에 한가득 걸려 있었다. 사람들이 날로 더 모여들고 남쪽 벽의 의미가 중요해지자 교회는 성모님의 발현을 기념하는 경당을 이 남쪽 벽에 연결하여 새로 만들었다.

아래에 있는 사진과 같이 우측 부분이 기존의 교구 성당이며 여기에 덧붙여 만든 좌측 부분이 새로 건립된 발현 기념 경당이다. 교구 성당 제단의 바로 건너편에 발현 기념 경당의 제단이 있어 하나의 벽을 놓고 두 제단이 위치하게 되었는데 아마도 전 세계에서 이러한 경우는 처음일 것이다. 게다가 교구 성당의 남쪽 벽과 만나는 발현 기념 경당 제단 부분의 외벽을 유리로 처리하여 경당 제단을 외부에서도 볼 수 있다. 그리고 경당 제단에는 발현 당시 성모님을 비롯하여 성 요셉, 사도 성 요한, 제단 위 양과 천사 등 주위에 있었던 모든 것들을 그대로 재현하여 그때의 감동을 지금도 생생히 느낄 수 있다. 또한 발현 기념 경당은 교구 성당의 삼각형 지붕을 그대로 연장하여 건축하였기에 정면에서 보면 삼각형 건물로 보이며, 경당 전면도 유리로 처리하여 내부가 훤히 들여다보인다.

교구 성당 남쪽 벽에 발현 기념 경당이 연결되어 있다.

시현자

노크에서 성모님의 발현을 목격한 사람들은 대부분 같은 동네 사람들이다. 통상 성모님의 선택을 받으면 영안이 열리고, 그 영안을 통해서만 성모님을 볼 수가 있었다. 그래서 성모님을 목격한 시현자 수는 과달루페 1명, 레자이스크 1명, 파리 뤼 뒤 박 1명, 로마 프라테 성당 1명, 루르드 1명, 필리포프 1명 등으로 매우 적은 것이 일반적이다. 그러나 노크는 특이하게 집단으로 성모님을 목격한 사례이다. 노크의 시현자들은 남성 4명, 여성 6명, 10대 소년 3명, 어린아이 2명으로, 최연소 5세 존 커리John Curry부터 최고령 74세 브리짓 트렌치Bridget Trench까지 매우 다양하였다. 대성당의 대형 벽화에는 19명의 시현자가 그려져 있는데 자료에 따라 시현자 수는 14~19명으로 나오고 있다. 그러나 대성당 내부 기둥에는 시현자 15명의 이름과 나이가 적혀 있기 때문에 시현자를 15명으로 보는 것이 정확할 것이다.

시현자 중에는 번Byrne 가족이 제일 많다. 어머니 마거릿, 딸 메리와 마거릿, 아들 도미닉과 패트릭, 친척 캐서린 등이 발현 장소에 같이 있었는데, 이로 인해 발현에 부정적인 사람들로부터 번 가족이 담합했거나 집단 환각 증상을 보인 것으로 의심을 받기도 하였다. 그리고 성모님이 시현자 중 누군가를 지정하여 메시지를 남기시지도 않아서 주목할 만한 시현자가 없다는 것도 통상의 발현과 다른 점이다. 두 달 후 시현자들은 발현을 조사하는 위원회에서 자신이 본 내용을 자세히 증언하였으며 서면으로도 제출하였다. 시현자들의 증언을 통하여 우리는 성모님이 발현하셨을 때의 상황을 보다 정확하게 알 수 있는데, 그 증언 문서가 현재 노크 성지 내에 있는 박물관에 소장되어 있다.

발현 기념 경당. 전면이 유리로 되어 있어 내부 제단이 들여다보인다.

아일랜드의 모후 노크의 성모 대성당 모자이크화
성모님의 발현이 묘사되어 있다.

아일랜드 노크 265

공인 과정

성모님의 발현에 대한 최초의 언론 보도가 아일랜드와 영국에서 나오자 노크를 찾는 순례자가 급증하였고 치유의 기적이 일어나기 시작했다. "노크에서는 잠을 잘 수 있는 침대나 의자를 찾을 수 없다. 사실 작고 초라한 마을이지만 의자에서 잠을 자는 수수료가 무려 1실링 6펜스나 되었다"라는 말이 나올 정도였다. 첫 번째 기적은 6세 이후로 청각장애를 앓고 있던 여인이 경당을 방문하는 동안 청력을 다시 회복한 사례이다. 또한 10년 동안 앞이 보이지 않았던 마이클 앤스버러와 존 매캐너도 시력을 완전히 회복하였고, 메이 프렌더개스트는 오랜 세월 동안 걸을 수 없었는데 그를 성모님이 발현하신 남쪽 벽 앞에 있는 의자에 앉히자 다른 사람의 도움 없이 즉시 걷게 되었다. 이렇게 노크 성지는 치유의 기적이 많이 일어난 곳으로 유명하지만 루르드 성지처럼 공식 기관에 의한 검증 과정을 따로 두지는 않았다. 그러나 대부제 카버나가 1880년 말 노크에서 일어난 300여 건의 치유 기적에 관해 자신의 일기에 기록해 놓았고 훗날 출판도 하였다.

1879년 10월 8일 투암 교구의 존 맥 헤일 대주교는 조사 위원회를 구성하여 3명의 신부를 파견하고 시현자들을 조사하였다. 시현자들의 적극적인 협조로 위원회는 그들의 증언이 모두 신뢰할 만하며 만족스럽다는 보고서를 작성했다. 그리고 57년 후인 1936년 토머스 패트릭 길마틴 대주교는 다시 조사 위원회를 구성하여 재조사를 진행했는데 위원회는 그때까지 살아 있던 시현자 2명의 증언을 다시 확인하고 긍정적인 결론을 내렸다. 그 후 교황이 적극적인 지지 의사를 표명하여 교황청의 인정이 이루어졌다.

① 1974년 6월 6일 교황 바오로 6세가 아일랜드의 모후 노크의 성

위 1979년 발현 100주년을 기념하여 성지를 방문한 교황 요한 바오로 2세가 대성당에서 신자들을 축복하고 있다.
가운데와 아래 2018년 성지를 방문한 교황 프란치스코가 발현 기념 경당에서 묵상하고 있다.

모 대성당의 초석을 직접 축복하였다.

② 1979년 9월 30일 역대 교황 중 최초로 아일랜드를 순방한 교황 요한 바오로 2세가 성모님 발현 100주년을 기념하기 위하여 노크 성지를 방문하고 성지 성당을 대성당으로 승격하였으며, 성모님께 교황의 공인과 공경을 표시하는 황금 장미와 기념 초를 봉헌하였다. 이 기념 행사에는 45만 명이 넘는 순례자들이 함께하였다.

③ 2018년 8월 26일 교황 프란치스코가 아일랜드 사목 순방 중에 이곳을 방문하여 세상의 모든 가정을 위해 기도를 바치고 황금 묵주를 봉헌하였다.

교황 요한 바오로 2세가 봉헌한 황금 장미와 기념 초, 교황 프란치스코가 봉헌한 황금 묵주는 현재 교구 성당과 발현 기념 경당이 마주하고 있는 벽면 하단의 유리관에 보관되어 있어 노크를 방문한 사람은 누구나 직접 볼 수 있다. 또한 1993년 6월 5일 마더 테레사 수녀가 성지를 방문했을 때는 5만 명 이상의 순례자가 운집했다.

왼쪽 1993년 성지를 방문한 마더 테레사
오른쪽 교황 요한 바오로 2세가 봉헌한 황금 장미

발현 의미

　1877년 제2차 감자 기근으로 다시 사람들이 굶어 죽기 시작하자 아일랜드 국민들은 큰 충격에 빠졌다. 그리고 그 끔찍한 기근이 다시 생긴 것은 하느님이 자신들을 버리시어 더는 그분 백성이 아니기 때문이라고 생각하게 되었다. 그동안 수많은 난관 속에서도 가톨릭 신앙을 의지하여 견뎌 온 아일랜드 국민들은 삶의 의지를 상실하고 모든 것을 포기하였다. 이렇게 미래와 희망이 사라진 아일랜드에 기적처럼 성모님이 발현하신 것이다. 발현하신 성모님은 어떤 메시지도 남기지 않으셨지만 아일랜드인들에게는 성모님이 나타나신 것 자체가 바로 메시지였다. 하느님이 아일랜드를 버리신 게 아님을 확인한 것으로 충분하였다. 아일랜드인들은 다시 그분 백성으로 돌아왔으며 그들의 신심은 더 깊어졌고 미래에 대한 희망도 다시 생겨났다. 성모님이 발현하시자 3년 동안 이어진 지독한 기근도 사라졌다. 바로 이것이 성모님에 대한 아일랜드의 신심이 다른 어떤 가톨릭 국가와도 비교되지 않는 이유이다. 그들은 노크를 성스럽게 여기며, 여느 성모님 성지 못지않은 대규모 성지로 조성하였다. 또한 성모님을 아일랜드의 모후로 칭하며, 독립을 향한 갈망을 가득 담아 성모님께 열렬히 기도를 드렸다.

　성모님이 노크에서 발현하신 장면은 그리스도교 신앙의 본질을 상징적으로 보여 주는 것으로 해석된다. 바로 신앙의 원형이신 성모님과 교회의 헌신적인 수호자인 성 요셉, 하느님 말씀의 선포자인 사도 성 요한, 그리고 예수 그리스도를 상징하는 제대 위 어린양의 모습을 통해 성찬례의 중요성을 보여 주는 것이다. 그리하여 노크의 발현은 미사의 중요성을 일깨우는 계기가 되었다고 한다.

성지 소개

노크 성지는 면적으로 보면 성모님 발현 성지 중 가장 넓으며, 세계 3대 발현 성지와 비교해도 손색이 없다. 세계적으로 널리 알려지지는 않았지만 아일랜드 내 최고의 성지로 인정받고 있다. 성지에는 5곳의 성당과 경당을 비롯하여, 사목 센터, 박물관, 서점, 카페, 숙박 시설, 대규모 묘지 등 다양한 시설이 있다. 5곳의 성당과 경당은 아일랜드의 모후 노크의 성모 대성당, 교구 성당과 발현 기념 경당, 성체 경당, 지하에 만들어진 화해(reconciliation) 경당이다. 발현 기념 경당 제단에 설치된 성모상은 1960년 로렌초 페리 교수가 이탈리아산 흰색 카라라 대리석으로 조각한 것이다. 해마다 100만 명이 넘는 순례자가 성지를 방문하자 1976년 몬시뇰 제임스 호런은 12,000명을 수용할 수 있는 대성당을 완공하여 축성하였다. 정면에 인상적인 첨탑이 솟아 있는 대성당은 정육각형으로 생긴 독특한 평면으로 되어 있어 대형 모자이크 벽화가 있는 면을 제외한 나머지 다섯 면에 신자들이 앉을 수 있다. 모자이크 벽화는 이탈리아에서 제작된 150만 개의 개별 모자이크로 구성된 것으로, 유럽에서 가장 큰 작품이다.

화해 경당은 1988년 건축 공모에 의해 설계되고 건립되어 땅속에 위치한 지하 경당이다. 여기서 화해란 다름 아닌 인간이 고해를 통하여 주님과 일치를 이루는 행위이며, 이는 성지 순례에서 무엇보다 중요한 부분을 차지한다. 화해 경당으로 진입하면 모든 벽이 문으로 되어 있는데 이 문이 모두 다 고해실로 들어가는 문이다. 세계 어느 성지에서도 이렇게 많은 고해실은 없는데, 고해실마다 많은 사람들이 주님과의 화해를 위하여 대기하고 있다. 5곳의 성당과 경당을 순례한 다음에는 많은 조각물과 함께 조경이 잘되어 있는 뜰에서 산책을 하는

<성지 전경>
① 아일랜드의 모후 노크의 성모 대성당
② 발현 기념 경당
③ 세례자 성 요한 성당(교구 성당)
④ 십자가의 길
⑤ 사목 센터
⑥ 서점
⑦ 성체 경당
⑧ 박물관
⑨ 화해 경당

교구 성당 외부과 내부. 교구 성당의 제단 뒤에 있는 창문이 곧 새로 세운 발현 기념 경당 제단의 창문이 된다. 양쪽 제단이 하나의 창문을 공유하는 것이다.

것도 좋다.

대성당에서 길을 따라 내려가면 단층 건물의 박물관을 만날 수 있는데, 많은 자료가 소장되어 있어 노크의 발현을 이해하는 데 도움이 된다. 성지 입구 쪽에는 십자가의 길이 잘 만들어져 있으며, 바로 옆에 사목 센터가 있으니 여기도 들러서 관련 자료 등을 받아 보자. 하루 이상 머물 경우 성지에서 운영하는 노크 하우스 호텔(68개 객실 보유)이 인근에 있으니 이를 이용하는 것도 괜찮다. 성지 외곽에는 대규모 묘지가 조성되어 있는데 이곳에는 성모님의 발현을 목격한 시현자들이 안장되어 있다. 성지를 나오면 성물을 파는 상점들이 많이 있으니 둘러보기를 권한다.

성지 찾아가는 방법

노크로 가기 위해서는 먼저 아일랜드의 수도 더블린으로 가야 한다. 더블린으로 가는 방법은 프랑스 파리나 영국 런던의 공항에서 항공편을 이용하는 것이 가장 편리하다. 더블린 공항에 도착하면 공항버스를 이용하여 골웨이Galway로 간다(2시간 반 소요). 공항버스로는 매시 15분에 출발하는 시티링크City Link와 매시 45분에 출발하는 고 버스Go Bus가 있는데 시간에 맞는 것으로 선택한다. 골웨이에 도착한 후 그곳에서 64번 버스를 이용하면 노크로 갈 수 있다(1시간 20분 소요). 64번 버스의 경우 하루에 4번(8:45, 14:10, 16:00, 20:15) 노크를 경유하여 슬라이고Sligo로 가는데, 혹시 시간이 맞지 않을 경우에는 52번 버스를 타고 노크의 인근 도시인 클레어모리스Claremorris까지 이동한 후 시내버스나 택시를 타고 노크로 간다.

* 구글맵에서 찾기: Basilica of Our Lady of Knock 입력

화해 경당

성지에 조성된 조경의 규모가 대단하다. 산책을 추천한다.

십자가의 길

화해 경당의 고해실

인근 성지 소개 - 더블린

아일랜드는 세계에서 가톨릭 신앙이 가장 독실한 국가로, 국민의 90% 이상이 가톨릭 신자이며 주일 미사 참석률은 85%에 이른다. 따라서 아일랜드의 수도 더블린에는 가톨릭 성지가 많을 수밖에 없다. 더블린에서 가장 유명한 성지는 성 패트릭 대성당이다. 패트릭은 아일랜드의 수호성인으로 그리스도교로 개종한 사람들에게 세례를 주었고 이를 기념하기 위하여 성당을 세운 것이다. 1192년 석조로 건축된 성당은 초기 영국의 고딕양식 건축물로서 화려한 바닥 타일과 멋진 스테인드글라스로 장식되어 있다. 걸리버 여행기를 쓴 조너선 스위프트의 묘지가 이곳에 있으며, 1742년 헨델의 오라토리오「메시아」가 초연되기도 하였다.

더블린은 가톨릭의 평신도 사도직 단체인 레지오 마리애가 창립된 곳이기도 하다. 프랭크 더프는 1921년 9월 7일 프란치스코 거리에 있는 마이러 하우스에서 첫 주회합을 열고 레지오를 창설하였다. 병원 방문 봉사를 시작으로 1922년 탈성매매 여성을 위한 산타 마리아 기숙사, 1927년 남성 노숙인 등을 위한 샛별 기숙사, 1930년 미혼모와 여성 노숙인 등을 위한 천상의 모후 기숙사를 건립하였다. 레지오 마리애의 이 같은 10년간의 활동이 널리 알려지자 1931년 교황 비오 11세는 프랭크 더프를 직접 만나 지원을 약속하였다. 그리고 1932년 더블린 성체대회와 1962년 열린 제2차 바티칸공의회를 통해 레지오 마리애는 전 세계로 전파되어 각 나라마다 설립되었고, 가난하고 소외된 사람들을 위한 봉사 활동을 지금까지 활발히 전개하고 있다. 모닝스타 애비뉴에 위치한 레지오 마리애 세계 본부인 꼰칠리움을 방문하면 프랭크의 집, 샛별 기숙사, 천상의 모후 기숙사도 볼 수 있다.

성 패트릭 대성당

트리니티 대학 도서관. 영화 「해리 포터」의 촬영지로 유명하다.

레지오 마리애 세계 본부

프랭크 더프의 집

첫 주회합이 열린 마이러 하우스

마이러 하우스 2층에는 전용 주회합실이 있어, 상설 제대가 마련되어 있다.

아일랜드 노크

CHAPTER 13

포르투갈 파티마
FÁTIMA (1917)

개요

파티마는 멕시코 과달루페, 프랑스 루르드와 함께 세계 3대 성모님 발현 성지로 연간 400만 명 이상의 순례자가 방문하는 곳이다. 파티마 성모님은 묵주기도의 성모님으로 불리며, 비밀 메시지를 통해 세 가지 예언을 하시어 전 세계의 관심을 받았다. 포르투갈 공화정의 가혹한 박해로 가톨릭교회가 고사 위기에 몰렸을 때 성모님이 파티마에서 발현하시어 포르투갈 가톨릭이 다시 회복되었으며, 신자들은 묵주기도를 바치며 다시 열렬한 신심을 되찾아 하느님께 돌아왔다. 비오 6세, 요한 바오로 2세, 프란치스코 등 여러 교황이 방문했으며, 성모님의 발현을 목격한 시현자가 성인품에 올랐다.

시대적 배경

1900년을 전후해서 포르투갈에 반군주주의와 반종교주의를 주창하는 세력이 등장하여, 1910년 제1공화정 시대를 열었다. 새로운 공화국은 왕족, 귀족, 교회를 비이성적인 집단으로 매도하여 왕족의 가계를 없애고 귀족의 칭호를 폐지하였으며 교회를 박해하는 등 공포정치를 감행하였다. 그리고 새로운 공화국의 첫 번째 조치로 종교 지도자를 추방하고 교회의 재산을 몰수하였으며 수도회를 해산하였다. 1911년에서 1916년 사이 적어도 1만 7천 명의 성직자와 수도자가 살해되었으며, 이 박해는 1917년까지 이어져서 거의 모든 교회가 문을 닫고 일부만 남아 겨우 명맥을 유지하고 있었다. 이제 포르투갈에는 두려움만 남고 종교는 죽었다고 여겨졌다. 게다가 1916년 포르투갈이 제1차 세계대전에 참전하며 경제적 어려움은 더욱 가중되었다. 이렇듯 포르투갈과 가톨릭 모두가 풍전등화의 위기에 빠져 있을 때, 1917년 성모님이 황폐하고 바위투성이인 작은 마을 파티마에서 발현하셨다.

파티마는 이슬람 공주의 이름으로, 12세기 포르투갈의 곤살로 성주는 국토 회복을 위하여 이슬람과 전쟁을 하던 중 파티마를 포로로 잡았는데 그녀와 사랑에 빠졌다. 성주는 가톨릭으로 개종한 파티마 공주와 결혼을 하였으나 1년 만에 공주는 세상을 떠났고 낙담한 성주는 수도원으로 들어갔다. 수도원 원장은 작은 마을에 새 수도원을 설립한 후 곤살로를 수사로 파견하였으며 파티마의 유해도 새 수도원으로 옮겨졌다. 이런 연유로 수도원이 생긴 작은 마을은 파티마 공주의 이름을 따서 파티마로 불리게 되었다. 성모님은 무슬림과 그리스도인의 극적인 사랑과 화해가 이루어진 이곳 파티마에서 발현하셨다.

성모님의 발현

평화의 천사 발현 – 1916년 봄에서 가을까지

성모님의 발현이 일어나기 1년 전인 1916년, 소년의 모습을 한 천사가 강렬한 빛과 함께 세 명의 시현자에게 세 차례 나타났다. 첫 번째와 세 번째는 카베수 언덕에서, 두 번째는 루치아네 집 우물에서 나타났다. 천사는 "무서워하지 마라. 나는 평화의 천사이다. 나와 함께 기도하자"라고 하며 기도할 내용과 방법을 알려 주었고, 세 아이는 열심히 기도하였다. 이어 천사는 "기도하여라! 예수님과 성모님의 지극히 거룩하신 성심은 특별한 자애로 너희를 통해 큰일을 하시려고 생각하고 계신다"라며 앞으로 성모님의 발현이 있을 것을 미리 알려 주었다. 그리고 두 번째 나타나서는 고통을 받아들이고 인내할 것을 요구하였다. 세 번째에는 성찬식을 하며 루치아에게는 성체를, 히야친타와 프란치스코에게는 성혈을 영해 준 다음 기도를 바치고 사라졌다. 세 아이는 천사와의 만남을 누구에게도 말하지 않고 마음에 간직하였다.

첫 번째 발현 – 1917년 5월 13일

1917년 5월 13일 일요일, 3명의 아이, 곧 10세 루치아 두스 산투스Lúcia dos Santos와 그 사촌 9세 프란치스코 마르투Francisco Marto, 7세 히야친타 마르투Jacinta Marto가 양을 돌보며 점심을 먹고 묵주기도를 마치자 성모님이 발현하셨다. 코바 다 이리아로 불리는 목초지에 갑자기 번개와 같은 섬광이 내리치며 작은 참나무 위로 여인이 나타났다. 여인은 매우 아름다웠으며 나이는 열여덟 살 정도로 보였는데 무엇인지 생각에 잠긴 듯한 슬픔이 배어 있었다. 여인은 흰색 겉옷에 두 발까지 내려오는 흰색 베일을 두르고 있었으며 합장한 손에 묵주가 들려 있었다. 여인이 "두려워하지 마라. 나는 너희를 해치지 않을 것이다"라고 말하자 루치아가 물었다. "당신은 어디서 오셨나요? 저희에게 무엇을 원하세요?" 이에 여인이 "나는 하늘에서 왔단다. 나는 너희가 매달 13일 이 시간에 여기로 나와 줄 것을 부탁한다. 내가 누구이며 무엇을 원하는지는 나중에 말해 주겠다. 너희는 자신을 하느님께 바치고 죄인들의 회개를 위해 하느님께서 주시는 고통을 참을 수 있겠느냐?"라고 묻자 모두 그렇게 하겠다고 답했다. 여인은 전쟁의 종말과 세계의 평화를 위하여 매일 묵주기도를 드리라고 말한 후 하늘로 사라졌다.

두 번째 발현 - 6월 13일

발현 사실이 동네 사람들에게 알려져 20~30명이 따라왔다. 그러나 그들은 루치아의 목소리만 들었을 뿐 성모님의 모습을 볼 수도, 목소리를 들을 수도 없었다. 루치아가 "저에게 무엇을 바라십니까?"라고 묻자 성모님은 "다음 달 13일에 다시 여기로 오너라. 날마다 묵주기도를 드리는 것을 잊지 말아야 한다. 그리고 너희들이 읽고 쓸 줄 알게 되기를 바란다"라고 말씀하셨다. 루치아가 "저희를 천국으로 데려가 주십시오"라고 청하자 "그래, 머지않아 프란치스코와 히야친타를 데리러 오겠다. 그러나 너는 오랫동안 이 세상에 있어야 한다. 그리스도는 너를 통해서 이 세상 사람들이 나를 알고 나를 사랑하게 되기를 바라신다"라고 답하셨다. 루치아가 "그럼 저 혼자만 남게 되나요?"라고 묻자 "걱정하지 마라. 나는 절대로 너를 버려두지 않을 것이며 너를 하느님께 인도하겠다"라고 답하셨다. 루치아가 주로 질문하고 성모님이 답을 하는 대화가 15분 정도 이어진 후 성모님은 동쪽 하늘로 사라지셨다.

왼쪽 파티마 성모상 오른쪽 참나무 위에 발현하신 성모님과 세 명의 시현자

세 번째 발현 – 7월 13일

　성모님의 발현 소식이 널리 전해지자 무려 5~6천 명의 사람들이 몰려왔다. 성모님이 발현하시자 루치아의 지시로 군중은 무릎을 꿇었다. 주변 사람들의 권유로 루치아가 발현의 증거를 청하자 여인은 답하기를 "10월에는 내 이름과 내 희망을 알리겠다. 그리고 누구나 너희들의 말을 믿도록 큰 기적을 행할 것이다. 너희들은 죄인들을 위해 희생을 하여라"라고 하셨다. 그리고 성모님은 끔찍한 지옥의 모습을 보여 주시고 아무에게도 말하면 안 된다고 당부하시며 인류 운명과 직결되는 세 가지 비밀을 말씀해 주셨다. 이 중 첫 번째 비밀과 두 번째 비밀은 교회의 요청을 받아 1941년 8월에 쓰인 루치아의 세 번째 회

고록에 의해 세상에 알려졌고, 세 번째 비밀은 오랜 세월이 지난 2000년 5월이 되어서야 알려졌다. 첫 번째와 두 번째 비밀은 다음과 같다.

첫 번째 비밀(지옥에 대한 환시): 너희들은 가난한 죄인들의 영혼이 가는 지옥을 보았다. 하느님께서 나의 성심에 대한 헌신을 세상에 세우기를 바라시며 그것이 이루어진다면 많은 영혼이 구원받을 것이고 평화가 오며 전쟁(제1차 세계대전)은 끝날 것이다.

두 번째 비밀(티 없이 깨끗하신 성모 성심): 만일 사람들이 여전히 하느님을 거역하며 회개하지 않는다면 다음 교황(비오 11세) 때 더 나쁜 일(제2차 세계대전)이 일어나게 될 것이다. 만일 세상 사람들이 내 요청에 귀를 기울인다면 러시아의 개종과 평화를 보게 될 것이요, 그렇지 않는다면 러시아가 그 잘못된 사상을 세상에 퍼뜨려 전쟁을 일으키고 교회를 박해할 것이며 많은 나라가 멸망할 것이다. 그러나 결국 최후에는 나의 성심이 승리할 것이다. 교황은 러시아를 나에게 봉헌할 것이고, 러시아는 회심할 것이며 평화의 시대가 허락될 것이다.

네 번째 발현 - 8월 19일

성모님의 발현과 계시에 대한 내용이 알려지자 수천 명의 사람들이 파티마로 순례를 오기 시작하였다. 순례자가 급증하자 1917년 8월 13일 지방 정부 행정관은 이 초자연적인 현상을 포르투갈을 분열시키기 위한 정치적인 술책으로 믿고 순례를 금지시켰다. 당국은 아이들이 코바 다 이리아에 도착하기 전에 체포하여 감금하고 심문하였으며 끓는 기름 가마 속에 한 명씩 산 채로 집어넣겠다는 협박까지 하였으나 어린 3명의 시현자는 죽기를 각오한 침묵으로 성모님과의 약속을 지켰다. 이때 코바 다 이리아에는 1만 8천 명이나 되는 군중이 모여 있었으나 아이들이 없어서 발현은 더 이상 진행되지 않았다.

8월 19일 성모님은 감금 후 풀려난 세 아이에게 발리뉴스에 있는 목초지에서 발현하시어 "죄인들을 위해 기도하고 희생을 바쳐라. 그리고 모인 봉헌금을 묵주기도 축일을 축하하는 데 사용하고 나머지는 경당 건축비로 사용하거라. 다음 달 13일에도 코바 다 이리아로 와야 한다. 그리고 매일 묵주기도를 바치거라"라고 말씀하시고 여느 때와 같이 동쪽 하늘로 사라지셨다.

다섯 번째 발현 - 9월 13일

수확기로 바쁜 와중에도 무려 3만 명의 군중이 모였다. 다섯 번째로 발현하신 성모님은 전쟁의 종결을 위하여 묵주기도를 계속하여 바치고 봉헌금의 반을 성당 건축비로 사용하라고 하시며 다음 달 13일에는 큰 기적을 보여 주시겠다고 약속하셨다. 루치아가 성모님의 말씀을 사람들에게 전달하였다.

여섯 번째 발현 - 10월 13일(마지막 발현, 태양의 기적)

오전부터 엄청난 폭우가 쏟아져 땅은 진흙탕이 되었고 사람들은 검은 우산을 썼지만 비에 몸이 젖어 심한 한기를 느낄 정도였다. 코바 디 이리아에는 신자와 일반인들, 그리고 기자들까지 포함하여 약 7만 명이 모였고 이들은 묵주기도를 바치며 성모님이 요청하신 대로 매 단마다 찬미가를 불렀다. 정오가 지나자 루치아가 "빛, 저곳에… 그분이 보입니다!"라고 외쳤다. 그러자 향 연기와 비슷한 작은 구름이 아이들 주변에서 피어나 공중 5~6m 높이까지 떠올랐다.

마지막으로 발현하신 성모님은 "나는 묵주기도의 성모이다"라고 말씀하셨다. 이어 "거룩한 묵주기도를 열심히 바치고 죄를 통회하고 보속하기를 권하러 왔다. 그리고 나의 영광을 위하여 이곳에 성당을 짓기 바란다. 인류가 마음을 새로이 하고 회개한다면 머지않아 전쟁은 끝날 것이다"라고 말씀하셨다. 그리고 아이들과 작별을 고하시고 태양을 가리키면서 그쪽 하늘로 올라가셨다. 루치아는 군중을 향해 소리쳤다. "태양을 보십시오!" 비가 그치고 새벽부터 하늘을 덮었던 구름도 사라지며 태양이 은으로 된 원반처럼 하늘 한가운데에 나타났지만 눈이 부시지는 않았다. 태양이 불 수레처럼 회전하면서 황색, 홍색, 청색, 자색 등 여러 가지 색의 광선을 발산하였고 지상의 모든 것이 이 광선의 색으로 물들었다.

잠시 후 태양은 하늘을 가로질러 갈지之자 모양으로 움직이다가 땅 위의 군중을 향해 엄청난 속도로 떨어지더니 다시 제자리로 돌아갔다. 태양의 회전은 10분 동안 계속되었으며, 이를 본 군중은 "기적이다! 기적이야!", "우리는 하느님을 믿습니다!", "우리를 불쌍히 여기소서!", "복되신 동정 마리아여!", "묵주기도의 성모님이시여, 포르투갈을 구하소서!" 하고 저마다 소리 높여 외쳤다. 방금 전까지 쏟아졌던 비로 흠뻑 젖었던 옷이 강한 열기를 받은 듯 순식간에 말라 있었고 진흙 바닥도 어느새 말라 있었다. 이 현상은 40km 떨어진 인근 마을에서도 목격되었는데, 이때 천문학자들은 태양 관측상 별다른 이상 징후를 감지하지 못하였다고 한다. 이 전대미문의 기적은 의심할 여지 없이 자비하신 성모님께서 파티마의 세 아이들을 통하여 당신이 전한 메시지가 특별히 중요한 것임을 알리기 위하여 이루어진 것임에 틀림없다.

태양의 기적을 바라보는 군중

왼쪽 코바 다 이리아에 모인 7만 명의 군중
오른쪽 「일루스트라사오 포르투게사」 1917년 10월 29일 자 기사

발현 장소

　1917년 파티마는 3,500명 정도의 농부들이 살고 있던 작은 마을로, 포르투갈 내에서도 잘 알려지지 않은 보잘것없는 곳이었다. 이 지방의 땅은 주로 자갈밭에 바위투성이였는데, 큰 샘도 없고 개천도 없어 농작이 어려웠으며, 그나마 양을 치는 것이 유일한 소득원이었다. 게다가 1916년 포르투갈이 제1차 세계대전에 참전하자 이 작은 마을의 경제적 어려움은 더욱 가중되었다. 1858년 프랑스의 루르드, 1879년 아일랜드의 노크에서 그러셨던 것과 같이 성모님은 포르투갈에서 가장 가난한 곳, 미래의 희망조차 사라진 곳인 파티마에서 발현하신 것이다.

　성모님은 6번의 발현 중에서 5번은 코바 다 이리아에서, 1번은 발리뉴스에서 나타나셨다. 코바 다 이리아는 움푹 파여 경사진 지형으로 양을 주로 방목하던 곳이었다. 성모님은 작은 참나무 위에 발현하셨는데, 현재 그 나무는 남아 있지 않다. 성모님이 발현하실 때마다 몰려온 수많은 순례자들이 너도 나도 그 나무의 가지를 잘라 가는 바람에 살아남기가 어려웠던 것이다. 이제 그 나무가 있던 자리에 성모님의 발현을 기념하는 경당이 들어서 있다.

　발현 기념 경당 중앙에는 파티마 성모상이 유리관 속에 모셔져 있는데 바로 그 자리가 성모님이 발현하신 참나무가 있던 위치이다. 발현 기념 경당에서는 주로 순례자들을 위하여 묵주기도 봉헌이 진행되는데, 특히 매일 밤 9시 30분에 진행되는 봉헌과 그 후 이어지는 촛불행진은 매우 경건하고 성모님을 느낄 수 있는 의미 있는 시간이므로 꼭 체험하기를 권한다.

광장 발현 기념 경당. 멀리 보이는 둥근 건물은 지극히 거룩하신 삼위일체 대성당이다.

발현 기념 경당 내부. 중앙의 유리관 속에 파티마 성모상이 모셔져 있다.

시현자

　루치아는 1907년 5월 파티마의 가난한 농부의 집 1남 4녀의 막내로 태어났다. 다른 시현자인 프란치스코는 1908년에, 히야친타는 1910년에 11명의 자녀 중 열 번째와 열한 번째 아이로 태어났다. 세 아이는 친척 관계였고 살고 있는 집도 매우 가까운 곳에 위치하여 수시로 만나 많은 시간을 보냈다. 파티마에서는 나이가 차서 밭으로 나가 일을 하게 되면 그다음 아이가 양 떼를 돌보는 일을 맡았는데, 루치아가 양 떼를 맡게 되자 프란치스코와 히야친타는 부모를 졸라 루치아와 함께 양 떼를 돌보게 되었다. 발현 이후로는 죄인들의 회개를 위하여 희생을 바치라는 성모님의 요청에 따라 하루 종일 허리에 굵은 밧줄을 묶고 더운 날에도 물을 마시지 않았으며 점심을 굶고 대신 묵주기도를 바치며 기도하였다.

루치아 두스 산투스

　발현을 목격한 이후 루치아는 어머니와 언니로부터 많은 구박을 받았다. 어머니는 루치아가 성모님의 발현에 대해 거짓말을 한다고 여겨 사실을 고백하라고 종용하였다. 게다가 이웃들은 수많은 사람들이 몰려들면서 밭이 다 망가지고 농사를 망쳤다며 루치아에게 손해를 배상하라고 요구하였다. 세 명의 시현자 중 나이가 제일 많은 루치아는 통상 시현자가 늘 받아 왔던 모욕과 박해를 혼자 짊어져야 했다. 10월 13일 태양의 기적과 함께 성모님의 발현은 어느 정도 사람들의 인정을 받았지만 루치아는 더욱 어려운 입장에 처하게 되었다. 방문객들의 뻔뻔스러운 부탁과 늘 똑같은 질문들, 교묘하고 무례한 말들에 시달려야 했다. 정부에서 나온 조사원은 루치아의 말을 무조건 거짓

성모님 발현을 목격한 세 아이. 키 큰 소녀가 루치아(1907~2005), 작은 소녀가 히야친타(1910~1920), 그리고 소년이 프란치스코(1908~1919)이다.

말로 치부하여 사실을 말하라고 다그치며 협박했다. 성모님은 이러한 사실을 미리 아시고 발현하실 때마다 시현자에게 고통을 참아야 한다고 당부하셨던 것이다.

프란치스코와 히야친타가 선종하자 레이리아 교구의 새 주교인 조제 알베스 코헤이아 다 실바는 루치아를 군중으로부터 떨어뜨려 놓는 것이 옳겠다고 판단하여, 1921년 비밀리에 성 도로테아 수녀회의 기숙학교로 보냈다. 그러면서 어디로 가는지, 자신이 누군지, 파티마 발현에 대해서도 함구할 것을 지시했다. 그 후 루치아는 1925년 스페인 폰테베드라에 있는 성 도로테아 수녀회에 입회하여 지원자로 머물다가, 1926년 투이로 옮겨 수련기에 들어갔고, 같은 곳에서 1928년 수도서원을, 1934년 종신서원을 하였다. 그때까지 루치아는 13년 동안 가족과 헤어져 지내며 주교의 지시를 따랐다. 1935년 12월 첫 회고록을 쓰기 시작하여 1993년 3월까지 여섯 권의 회고록을 남겼다. 1948

년 3월 루치아는 교황 비오 12세의 허락으로 포르투갈 코임브라에 있는 가르멜 수도원으로 옮겨 가서 기도와 속죄의 삶을 살다가, 2005년 2월 13일 98세로 선종하였다. 루치아의 유해는 2006년 2월 파티마로 옮겨져서 묵주기도(로사리오)의 성모 대성당에 안치되었다.

프란치스코와 히야친타

프란치스코와 히야친타 남매도 루치아처럼 부모에게 발현에 대한 추궁을 당하는 등 고통을 받았지만, 머지않아 자신들이 죽는다는 사실과 자주 묵주기도를 드려야 천국에 갈 수 있다는 성모님의 말씀을 기쁘게 받아들였다. 프란치스코는 성모님의 모습을 보았지만 그분의 목소리를 듣는 은총은 받지 못했다. 하지만 두 소녀 못지않게 성모님께 충실하였고, 성모님의 요청에 따라 희생할 수 있는 방법을 찾아내어 실천하였으며, 기도를 바칠 때는 자신을 부르는 소리도 듣지 못할 만큼 열심이었다. 프란치스코는 스페인독감에 걸려 첫영성체와 병자성사를 동시에 받는 축복 속에 1919년 4월 4일 11세의 나이로 선종하였다. 성모님이 예언하신 대로 히야친타도 독감과 그 합병증으로 1920년 2월 20일 밤 리스본의 한 병원에서 가족도 없이 병자성사도 받지 못한 채 10세의 나이로 선종하였다.

1989년 교황 요한 바오로 2세는 이들을 가경자로 공식 선언하였으며, 2000년 5월 13일에는 직접 파티마를 방문하여 시복하였다. 히야친타는 이때까지 순교하지 않고 복자품에 오른 사람들 중 가장 나이가 어렸다. 2017년 교황 프란치스코는 파티마를 방문하여 파티마 성모님 발현 100주년을 기념하고 남매를 시성하였다. 그리고 루치아 수녀도 포르투갈 교회에 의해 시복시성이 추진되고 있다.

교구 성당

왼쪽부터 교구 성당 광장에 있는 프란치스코와 히야친타의 성상과 파티마 성모상

왼쪽 히야친타와 루치아의 묘소 **오른쪽** 프란치스코의 묘소

공인 과정

발현 이후 포르투갈 전 국민이 파티마에 주목하였으며, 수많은 순례자가 파티마를 방문하였고, 냉담자와 신앙이 없었던 사람들의 회심이 수없이 일어났다. 1918년 2월 포르투갈의 주교들이 리스본에 모여 교황 베네딕도 15세에게 포르투갈의 가톨릭 교세가 증가한 사실을 알렸다. 이에 교황은 같은 해 4월 친서로 답하였는데, 그 내용에 파티마가 언급되어 있고 포르투갈 국민에게 성모님의 자비가 내린 것이라며 미래에 대한 희망을 담았다. 그리고 1918년 파티마가 소속되어 있던 레이리아 교구는 다시 회복되었다. 1919년 10월 13일에는 살아날 가능성이 전혀 없다고 선고받은 병자가 파티마로 순례를 온 후에 완치되는 기적이 일어났고, 이 소식이 포르투갈 전역에 퍼졌다.

가톨릭 신자 모두가 교회 당국의 공식적인 성명을 요구하였고 성모님 발현에 대하여 의심을 품는 이는 더이상 없었다. 1920년 8월 포르투갈 신학교의 조제 알베스 코헤이아 다 실바 교수가 레이리아 교구의 주교로 부임하였다. 그는 1922년 5월 성모님 발현에 대한 조사 위원회를 구성하였으며, 1930년 10월 13일 문서를 통하여 "발현의 중요성과 믿음의 가치를 선언하고 파티마 성모님의 공경을 공식적으로 허락한다"고 선언하여 성모님 발현을 공인하였다. 같은 해 교황의 대사大赦가 순례자에게 주어지면서 파티마 성모님에 대한 공경은 세계적으로 확산되었고 성모님이 처음 발현하신 5월 13일을 파티마의 복되신 동정 마리아 기념일로 정하였다. 특히 성모님의 첫 발현일인 5월 13일과 마지막 발현일인 10월 13일에 파티마의 순례는 최고조에 이른다고 한다.

이후 파티마는 프랑스의 루르드, 멕시코의 과달루페와 함께 세계

3대 성모님 발현 성지로 인정받으며, 해마다 수백만 명의 순례객이 방문하고 있고, 여러 교황들이 파티마를 순방하고 축복하였다.

① 1946년 5월 13일 교황 비오 12세가 파티마 성모님께 왕관을 봉헌하였다.

② 1967년 5월 13일 교황 바오로 6세가 발현 50주년을 기념하여 파티마를 순방하였으며 루치아 수녀와도 면담하였다.

③ 교황 요한 바오로 2세가 1982년, 1991년, 2000년 3차례 순방하였다.

④ 2010년 5월 13일 교황 베네딕도 16세가 프란치스코와 히야친타의 시복 10주년을 기념하여 순방하였다.

교황 바오로 6세 성상

교황 비오 12세 성상

파티마와 교황 요한 바오로 2세

성모님이 7월 13일에 알려 주신 세 번째 비밀은 루치아에 의해 문서로 작성되어 밀봉된 다음 교황청에 보내졌고, 83년 동안 오직 교황만 열람하고 일반에 공개되지 않았다. 1960년 루치아는 "1960년에는 성모님의 비밀 메시지가 더욱 확실해질 것입니다"라며 세 번째 비밀을 공개하여 줄 것을 교황청에 요청하였지만 어떠한 발표도 없이 1960년이 지나가자 온갖 억측이 쏟아졌다.

2000년 5월 13일 교황 요한 바오로 2세는 파티마를 찾아가 그동안 철저하게 비밀에 부쳐 왔던 파티마의 세 번째 비밀을 공개하였다. 파티마에서 요한 바오로 2세와 루치아 수녀가 10분간 면담한 이후 거행된 미사가 끝나자 교황청 국무원장 안젤로 소다노 추기경은 50만 명의 군중 앞에서 세 번째 비밀이 교황 요한 바오로 2세를 향한 저격이라고 발표하였다. 마지막 환시에 대하여 추기경은 "하얀 옷차림의 주교가 십자가를 향해 순교자들의 시신 사이로 걷다가 총탄을 맞고 쓰러지는 것이었다"라고 하면서, 교황이 지난 1981년 파티마 성모님이 발현하신 날짜인 5월 13일에 바티칸 성 베드로 광장에서 피격을 받은 사건을 의미한다고 설명하였다.

교황은 죽음의 문턱에서 살아난 것이 모두 성모님 덕분이었다고 했으며 피격 직후 병원 침대에서 파티마의 세 번째 비밀이 담긴 봉인 봉투를 가져오게 했다. 교황은 그 즉시 티 없이 깨끗하신 성모 성심께 온 세상을 봉헌하기로 마음 먹고 직접 「의탁 기도문」이라 이름을 붙인 기도문을 작성하였다. 파티마의 지극히 거룩하신 삼위일체 대성당 앞에는 파티마와 매우 인연이 깊었던 교황 요한 바오로 2세의 성상이 있는데, 그 기단에는 교황의 행적과 관련한 주요 일자가 표시되어 있다.

왼쪽 교황 요한 바오로 2세 성상 전면
오른쪽 우측 기단에는 교황과 관련한 주요 일자가 표시되어 있다.

WADOWICE 1920.05.18	ROMA 1978.10.16	ROMA 1981.05.13
FÁTIMA 1982.05.13	ROMA 1984.03.25	FÁTIMA 1991.05.13
FÁTIMA 2000.05.13	ROMA 2005.04.02	

1920년 5월 18일: 폴란드 바도비체에서 출생하였다.

1978년 10월 16일: 교황직에 즉위하였다.

1981년 5월 13일: 파티마의 세 번째 비밀의 내용과 같이 피격을 받았다.

1982년 5월 13일: 1981년 성모님의 도움으로 피격에서 목숨을 구한 고마움을 표하기 위해 파티마를 방문하였다.

1984년 3월 25일: 바티칸 성 베드로 광장에서 교황 요한 바오로 2세가 전 세계에서 모인 주교들과 함께 파티마 성모님께 온 인류와 모든 나라를 봉헌하는 예식을 거행하였다.

1991년 5월 13일: 성모님이 파티마에서 첫 번째로 발현하신 5월 13일에 파티마를 다시 방문하였다. 1991년은 러시아 공산당이 붕괴한 해이다. 파티마 성모님이 예언하신 내용이 그대로 이루어진 것이다.

2000년 5월 13일: 21세기 첫 파티마의 복되신 동정 마리아 기념일에 다시 파티마를 방문하여 프란치스코와 히야친타 남매를 시복하였다.

2005년 4월 2일: 로마에서 선종하였다.

러시아에 대한 성모님의 메시지

1917년 7월 13일 세 번째로 발현하신 성모님은 러시아가 전 세계에 잘못된 사상을 퍼뜨리고 전쟁을 일으키며 교회를 박해할 것이라는 메시지를 주셨지만 그 당시 어느 누구도 이 내용을 제대로 이해하지 못하였다. 1917년 러시아에서는 2월 혁명이 일어나 황제 니콜라이 2세가 폐위되고 러시아제국은 사라졌으며 2개월 후 러시아 공화국이 들어섰다. 하지만 사회는 계속 혼란스러운 상태에 머물렀고 6개월 후 1917년 11월 7일 레닌을 중심으로 하는 볼셰비키(구 소련 공산당의 별칭) 세력에 의한 무장봉기로 러시아 공화국은 전복되었다. 레닌은 국내의 적대 세력을 진압하고 1922년 12월 인류 역사상 최초의 사회주의 정권인 소련(소비에트연방)을 결성하였다. 레닌의 궁극적인 목표는 세계 최초 공산주의 제국을 건설하기 위하여 전 세계에 공산주의를 퍼뜨리는 것이었다. 이러한 방향은 레닌이 사망한 이후에도 소련의 근본적인 정책으로 계속 이어졌다. 파티마의 첫 번째와 두 번째 비밀이 출간된 1942년에도 서구권은 소련 공산당이 전 세계를 정복하려는 의도가 있다는 것을 눈치채지 못했다. 1924년 레닌이 죽자 소련의 지도자가 된 스탈린은 대숙청을 통하여 독재 정권을 확립하였고 개인의 자유를 억압하였다. 소련은 제2차 세계대전으로 큰 피해를 입자 연합국에게 보상을 요구하여 대부분의 동구권 국가들을 확보하였다. 그리고 그 국가들에 공산주의 정권을 수립한 후 인접국을 다시 침략하는 전략을 세우며 공산주의 제국을 실현하려는 목표를 달성해 갔다.

1917년부터 1931년까지 14년 동안 소련 공산당은 소련 내 가톨릭교회에 대하여 체계적이고 지속적인 파괴를 자행하였는데 이 기간 동안 681개의 교구와 980개의 성당이 파괴되었다. 그리고 160만 명의 신자가 체포되거나 추방 또는 살해되었다. 또한 1954년부터 소련이 동구권 국가들을 합병하기 시작한 후 15,700명의 사제들에게 다른 직업을 갖도록 강요했으며 3,334개의 신학교가 해체되었고, 1,600여 개의 수도원이 국유화되었으며 31,779개의 교회가 폐쇄되었다. 또한 레닌 집권 7년 동안 2천만 명, 스탈린 집권 30년 동안 4천6백만 명이 살해되었다. 이상의 사실을 통해서 성모님이 왜 그렇게 러시아와 공산주의에 대하여 걱정을 하셨는지 알 수 있다.

1985년부터 이어진 고르바초프의 개혁, 개방 정책에 의하여 자유화 물결이 일어났고, 1989년 11월 9일 베를린장벽이 무너지며 동독과 서독이 통일되었다. 1991년 옐친이 급진적인 개혁을 단행하여 마침내 공산주의는 붕괴하고 소련은 해체되었다. 이런 과정에 앞서 1952년 7월 7일 교황 비오 12세는 교황 교서를 통하여 러시아와 그 백성을 성모님께 봉헌하였다. 이 모든 것이 파티마 성모님이 예언하신 그대로 이루어진 것이다.

발현 의미

코바 다 이리아에서 성모님이 보여 주신 기적은 가는 곳마다 화제가 되었고, 선조 대대로 물려받은 가톨릭 신앙으로 돌아가자는 민중 운동이 일어났다. 성모님이 예언하신 대 전쟁(제1차 세계대전)이 성모님 발현 1년 후인 1918년 11월 독일의 항복으로 끝났다. 1920년 5월 13일 최초의 파티마 성모상 축성식이 거행되었을 때 이를 저지하려고 동원된 군대가 순례자와 군중에게 밀려나는 일도 벌어졌다. 1922년 정부의 금지령에도 불구하고 6만 명의 순례단이 벌인 국민 시위 운동이 성공리에 끝났다. 그리고 포르투갈 가톨릭을 무자비하게 박해했던 제1공화정도 1926년 5월 28일 군사 쿠데타로 사라졌다. 1929년 5월 포르투갈의 새로운 대통령 카르모나는 장관 안토니우 드 올리베이라 살라자르와 함께 파티마를 순례하고 포르투갈 전 국민과 정부를 묵주기도의 성모님께 봉헌하였다.

1930년 5월 13일 성모님 발현 13주년(발현일이 13일이라 13이란 수를 중시한다)에는 파티마에 30만 순례자가 모였으며, 10월 13일에 10만 명이 넘는 순례자 앞에서 레이리아 교구 주교가 발현을 공인하였다. 묵주기도 신심이 전국으로 퍼져 나갔으며 포르투갈의 주교를 비롯하여 온 국민들은 1938년 파티마 성모님께 드리는 대규모 감사 축제를 개최하였고, 2년 후인 1940년 포르투갈과 로마 교황청이 우호조약을 맺으며 드디어 포르투갈 가톨릭이 당당하게 회복되었다. 성모님은 전 세계 가톨릭 신자에게도 다시금 신심을 회복하는 방향을 제시해 주셨다. 평화를 위하여 날마다 묵주기도를 올리라는 메시지와 주님을 위하고 죄인들의 회개를 위하여 일정 부분의 고통을 인내하여야 한다는 메시지는 신자들의 신앙생활을 이끌어 주는 의미 있는 가르침이었다.

1946년 미국 언론인 존 해퍼트는 포르투의 도로테아 수녀원으로 찾아가 루치아 수녀와 대화를 나누었다. 그가 "공산주의가 회개하고 세계 평화를 가져오기 위해 우리는 구체적으로 무엇을 해야 하며, 성모님은 무엇을 원하십니까?"라고 묻자 루치아 수녀는 "매일 자신의 모든 의무를 성모님께 봉헌하고 그 봉헌을 생활화하는 것입니다"라고 답했다. 존은 즉시 루치아 수녀의 도움과 레이리아 교구 주교의 승낙을 얻어 푸른 군대(Blue Army)를 창설하였다. 푸른 군대는 파티마의 세계 사도직이라고도 불리며, 파티마 성모님의 메시지에 따라 복음의 가르침을 충실히 지키며 세상에 복음을 전파하는 역할을 수행하고 있다.

묵주기도의 성모님 발현 100주년 기념 미사. 교황 프란치스코가 참석하여 프란치스코와 히야친타를 시성하였다. 프란치스코와 히야친타의 성화가 걸려 있다.

프란치스코의 묘소에서 기도하는 교황 프란치스코

성지 소개

파티마 성지는 중심 성지(대성당과 경당 등이 있는 성지)와 시현자 성지(시현자의 생가와 발리뉴스가 있는 성지), 그리고 교구 성당이 있는 성지로 구분할 수 있다. 파티마 버스터미널에서 중심 성지까지는 거리가 400m 정도로 걸어서 갈 만큼 가깝지만 시현자 성지는 동쪽으로 3km, 교구 성당은 4km 정도 떨어져 있다. 우선 중심 성지에는 대로변에 원형으로 지은 지극히 거룩하신 삼위일체 대성당이 있으며, 성지 내로 들어가면 발현 기념 경당과 묵주기도의 성모 대성당이 있고, 그 밖에도 여러 관련 시설과 성상이 있다. 지극히 거룩하신 삼위일체 대성당에서 발현 기념 경당까지는 참회의 길이 놓여 있는데, 무릎걸음으로 가면서 참회의 기도를 바치면 치유의 기적이 일어난다고 하여 늘 많은 사람들이 무릎을 꿇고 그 길을 걷는다.

성지의 맨 안쪽에 위치한 신고전주의 양식의 묵주기도의 성모 대성당은 1953년 10월 13일에 봉헌되었으며, 1954년 대성당으로 승격되었다. 전면에는 64m 높이의 첨탑이 있으며, 내부 스테인드글라스에는 파티마 발현 내용이 그려져 있고, 제단 좌우측에는 시현자 3명의 묘소도 있다. 1928년 대성당 건축을 시작하며 대규모 광장도 같이 조성되었는데 최대 30만 명까지 수용할 수 있다고 한다.

2007년 10월 12일에는 파티마 발현 90주년을 기념하여 지극히 거룩하신 삼위일체 대성당이 봉헌되었는데, 세계에서 4번째로 규모가 큰 성당이다. 2004년 6월 착공하여 총 공사비 8,000만 유로를 순례자들이 전액 기부하여 만들었다. 원형의 외관을 가진 이 대성당은 길이 95m, 너비 115m, 높이 20m이며 수용 규모는 약 8,500석이다. 교황 요한 바오로 2세가 기증한 초석은 성 베드로의 묘소에서 나온 것으

<성지 지도>
① 발현 기념 경당 ② 참회의 길
③ 묵주기도의 성모 대성당 ④ 프란치스코와 히야친타의 성상
⑤ 참나무 ⑥ 예수성심상
⑦ 교통의 성모 피정의 집 ⑧ 사제관
⑨ 가르멜산의 성모 피정의 집 ⑩ 베를린장벽 전시관
⑪ 대형 십자가 ⑫ 교황 바오로 6세 동상
⑬ 교황 비오 12세 동상 ⑭ 지극히 거룩하신 삼위일체 대성당
⑮ 교황 바오로 6세 사목 센터 ⑯ 십자가의 길
⑰ 발리뉴스 ⑱ 평화의 천사가 발현한 장소
⑲ 프란치스코와 히야친타의 생가
⑳ 루치아의 생가

로, 바티칸 성 베드로 대성당을 건설할 때도 사용되었던 대리석 조각이다. 입구에는 세계에서 가장 큰 묵주가 걸려 있는데, 묵주기도의 성모님 발현 100주년을 기념하기 위하여 만들어진 것이다.

지극히 거룩하신 삼위일체 대성당 주위에는 파티마를 세 차례나 방문한 교황 요한 바오로 2세, 1946년 파티마 성모상의 대관식을 위하여 라디오로 메시지를 낸 교황 비오 12세, 1967년 성모 발현 50주년을 기념하여 파티마를 방문한 교황 바오로 6세의 조각상이 있다. 광장 주위로는 프란치스코와 히야친타의 성상, 베를린장벽 전시관 등을 볼 수 있으며, 묵주기도의 성모 대성당 회랑에는 십자가의 길이 있다. 광장 중앙에는 높은 기둥 위에 예수성심상이 서 있다. 성모님이 발현하신 성지지만 그 모든 것이 그리스도의 영광과 재림을 위한 과정이니 예수성심상이 성지 한가운데 있는 것은 당연할 것이다.

시현자 성지로 가면 카베수 언덕에는 평화의 천사가 성체와 성작을 들고 있고 그 앞에서 세 시현자가 무릎을 꿇고 기도를 바치는 모습의 성상이 있다. 그 근처에는 시현자들이 감금에서 풀려났을 때 성모님이 네 번째로 발현하신 발리뉴스가 있고, 파티마 성모상을 모신 발다키노도 거기 있다. 십자가의 길이 큰길에서부터 발리뉴스와 카베수까지 이어지니 그 길을 걸으며 평화의 천사와 성모님이 발현하신 장소를 둘러볼 수 있다. 발리뉴스에서 500m 거리에는 세 시현자의 생가가 보존되어 있다. 루치아의 생가와 프란치스코, 히야친타의 생가는 서로 200m 떨어져 있는데, 시현자들의 침대도 그대로 있어 당시 모습을 자세히 볼 수 있다. 루치아의 생가 근처에는 세 시현자와 천사의 성상이 세워져 있어 천사가 나타난 우물을 쉽게 찾을 수 있고, 끝으로 교구 성당으로 이동하면 시현자들이 세례받은 곳을 만나 볼 수 있다.

대성당 내부. 제단 좌우측에 세 시현자의 묘소가 있다.

왼쪽 예수성심상 오른쪽 지극히 거룩하신 삼위일체 대성당 입구의 대형 묵주와 십자가

루치아의 생가

프란치스코와 히야친타의 생가

왼쪽 발리뉴스에 있는 성모상 **오른쪽** 카베수 언덕에서 세 아이에게 나타난 천사

밤 9시 30분, 발현 기념 경당에서 묵주기도를 마치고 성지 광장을 돌고 있는 촛불 행렬

성지 찾아가는 방법

성지는 포르투갈 수도 리스본에서 버스를 타고 가는 것이 가장 편리하다. 지하철을 타고 동물원역(Jardim Zoológico)에서 내리면 바로 앞에 버스터미널(Terminal Rodoviário Sete Rios.)이 있다. 파티마는 버스의 종착지가 아니라 경유지이기 때문에 중간에 내려야 한다. 파티마 버스터미널은 성시와 매우 가까운 곳에 위치하여 성지를 찾아가는 것이 어렵지는 않으나, 모든 성지를 걸어서 찾아다니는 것은 힘이 드니 꼬마 기차 이용을 권한다. 꼬마 기차를 타면 대성당이 있는 중심 성지만 아니라 세 시현자의 생가와 성모님이 네 번째로 발현하신 발리뉴스, 교구 성당까지 모두 돌아볼 수 있다.

* 구글맵에서 찾기: Sanctuary of Our Lady of Fatima 입력

CHAPTER 14

벨기에 보랭
BEAURAING (1932)

개요

벨기에 남동부에 위치한 보랭은 프랑스와 맞닿은 국경 지대 마을로 성모님이 발현하시기 전까지는 지도에도 없던 곳이었다. 벨기에인들이 전쟁 위협과 대공황으로 경제적인 위기에 처하자 마르크스주의에 매혹되어 냉담에 빠지는 등 벨기에 가톨릭이 위기에 처했을 때 성모님이 발현하신 성지이다. 발현 당해에만 200만 명이 방문하였으며, 성지가 조성된 이후 10개월 동안 170만 명이 방문하여 루르드보다 더 많은 방문 기록을 보유하고 있다. 다음 15장에 소개할 바뇌와 더불어 벨기에인들의 가톨릭 복귀와 일치라는 의미 있는 결실을 보여 준 성지이다.

시대적 배경

제1차 세계대전 당시 독일은 1914년 8월 벨기에를 침략하여 영토의 대부분을 점령한 후, '벨기에의 강간'이라 불리는 민간인 학살을 자행했다. 전쟁 중에 적어도 6천 명의 민간인들이 살해당했으며, 1만 5천 명에서 2만 명 정도의 민간인들이 강제 이주와 기아, 구금으로 사망하였다. 전후 벨기에는 파리강화회의에서 독일과 벨기에 사이에 중립지대를 만들고, 제1차 런던조약의 중립 보장을 확실히 하였다.

그렇지만 독일에서 히틀러가 등장하며 다시 정세가 불안해졌다. 히틀러는 1921년 국가사회주의 독일 노동자당 당수가 되었으며, 1932년에는 대통령 선거에서 36.8%까지 득표하였다. 히틀러는 베르사유조약의 파기, 강한 독일의 재건, 사회 정책의 대대적 확장을 주장하였고 1933년 드디어 독일 총리가 되었다. 한편 러시아는 1917년 세계 최초의 사회주의 국가를 세우고, 1922년 주변국을 흡수하여 소련, 즉 소비에트 사회주의 공화국 연방을 결성하였고, 이후 사회주의 이념이 유럽을 비롯한 전 세계에 퍼지게 되었다.

벨기에는 제1차 세계대전을 치른 바 있는 알베르 1세가 여전히 왕권을 지키고 있는 가운데, 독일의 변화에 불안을 느껴 소련의 사회주의에 대한 관심이 증가했다. 제1차 세계대전 때 독일과 프랑스 사이에 위치하여 전쟁터가 된 리에주와 나무르의 경우, 이러한 경향이 더 심해져 가톨릭 신자들이 냉담에 빠졌으며 가톨릭을 증오하는 이들까지 생겨났다. 더군다나 1929년 대공황이 시작되며 경제까지 어려워지자 대부분의 사람들이 마르크스주의에 매혹되었으며, 이에 가톨릭에 반대하는 사회주의자들이 득세하였다. 이렇게 벨기에와 가톨릭이 곤경에 빠져 있을 때 보랭에서 성모님이 발현하셨다.

성모님의 발현

보랭에서 성모님은 1932년 11월 29일부터 1933년 1월 3일까지 36일 동안 저녁 6시에서 10시 사이에 거의 날마다 발현하시어, 당신의 모습을 33번이나 보여 주셨다. 드장브르Degeimbre 가족의 14세 앙드레Andrée와 9세 질베르트Gilberte, 그리고 부아쟁Voisin 가족의 15세 페르낭드Fernande와 13세 질베르트Gilberte, 11세 알베르Albert라는 5명의 아이들이 성모님의 발현을 목격하였다.

11월 29일 화요일, 아버지의 요청으로 페르낭드와 알베르는 수녀원 부속 학교에서 수업을 받고 있는 질베르트를 데리러 가면서 이웃집 친구인 앙드레와 작은 질베르트를 불러 같이 갔다. 저녁 6시 반경 아이들은 수녀원에 도착하여 루르드 마사비엘 동굴을 본떠 만든 성모 동굴이 있는 정원에 들어섰다. 알베르가 먼저 달려가 초인종을 눌렀다. 수녀님이 질베르트를 데리고 나오기를 기다리다가 알베르가 문득 고개를 돌렸는데, 정원 옆을 지나가는 철도 교량 위에 강렬히 빛나는 아름다운 여인이 있는 것이 보였다. 여인은 0.5m 정도 공중에 떠서 철도 제방 위를 걸어 다녔는데 두 발은 구름에 가려져 있었다. 다른 아이들과 막 수녀원에서 나온 질베르트도 빛나는 여인을 보았으나, 질베르트와 함께 나온 발레리아 수녀에게는 아무것도 보이지 않았다. 발현을 목격한 아이들은 두려운 마음에 집으로 도망쳤고, 부모에게 이 사실을 알렸지만 믿어 주지 않았다.

11월 30일 수요일, 같은 시간에 네 아이가 평상시와 같이 질베르트를 데리러 갔다가 빛나는 여인을 또다시 보았다. 여인은 제방 위를 걷다가 내려와서 성모 동굴 쪽으로 갔다. 아이들이 이 사실을 부모에게 다시 말했지만 부모는 화를 내며, 누군가가 아이들을 겁주려고 하는 짓으로 여겼다.

　12월 1일 목요일, 발현에 관한 이야기가 온 마을에 퍼졌다. 드장브르네 어머니는 아이들을 놀려 먹는 사람을 찾으려고 수녀원에 함께 갔다. 아이들은 수녀원의 성모 동굴 가까이에서 흰옷에 흰 베일을 쓰고 구름 위에 서 있는 여인을 다시 보았는데, 여인의 머리에서 황금빛 광선이 나와 마치 왕관을 쓴 것 같았다. 아이들은 즉시 무릎을 꿇고 성모송을 외웠다. 그러나 어머니를 비롯한 어른들에게는 아무것도 보이지 않았고, 그래서 어머니가 막대기로 사방을 휘저으며 동굴 쪽으로 가자 아이들이 "엄마, 더 이상 앞으로 가지 마세요. 바로 앞에 여인이 있어요!"라고 소리치자 여인은 사라졌다.

　12월 2일 금요일, 아이들이 같은 시간 같은 곳에서 다시 여인을 목격하였다. 여인은 20세 정도로 보였고 미소가 아름다웠다. 오른팔에 묵주가 들려 있고, 두 손은 마치 기도를 바치는 것처럼 합장하고 있었는데, 이후에는 항상 그곳에서 나타났다. 여인의 키에 대해서는 90~120cm라고 나오는 자료도 있고 단순히 작았다고 하는 자료도 있는데 대부분의 자료에는 언급되어 있지 않다. 아이들은 무릎을 꿇고 성모송을 바쳤다. 알베르가 물었다. "당신은 원죄 없이 잉태되신 성모님인가요?" 그러자 그분은 미소를 지으며 그저 고개만 끄덕이셨다. 알베르가 다시 "무엇을 원하시나요?"라고 묻자, 성모님이 처음으로 입을 열어 "항상 선해야 한단다"라고 답하셨다.

　그런 다음 성모님은 사라지셨다가 얼마 후 다시 발현하시어 항상 선할 것이냐고 물으셨고, 앙드레가 "네, 우리는 항상 선할 것입니다!"라고 큰 소리로 답하였다. 성모님은 두 팔로 아이들을 안아 주시는 듯한 모습을 보이시고 사라지셨다. 아이들이 이 사실을 본당신부 람베

발현 당시 성모 동굴의 모습. 현재는 남아 있지 않다.

르토에게 전하였으나, 신부는 아이들이 머리로 상상한 것을 마치 정말로 보고 들은 것처럼 착각한다고 여겨 관심을 두지 않았다.

　12월 4일 일요일에도 아이들은 눈이 먼 노인, 그리고 장애가 있는 아이와 함께 수녀원 정원에 있는 성모 동굴에 가서 묵주기도를 바쳤다. 말을 제일 많이 했던 알베르가 성모님께 두 사람을 치유해 달라고 요청하였으나 성모님은 치유 대신 저녁마다 여기 와서 기도하라고 말씀하셨다. 그날부터 많은 사람들이 와서 아이들과 함께 기도를 드렸다. 마을 사람들은 성모님의 모습을 보지 못하였지만 아이들의 눈에는 보였다. 점점 더 많은 사람들이 몰려왔다. 성모님은 아이들에게 원죄 없이 잉태되신 복되신 동정 마리아 대축일(12월 8일)에 꼭 오라고 말씀하셨다.

　12월 5일 월요일, 많은 사람들이 몰려왔다. 알베르가 치유의 기적을 보여 달라고 요청하였으나 성모님은 침묵하셨고 아이들은 실망하

아이들에게 발현하신 성모님. 루르드 마사비엘 동굴을 본떠 만든 성모 동굴과 성모상이 뒤에 보인다.

여 울음을 터뜨렸다.

   12월 6일 화요일, 성모님이 발현하신 지 일주일이 되는 날이었다. 많은 사람들이 몰려왔으며 성모님은 당신을 위한 대축일인 8일에 다시 오라고 요구하셨다. 벨기에 언론사들이 기자를 보내 성모님 발현과 관련한 기사를 보도하기 시작했으며 아이들과 보랭 주민들이 수많은 인터뷰 요청을 받았다. 이제 벨기에 전역에서 보랭 성모님의 발현을 알게 되었다.

   12월 8일 목요일, 성모님이 말씀하신 날이라서 이전보다 많은 15,000명 정도의 군중이 몰려왔고 그들은 큰 기적을 기대하였다. 아이들도 부모와 함께 6시 10분경 수녀원에 도착하여 무릎을 꿇고 묵주기도를 바쳤다. 성모님은 찬란한 빛을 발하며 나타나셨는데, 작은 질베르트가 울음을 터뜨렸다. 옆에 있던 한 의사가 왜 우느냐고 묻자 질베르트는 "성모님이 너무 아름다워서요"라고 답하였다.

이후 아이들은 1시간 30분 동안 탈혼 상태에 빠졌다. 의사 메스트리오와 그의 요청을 받은 몇몇 의료진이 참여하여 아이들을 검사하였다. 아이들을 꼬집고 때려도, 눈에 불빛을 비춰도, 심지어 불이 붙은 성냥을 손에 올려놓거나 날카로운 핀으로 찔러 보아도 아무 반응이 없었으며 아무 상처도 나지 않았다. 묵주기도 마지막 단을 바치자 성모님은 사라지셨다. 아이들은 부모님과 분리되어 수녀원에 가서 의사에게 심문을 받았고 며칠 동안 교차 심문 과정이 반복되었다.

12월 17일, 성모님이 당신이 서 계신 자리에 많은 사람들이 순례를 올 수 있도록 작은 경당을 세우기를 원한다고 말씀하셨다.

12월 21일, 성모님이 "나는 원죄 없이 잉태된 동정녀 마리아이다"라고 당신의 신분을 밝히신 다음, 머지않아 마지막으로 나타날 것이라고 말씀하셨다.

12월 23일, "당신은 여기에 왜 오셨습니까?"라고 묻자, 성모님은 "나는 사람들이 순례를 올 수 있게 하려고 왔다"라고 답하셨다.

12월 24일, 성탄 전야에 6천여 명의 군중이 몰려왔다. 그들이 치유의 기적을 요청하였으나 기적은 일어나지 않았고, 성모님의 발현도 짧게 끝났다.

12월 29일 목요일, 성모님이 당신의 두 팔을 펼치시어 가슴에서 빛줄기가 주위로 퍼져 나가는 황금 성심을 보여 주셨다. 그것은 티 없이 깨끗하신 성모 성심이었고, 그로써 보랭 성모님은 '황금 성심의 성모'(Virgin with the Golden Heart)로 불리게 되었다.

12월 30일, 성모님은 "기도하여라, 기도하여라, 많이 기도하여라"라고 말씀하셨다.

12월 31일, 성모님은 아이들에게 당신의 황금 성심을 다시 드러내 보이시며 항상 기도하라고 말씀하셨다.

1933년 1월 1일, 성모님은 큰 질베르트에게 "항상 기도하여라"라고 하시고, 마지막 발현은 이틀 후에 있을 것이라고 하셨다.

1월 2일, 성모님은 "나는 내일 너희 각자에게 따로따로 비밀을 이야기해 주겠다"라고 말씀하셨다.

1월 3일, 성모님의 발현 마지막 날, 3만 5천 명의 군중이 모였다. 성모님이 발현하시자 아이들은 기쁨에 넘쳐 환성을 질렀다. 성모님은 약속하신 대로 아이들에게 저마다 따로 비밀을 말씀해 주셨다.

먼저 앙드레에게는 "나는 하느님의 어머니요 하늘의 여왕이다. 항상 기도하여라. 잘 있거라"라고 말씀하셨다. 큰 질베르트에게는 "나는 죄인들을 회개시키겠다. 잘 있거라"라고 하셨고, 알베르와 작은 질베르트에게는 간단하게 "잘 있거라"라고 하셨다.

그때까지 페르낭드는 아무것도 보지 못하고 듣지 못하여 외톨이로 남아 낙담하고 있었다. 바로 그 순간 사람들은 천둥 같은 소리를 들었고, 비로소 페르낭드에게도 성모님이 보였다. 성모님은 페르낭드와 다음과 같이 대화를 나누셨다. "너는 나의 아들을 사랑하느냐?" "네." "너는 나를 사랑하느냐?" "네." "너는 나를 위하여 너 자신을 희생하여라." 성모님은 페르낭드에게 작별의 표시로 황금 성심을 보여 주시며 "잘 있거라"라고 말씀하신 후 사라지셨다. 이상의 내용은 총 33번의 발현 중에 중요한 18번의 발현을 정리한 것이다.

성모님이 발현하신 자리에 성모상을 세우고 정원을 조성하였다. 성모상 뒤로 산사나무가 있고, 멀리 철도 교량과 제방이 보인다.

보랭 성모상 성모님이 부여 주신 황금 성심이 그 특징이다.

벨기에 보랭

발현 장소

　독일이 전쟁을 일으킬 경우 벨기에는 바로 전쟁터가 될 것이 분명했다. 독일과 프랑스 파리가 직선으로 연결되는 통로에 위치한 리에주와 나무르는 그 피해를 가장 많이 받을 수밖에 없어, 인근 주민들은 불안에 떨 뿐이었다. 더구나 대공황의 여파로 주민들의 경제적 사정은 예전보다 더 어려워졌다. 이 같은 불안과 고통을 겪으며 주민들은 사회주의에 관심을 기울였고, 결국 가톨릭에 냉담해져 적대적인 태도를 보였다. 이와 같이 많은 사람들이 물질적으로나 정신적으로 어려운 상황에서 그릇된 선택을 하고 있을 때 성모님은 나무르 인근의 가난한 마을 보랭에서, 게다가 가톨릭에 냉담하고 사회당을 추종하던 사람들의 자녀들에게 발현하셨다.

　성모님은 처음 2번은 수녀원 옆에 있는 철도 제방 위에서, 다음 31번은 수녀원 정원에서 발현하셨는데, 당시 모습을 그린 그림(312쪽 오른쪽)을 보면 정확한 위치를 알 수 있고, 그림을 통하여 5명의 아이들과 성모님의 모습(왕관, 황금 성심, 묵주, 복장, 손의 위치, 허리띠가 없는 것, 작은 구름 등)을 확인할 수 있으며 주변 배경도 파악할 수 있다. 그림에서 뒤쪽으로 철도의 교량과 제방이 보이고, 오른쪽에는 루르드 마사비엘 동굴을 본떠 만든 성모 동굴이 보이며, 가운데는 산사나무 앞쪽으로 빛나는 성모님이 위치하여 있는 것이다. 그림에 의하면 성모님이 발현하신 장소는 현재 야외 정원에서 성모상이 세워져 있는 위치로 보는 것이 정확하다. 당시의 성모 동굴은 이제 남아 있지 않아 더 이상 볼 수 없는데, 언제 없어지게 되었는지 정확히 알 수는 없다. 5명의 아이들은 성모님의 발현이 다 끝난 후에도 매일 야외 정원을 방문하여 묵주기도를 바쳤다.

발현 기념 경당. 외부에 제단을 설치하여 야외 미사를 진행할 수 있다.

발현 기념 경당 내부

1946년 8월 22일 나뮈르 교구의 앙드레마리 샤뤼 주교가 정원에 성모상을 세우고 축성하였다. 그리고 성모님이 발현하신 위치에서 30m 떨어진 곳에 발현 기념 경당이 건립되었는데, 1947년 8월 22일 착공하여 1954년 8월 21일 봉헌되었다. 발현 기념 경당 외부 측면에는 앞서 나온 사진과 같이 야외 미사를 할 수 있는 제대가 마련되어 있어 날씨가 좋을 경우에는 여기서 미사를 봉헌한다. 물론 경당 내부에도 제대가 꾸며져 있다.

시현자

보랭의 시현자들은 이전의 시현자들이 성직자나 수도자가 되거나 성모님의 메시지를 널리 알리는 소명에 평생을 바친 것과는 다른 모습을 보여 준다. 그들은 모두 결혼하였으며 보통 사람들과 같은 평범한 삶을 살았다. 이런 비범하지 않은 모습도 우리 신자들이 살아가는 삶의 한 방식이라는 의미에서 한편으로 안도감이 든다. 루르드의 베르나데트나 파티마의 루치아처럼 성모님의 발현을 목격한 시현자로서 평생 사람들에게 시달리며 자유롭게 살지 못하고 먼 곳에서 타향살이하며 고독하게 살아가다가 생을 마감하는 모습은 감동스러운 동시에 안쓰러운 연민이 들기도 한다.

그런 의미에서 시현자가 5명이나 되는데도 그중에서 단 한 명도 가족과 떨어져 살지 않았으며, 모두 자신에게 주어진 평범한 삶을 충실히 살았던 보랭의 시현자들이 새롭게 보이기도 한다. 이는 자신의 가족을 성가정으로 만들어 주님의 뜻에 따라 살아가는 것도 하나의 소명임을 일깨운다.

앙드레 드장브르(1918~1978)와 질베르트 드장브르(1923~2015)는 세

뒷줄 왼쪽부터 앙드레 드장브르, 페르낭드 부아쟁, 질베르트 부아쟁
앞줄 왼쪽부터 질베르트 드장브르, 알베르 부아쟁

자매 중 둘째와 셋째로 태어났다. 드장브르 가족은 원래 보랭에서 살았지만 인근 보네슈로 이주하여 그곳에서 아버지가 13년 동안 농장일을 하였는데, 늘 가난을 면치 못하였다. 아버지가 세상을 떠나자 어머니는 세 자매와 함께 다시 보랭으로 돌아왔고, 2년 후에 성모님의 발현을 목격하게 된 것이다.

앙드레는 1941년 결혼하였으며 슬하에 3명의 자식을 두었는데, 성모님의 발현을 목격한 5명의 아이들 중에서 가장 먼저 60세의 나이로 세상을 떠났다. 앙드레의 동생이자 시현자 중 가장 어렸던 질베르트는 1947년 결혼하였으며 오랜 세월 이탈리아에서 살다가 남편과 함께 고향 보랭으로 돌아왔고, 2015년 92세의 나이로 선종하였다. 질베르트는 세상을 떠나기 전에 성모님의 발현과 관련한 한 시간가량의 영상을 남겼다.

부아쟁 가족의 아버지 헥토르는 철도국에서 일하면서 어려운 살림을 조금이라도 면하려고 아내와 함께 보랭 중심가에 작은 가게를 열었지만, 성모님의 발현으로 문을 닫아야 했다. 아버지와 어머니 마리는 사회당에 아주 열성적이어서 가톨릭 신앙을 실천하지 않았을 뿐 아니라 냉담에 빠지기까지 하였다. 그렇지만 발현 이후 자식들의 도움으로 신앙을 되찾았다.

페르낭드 부아쟁(1917~1979)은 지방 세무국에 근무하는 알베르 데스파스와 결혼하였고 자신은 가정 방문 간호사로 일하였다. 슬하에 5명의 자식을 두었고, 나무르로 옮겨 가서 살다가 신장암으로 세상을 떠났다. 유치원 교사가 된 질베르트 부아쟁(1919~2003)은 1945년 경찰관과 결혼하였지만, 1953년 임무 수행 중 남편이 피살되었다. 미망인이 된 질베르트는 2명의 아들과 함께 타지에서 고향 보랭으로 돌아와

위쪽 무릎을 꿇고 기도하는 아이들
왼쪽 수녀원 입구에서 큰 질베르트를 기다리는 아이들 오른쪽 수녀원 외관

50년을 살다가 성모님의 마지막 발현일인 1월 3일에 시고로 세상을 떠났다. 부아쟁 가족의 막내 알베르(1921~2003)는 아일랜드와 독일에서 군 생활을 하였으며, 벨기에 오티그니에서 2년 동안 교사로 일하였다. 1948년 결혼한 후 같은 해에 벨기에령 콩고로 이주하였으며 그곳에서 3명의 자식을 낳았다. 1961년 알베르 가족은 보랭으로 돌아와서 평범한 삶을 살았다.

공인 과정

벨기에의 어느 보잘것없는 마을에서 성모님이 발현하셨다는 소식은 유럽 전역으로 퍼져 나가 큰 파장을 일으켰다. 루르드나 파티마와 달리 발현 초기에 뚜렷한 기적이나 표징이 없었다는 이유로 진위 여부 논란이 있었지만, 1933년 여름 58세 틸만에게 치유의 기적이 일어나고 이 밖에도 수많은 이들이 영적으로나 육적으로 은혜를 체험하며 발현의 진실성이 증명되었다. 예를 들어 사회주의에 영향을 받아 냉담에 빠졌던 아이들의 부모들도 회심하여 다시 성당에 나갔다.

성모님은 당신께서 많은 사람들이 순례를 올 수 있도록 나타나신 것이라고 밝히셨다. 성모님의 말씀대로 순례자들이 끊임없이 몰려와서 1933년 8월 말에는 하루 15만 명이 보랭을 찾는 등, 1933년에만 순례자 수가 200만 명이 넘었다. 병이 나은 사람들은 물론이고 다른 여러 은혜를 입은 사람들이 잇달아 나왔지만 무엇보다 놀라운 기적은 냉담자들의 회심이었다. 이를 두고 사람들은 '눈에 보이지 않는 보랭 최대의 선물'이라고 말하였다.

1933년 나무르 교구의 헤일렌 주교는 보랭에서 발현하신 성모님의 도움으로 치유된 2건의 사건을 기적으로 선포하였고, 1935년 조사 위원회도 구성하였으나 조사가 완료되기 전 선종하였다. 제2차 세계대전이 발발하여, 1940년 5월 벨기에가 다시 독일에 점령당하였다. 이 같은 곤경 속에서도 후임 샤뤼 주교는 1943년 2월 2일 보랭 성모님에 대한 공경을 승인하여 순례를 허락하였다. 1949년 7월 2일 샤뤼 주교는 보랭과 관련한 2가지 중요한 문서를 발표하여 보랭의 발현에 초자연적 특징들이 있음을 공인하였다. 1985년 5월 18일 교황 요한 바오로 2세가 해외 순방 중 직접 보랭 성지를 방문하였다.

왼쪽 보랭을 방문한 교황 요한 바오로 2세 **오른쪽** 지하 경당에는 교황 요한 바오로 2세가 피격 당시 입은 피 묻은 옷 조각이 보관되어 있다.

성지 입구. 좌측의 돌로 된 건물이 발현 기념 경당이다. 전면의 건물 1층에는 강당 겸 성당이 있으며, 2층에는 대성당이 있다.

벨기에 보랭

발현 의미

　독일군이 프랑스 파리로 가장 빨리 진격하기 위해서는 벨기에를 관통해야 했다. 리에주와 나무르는 파리로 가는 주요 길목에 자리한 도시였고, 실제로 두 도시는 제1차 세계대전 당시 독일과 치열한 전투가 벌어졌던 곳이다. 벨기에는 두 도시에서 패배하며 독일군에 무너졌다. 그리고 공교롭게도 리에주 인근에는 바뇌 성지가, 나무르 인근에는 보랭 성지가 있다. 두 도시와 그 인근은 독일군에 대항하다가 쑥대밭이 되었을 뿐 아니라, 이후 독일군의 보복 조치까지 일어났던 곳으로, 그래서 이 지역 주민들은 독일과의 전쟁을 매우 두려워하였다.

　1930년에 접어들며 독일에서 히틀러가 정권을 잡고 1935년 베르사유조약을 파기하자 사람들은 다시 전쟁이 벌어질지 모른다는 두려움에 사로잡혔다. 이에 보랭이 속한 지역은 사회주의가 득세하면서 가톨릭 신자들이 냉담자가 되고 가톨릭을 배격하였다. 바로 이때 성모님이 발현하셨고, 성지가 조성된 이후 10개월 동안 무려 170만 명의 순례자가 방문하였다. 같은 조건하에 루르드가 1년 동안 100만 명에도 미치지 못하였으니 이 또한 기적이었다. 순례자의 상당수는 벨기에인들이었으며 이제 그들이 다시 가톨릭으로 돌아오는 것은 당연한 일이었다. 또한 사회주의자이자 무신론자였던 한 청년의 회개로 말미암아 벨기에에 레지오 마리애가 설립되었다. 보랭에서 발현하신 성모님이 레지오 마리애에도 큰 영향을 미치신 것이다.

　다른 발현 성지와 마찬가지로 보랭에서도 많은 치유가 일어났는데, 육체적인 치유보다 영적인 치유와 회개가 더 많다는 것이 특징이다. "나는 죄인들을 회개시키겠다"라는 성모님의 말씀이 그대로 실현된 것이다.

2층 대성당 내부

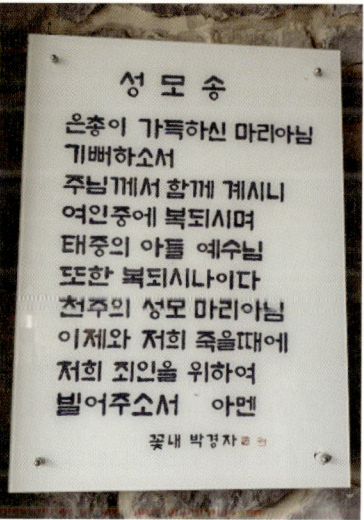

왼쪽 1층 성당 내부
오른쪽 1층 성당 한쪽에는 한글로 쓴 성모송이 걸려 있다.

벨기에 보랭

성지 소개

성지 대부분을 대성당과 성당, 경당이 차지하고 있는데, 성지 입구에는 발현 기념 경당, 성지 안쪽에는 2층 대성당과 1층 성당이 있고, 발현 기념 경당의 측면과 성지 정원에 야외 제대가 마련되어 있다. 그리고 성지 정원에 있는 야외 제대의 지하에도 경당이 하나 더 있다.

대성당은 1968년 10월에 봉헌되었으며 2천 명을 수용하는 규모이다. 성지 입구에 안내 센터가 있으니 이곳에서 기본적인 설명을 접할 수 있다. 성지 정원 옆에는 붉은 벽돌로 된 피정의 집이 있는데, 성모님이 발현하실 당시에는 수녀원이었으며, 질베르트가 이곳에서 공부하였다. 피정의 집 입구에는 시현자 5명의 사진이 걸려 있다. 그리고 피정의 집에는 한국에서 파견 나온 수녀님이 상주하고 계시니 꼭 방문하여 수녀님의 안내도 받고 성지와 관련된 이야기도 듣도록 하자. 피정의 집은 숙소로도 이용 가능하여 사전에 예약하면 숙박과 식사를 제공받을 수 있다.

성지 찾아가는 방법

벨기에 수도 브뤼셀의 남역(Zuid)이나 중앙역(Centraal)에서 고속 열차를 이용하여 나무르Namur까지 간 다음, 일반 열차로 갈아타 보랭으로 이동한다(2시간 반 소요). 보랭역에서 성지까지는 9번, 25번 버스를 이용해도 되고, 거리가 1km 정도이니 걸어가도 된다. 보랭을 순례한다면 바뇌도 방문할 것을 추천한다. 보랭역에서 나무르역까지 간 다음 그곳에서 환승하여 리에주Liège역까지 이동하고, 다시 64번 버스로 갈아타면 바뇌에 도착할 수 있다.

* 구글맵에서 찾기: Sanctuaires Notre Dame de Beauraing 입력

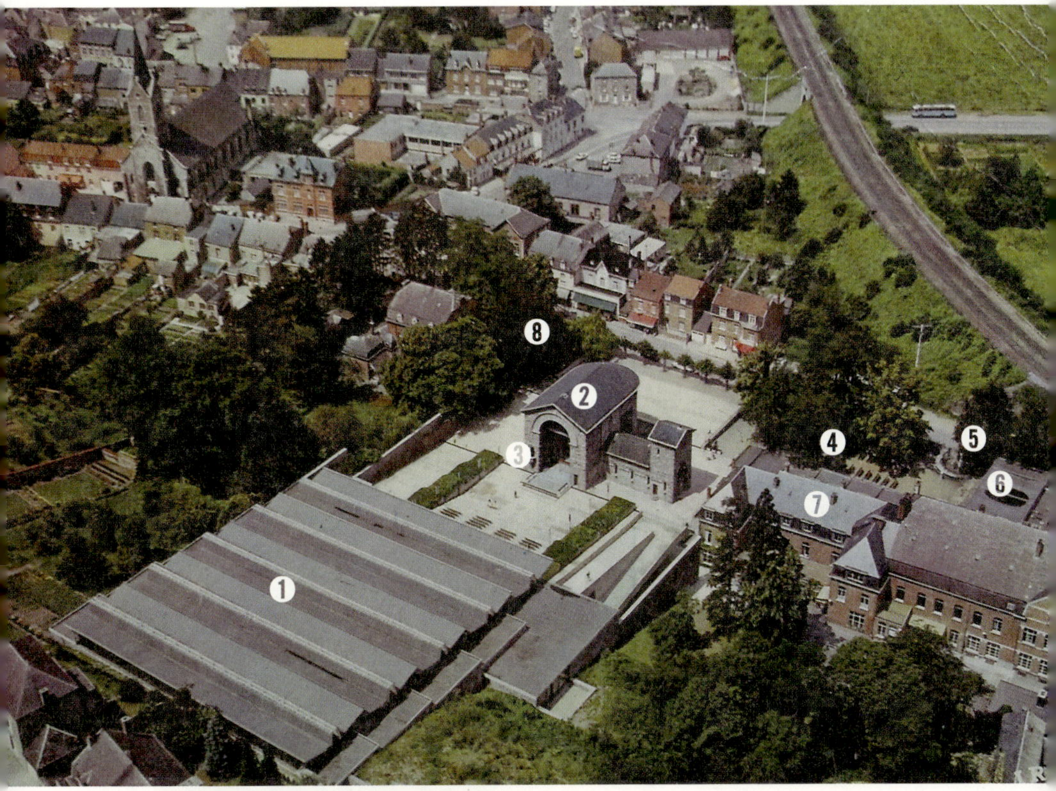

<성지 전경>
❶ 1층 성당과 2층 대성당
❷ 발현 기념 경당
❸ 야외 성전
❹ 야외 정원
❺ 보랭 성모상
❻ 야외 제대
❼ 피정의 집
❽ 안내 센터

피정의 집 입구. 과거에는 수녀원이었다.

벨기에 보랭

CHAPTER 15

벨기에 바뇌
BANNEUX(1933)

개요

바뇌는 보랭과 함께 벨기에의 유명한 성모님 발현 성지이다. 바뇌 가까이에 있는 벨기에 동부의 거점 도시 리에주는 제1차 세계대전 당시 독일군의 공격으로 막대한 피해를 입었다. 이러한 이유로 바뇌의 신지들은 전쟁의 불안과 경제적 곤궁으로 보랭의 신자들보다 더 심하게 사회주의에 빠져 가톨릭 신앙을 부정하고 무시하였다. 이에 성모님은 보랭에서 마지막 발현하신 1933년 1월 3일로부터 12일 후인 1월 15일 다시 바뇌에서 발현하시어 벨기에 가톨릭을 원상태로 회복시켰다. 바뇌는 규모가 큰 성지로, 15곳의 경당이 있고 20개의 성상이 있어 묵상할 거리가 많고 루르드처럼 기적의 샘도 있다.

시대적 배경

바뇌에서 가장 가까이 있는 대도시는 북서쪽으로 27km 정도 떨어진 공업 도시 리에주이다. 리에주는 벨기에 동부의 거점 도시로, 독일과 맞닿은 국경까지 거리가 43km밖에 안 되어 자동차로 30분만 가면 독일 땅을 밟을 수 있다. 제1차 세계대전이 발발하자 독일은 프랑스로 진격하기 위해 벨기에 영토를 통과하겠다고 요구하였으나 벨기에는 이를 거부하였다. 이에 독일은 1914년 8월 중립을 선언한 벨기에를 무시하고 리에주를 침략하였으며 진격이 지체된 것에 대한 복수로 벨기에인들을 무참히 학살하였다.

1932년, 제1차 세계대전이 끝난 지 10년 이상이 지났지만 독일과 인접한 리에주 지역은 독일의 만행을 잊지 못하였고, 현실은 여전히 답답할 뿐이었다. 전후 영세중립을 다시 보장받았지만 무력 앞에서는 무의미하다는 것을 잘 알고 있었다. 벨기에는 독일의 침략을 막지 못한 알베르 1세가 여전히 나라를 다스리고 있던 반면, 독일은 히틀러라는 인물이 나타나 다시 전쟁을 준비하고 있었다.

미래에 대한 대안이 없던 상황에서 리에주 지역의 주민들이 선택한 것은 사회주의였다. 주민들은 잘나가는 소비에트 사회주의 공화국 연방을 지켜보며 사회주의만이 자신들이 처한 위기를 타개하고 미래를 보장할 수 있을 것으로 기대하였다. 더구나 1929년에 발생한 대공황의 여파로 경제도 심각한 위기에 빠져 있었다. 그 결과, 리에주 지역의 주민들은 마르크스주의를 따르며 가톨릭 신앙을 저버렸고 교회와 관련한 활동에 무관심해졌다. 이와 같이 가톨릭 신앙이 고사 위기에 처해 있을 때 성모님이 리에주 인근의 가난한 마을 바뇌에서 발현하셨다.

성모님의 발현

성모님은 바뇌에서 1933년 1월 15일부터 3월 2일까지 보랭의 경우와 비슷한 시간인 저녁 7시를 전후하여 총 8번 발현하셨다. 보랭에서 1월 3일 마지막으로 발현하시고 12일 만에 벨기에의 산골 마을 바뇌에서 다시 발현하신 것이다.

첫 번째 발현 – 1월 15일

주일 저녁 7시경, 베코 가족의 칠 남매 중 맏이인 12세 마리에트 베코Mariette Beco는 친구 집에 놀러 간 남동생을 기다리며 창밖을 내다보다가 정원에서 타원형의 빛을 보게 되었다. 그 빛 속에는 아름다운 여인이 있었는데, 마리에트에게 미소를 지으며 다가오라고 손짓하였다. 이에 놀란 마리에트가 어머니에게 말했지만 어머니 눈에는 아무것도 보이지 않아 어머니는 화를 내며 문을 잠가 버렸다. 여인은 흰색 옷에 머리에서 발끝까지 내려오는 긴 베일을 걸치고 허리에는 하늘색 띠를 두르고 있어서 루르드 성모님으로 착각할 정도였다. 여인은 얼굴을 왼쪽으로 기울인 채 두 손을 합장하여 가슴 위에 얹었고, 오른팔에는 황금 십자가가 달린 묵주가 들려 있었으며, 오른발 위에는 황금 장미가 얹혀 있었다. 마리에트는 언젠가 우연히 시골길에서 주웠던 묵주를 들고 기도하기 시작했고, 성모님의 첫 번째 발현은 곧 끝났다.

다음 날 마리에트는 본당신부인 루이 자맹에게 여인의 발현을 전하였지만 반응은 부정적이었다. 그럼에도 마리에트는 회심하여 수요일 아침마다 미사에 참례하고 교리반에도 다시 나갔으며, 추운 겨울 날에도 밤마다 정원에 나가 무릎을 꿇고 기도했다. 그로부터 15일 후 독일에서 히틀러가 총리로 임명되자 벨기에인들의 불안이 더 커졌다.

두 번째 발현 - 1월 18일

　수요일 저녁 7시경, 마리에트는 영하 12도의 강추위 속에서도 정원에서 무릎을 꿇고 묵주기도를 바치고 있었다. 아버지는 어린 딸이 걱정되어 자맹 신부도 불러 보고 이웃과 함께 마리에트를 달래 집으로 들어오게 해 보려고 애썼지만 아무 소용이 없었다.

　이내 여인이 하늘에서 내려와 마리에트로부터 몇 걸음 앞에 섰다. 여인은 빛나는 구름 위에서 20분 동안이나 말없이 마리에트를 바라보다가 당신을 따라오라고 손짓을 했다. 여인은 뒷걸음질로 가다가 두 번 잠시 멈춰 섰는데, 이때마다 마리에트는 얼어붙은 땅에 무릎을 꿇었다. 아버지와 두 동생이 일정 거리를 두고 마리에트의 뒤를 쫓았다. 여인은 작은 샘이 솟고 있는 길 옆에 멈춰 섰고 마리에트는 세 번째로 무릎을 꿇었다. 그리고 여인이 처음으로 입을 열었다. "네 손을 물에 담그거라." 마리에트는 차디찬 샘의 밑바닥까지 두 손을 밀어 넣었다. 여인은 이어서 "이 샘은 나를 위해 마련된 것이다. 이 샘물을 마시거라. 다시 보도록 하자"라는 말씀을 남기고 사라지셨다. 마리에트가 여인을 따라가다 무릎을 꿇은 세 자리는 현재 별 모양이 그려진 석판으로 표시되어 있다.

　자맹 신부는 샘에 관한 소식을 듣고 다른 신부와 같이 마리에트의 집으로 향하였다. 그 길에서 자맹 신부는 만약 마리에트의 아버지 쥘리앵이 회심을 한다면 여인의 발현을 믿을 것이라고 말하였다. 밤 10시경 자맹 신부가 마리에트의 집에 도착하자 아버지 쥘리앵이 지금까지 일어난 일들을 신부에게 전하며 내일 고해성사를 보고 영성체를 하겠다고 말하였다. 이것이 바뇌의 두 번째 회심이다.

마리에트를 샘으로 데려가신 성모님

세 번째 발현 – 1월 19일

목요일 저녁 7시, 마리에트가 이웃 주민 11명이 모인 가운데 정원에서 묵주기도를 드리고 있을 때 여인이 나타났다. 마리에트가 "아름다운 여인이시여, 당신은 누구신가요?"라고 묻자, 여인은 "나는 가난한 이들의 동정 마리아이다"라고 당신의 신분을 알려 주고 마리에트를 다시 샘으로 데려가셨다. 마리에트가 "어제 '이 샘은 나를 위해 마련된 것'이라고 하셨는데 무슨 뜻입니까?"라고 다시 묻자 "이 샘은 병자들을 구원하기 위해, 모든 나라를 위해 마련된 것이다"라고 답하셨다. 그리고 "내가 너를 위해 기도하겠다. 다시 보도록 하자"라고 하시며 사라지셨다. 이후 바뇌 성모님은 '가난한 이들의 성모', '병자들의 성모'로 불렸으며, 바뇌 성모님을 향한 신심으로 '국제 기도회'라는 조직이 결성되어 2백만 명이 넘는 회원이 전 세계에서 활동하고 있다.

위 기적의 샘의 옛 모습
아래 6만 명이 운집하여 열린 발현 기념 경당 봉헌식

네 번째 발현 – 1월 20일

금요일 저녁 7시 45분경, 마리에트는 조금 지쳤지만 변함없이 정원에 나와 묵주기도를 바치고 있을 때 성모님이 나타나셨다. 마리에트가 성모님께 물었다. "무엇을 원하시나요?" 이에 성모님은 "나는 작은 경당을 원한다"라고 말씀하시며 마리에트를 축복해 주셨고, 그녀는 정신을 잃었다. 성모님이 발현하신 정원에 몇 달 후 아주 작은 경당이 세워졌다. 그리고 3주 동안 성모님이 발현하시지 않고 조용히 지나갔다. 그사이 사람들은 무관심해졌고 발현 현장을 찾는 사람들도 점점 줄어들었다. 그리고 마리에트 가족은 가혹한 비난을 받았다. 마리에트는 학교에서 친구들에게 놀림을 받았고 회심한 아버지 쥘리앵은 사회주의자들에게 조롱을 당했다. 그럼에도 마리에트는 약속을 지키려고 매일 저녁 7시 추운 날씨에도 정원에서 기도를 바쳤으며 성모님을 다시 만날 것을 확신하였다.

다섯 번째 발현 - 2월 11일

신부와 수녀, 아버지가 함께 있는 자리에서 성모님이 마리에트에게 중요한 메지시를 전해 주셨다. "나는 고통을 덜어 주려고 왔다." 그날은 성모님이 루르드에서 처음 발현하신 날로, 루르드 성모님의 발현 75주년이었다. 바뇌와 루르드 성지는 발현 날짜만 아니라, 발현하신 성모님의 복장도 비슷하고, 두 곳 모두 기적의 샘이 있으며, 또한 바뇌 성지에는 루르드의 시현자 베르나데트의 동상까지 있는 등 연관성이 매우 깊다. 1992년 교황 요한 바오로 2세는 루르드의 샘을 통한 치유의 기적을 바탕으로 2월 11일을 세계 병자의 날로 지정하였다. 다섯 번째 발현 다음 날 마리에트는 첫영성체를 하였다.

여섯 번째 발현 - 2월 15일

수요일, 마리에트는 본당신부 루이 자맹의 요청으로 성모님께 "본당신부가 발현의 증거를 바라고 있습니다"라고 말하였다. 이에 성모님은 "나를 믿거라. 나도 너희를 믿을 것이다"라고 말씀하셨고, 마리에트에게는 "많이 기도하거라. 다시 보도록 하자"라고 말씀하셨다. 자맹 신부는 자신의 요청에 대해 성모님이 답해 주신 것에 감사하며 그분의 발현에 자신도 참여한 것으로 받아들였고, 그 후로 가난한 이들의 성모님과 마리에트를 열렬히 옹호하였다.

일곱 번째 발현 – 2월 20일

월요일, 몹시 추운 날이었지만 마리에트는 눈 위에 무릎을 꿇고 묵주기도를 드렸다. 마리에트가 정원에서 샘으로 가는 동안 세 번 무릎을 꿇으며 기도를 바치자 성모님이 발현하시어 "사랑스러운 나의 딸아, 기도하거라. 많이 기도하거라"라고 말씀하셨다.

여덟 번째 발현 – 3월 2일(마지막 발현)

저녁 7시경, 마리에트가 억수같이 쏟아지는 비를 맞으며 땅 위에 무릎을 꿇고 묵주기도를 바치고 있는데 성모님이 나타나셨고 이내 비가 그쳤다. 성모님은 오랫동안 말없이 그녀를 바라보시다가 슬픈 표정으로 말씀하셨다. "나는 구세주의 어머니, 하느님의 어머니이다. 기도를 많이 하거라. 잘 있거라." 성모님은 이전처럼 '다시 보도록 하자'라는 말씀 대신 '잘 있거라'라고 하시며 이번이 마지막 발현임을 암시하셨다. 그리고 성모님은 마리에트의 머리 위에 손을 얹어 축복하신 다음 성호를 긋고 사라지셨다. 이 마지막 발현은 5분여 동안 일어났으며 비가 내려 날이 무척 추운데도 수백 명의 군중이 둘러서서 마리에트와 함께하였다. 다음 날 마리에트는 자맹 신부를 만나 지난밤에 일어난 일들을 전하며 이제 더는 성모님이 나타나지 않으실 것이라고 말했다.

발현 기념 경당에 봉헌된 성화. 루이 자맹 신부의 숙부 레옹 자맹이 그린 것으로, 마리에트의 증언에 따라 다섯 번이나 수정한 끝에 완성되었다.

 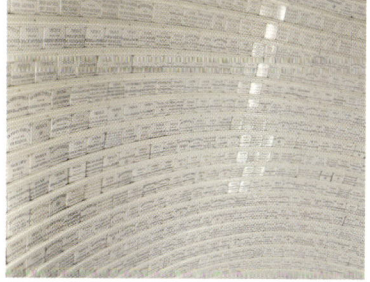

왼쪽 경당 입구에 들어서면 바로 제대가 있을 정도로 공간이 협소하다.
오른쪽 경당 천장은 치유의 기적을 체험한 사람들의 감사패로 꾸며져 있다.

발현 장소

독일이 다시 프랑스와 전쟁을 일으키게 되면 벨기에는 곧 전쟁터가 될 것이고, 독일과 프랑스 사이에 위치한 리에주 지역의 주민들은 그래서 늘 불안에 떨었다. 더구나 미국에서 시작되어 벨기에까지 몰려온 대공황의 여파로 경제적 사정도 이전보다 더 어려워졌다. 이런 불안과 고통 속에서 주민들은 사회주의를 선택하였고 가톨릭에 대해서는 냉담해졌으며 때로는 적대적 태도까지 취하였다. 이에 성모님은 당신께서 비슷한 처지에 있던 보랭에서 발현하셨음에도 이를 부정하고 있던 리에주 인근의 가난한 마을에서 어느 냉담 가족의 어린 딸에게 다시 당신을 드러내셨다.

아르덴고원에 위치한 바뇌는 경작할 토지가 부족하여 매우 가난하였다. 마을 중앙에는 19세기에 성 레오나르도에게 봉헌된 성당이 있었지만 주민이 300명 남짓한 작은 마을이라 본당으로 인정받지 못하였고, 사제도 주임신부가 아니라 지도신부 자격으로 있었다고 한다. 마리에트의 집은 성당에서 1km 정도 떨어진 곳에 외따로 있었는데 이쪽 땅은 경작지로 부적합하였다. 축축하고 질퍽하여 진창이라 불릴 정도였다. 게다가 마리에트의 집 건너편부터 전나무 숲이 시작되어 벨기에 동부와 독일 아이펠고원까지 이어졌다. 이런 마리에트의 집 앞에는 작은 정원이 있었는데 성모님은 이 정원의 덤불 위에서 발현하셨다.

성모님이 발현하신 자리에는 그분이 네 번째 발현에서 지시하신 대로 작은 경당이 신속히 세워졌다. 1933년 4월 18일 경당 건립 승인이 났고, 5월 16일 초석이 놓였으며, 8월 15일 성모 승천 대축일에 경당과 경당의 종이 봉헌되었다. 그 후 1960년, 1993년, 1995년에 일부

발현 기념 경당(왼쪽)과 마리에트 베코의 집(오른쪽)

증축되고 개축되었으며 경당 주변도 정리되어 현재 모습에 이르고 있다. 발현 기념 경당은 교황청의 인정을 받은 16곳의 성모님 발현 성지 중에서 규모가 가장 작다. 경당 정면에 있는 세 개의 아치를 지나 내부로 들어가면 간신히 서 있을 공간밖에 없어서 그 소박함에 놀라게 된다. 가난한 이들의 성모님이란 호칭에 걸맞은 경당이라고 할 수 있다. 경당 내부에는 마리에트에게 발현하신 성모님의 모습이 세 폭의 성화로 그려져 있는데, 이 성화는 마리에트의 증언에 따라 다섯 번이나 수정한 끝에 완성된 것이다. 또한 천장은 기적의 샘을 통해 치유를 체험한 사람들의 감사패로 꾸며져 있다.

시현자

마리에트 베코는 가난한 마을 바뇌에서도 제일 가난한 집에서 맏이로 태어났다. 베코 가족은 아버지 쥘리앵이 실직하여 작은 방이 3개 딸린 집에서 9명의 식구가 살아야 했다. 마리에트는 1921년 3월 25일에 태어났는데 그날은 주님 탄생 예고 대축일이자 성금요일이었다. 그러나 마리에트의 부모는 냉담자로, 집에 십자가도 없었으며 신앙에 무관심하였다. 또 부모는 자녀들에게도 무관심하여 마리에트가 학교에 가지 않아도 꾸짖지 않았다. 그래도 마리에트가 나이는 어렸지만 맏이 역할을 다하려고 동생들을 잘 돌보았다. 이렇게 하느님께 버림받은 것 같던 아이에게 성모님이 찾아오신 것이었다.

마리에트는 성모님의 발현을 처음 목격한 후 회심하여 미사에 참례하고 교리반에 나갔다. 추운 겨울날에도 정원으로 나가 무릎을 꿇고 기도를 하였다. 마리에트에게 기도는 일상이 되었으며 마음속에 주님과 성모님이 자리하게 되었다. 그러나 마리에트도 다른 시현자들처럼 사람들의 지나친 관심에 시달려야 했다. 사람들이 집으로 몰려와 온갖 질문을 해 댔고, 마리에트를 욕하고 조롱하는 자들도 있었다. 또한 마리에트가 사실 성모님의 발현을 목격한 게 아니라 루르드에 대한 전단지를 읽고 그저 상상한 것이며, 루르드의 베르나데트를 따라 한 것이라는 말까지 나왔다. 이 같은 과도한 관심과 괴롭힘은 마리에트가 평생 짊어져야 할 십자가였다.

1942년 21세의 나이로 결혼한 마리에트는 두 자녀를 낳고 이후로는 성모님의 발현에 대하여 침묵한 채 조용하고 평범하게 살아갔다. 1972년 바뇌 인근에 있는 '퇴'라는 마을로 이사한 뒤 줄곧 그곳에서 살다가 2011년 12월 2일 90세의 나이로 선종하였다.

 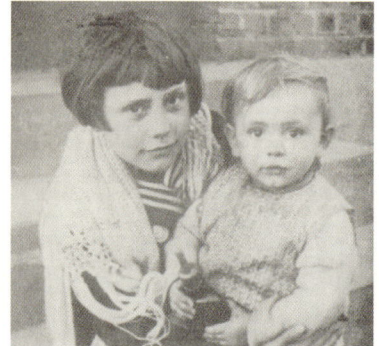 

발현 당시의 마리에트와 선종 직전의 마리에트

마리에트가 첫 번째로
무릎을 꿇고 기도한 자리

마리에트가 두 번째로
무릎을 꿇고 기도한 자리

마리에트의 장례미사
가난한 이들의 성모 성당에서 거행되었으며,
5천 명이 들어가는 성당에 빈자리가 없었다.

공인 과정

보랭에 이어 바뇌에서도 성모님 발현이 일어나자 성모님에 대한 공경에 불이 붙어 순례자들이 쇄도하였다. 보랭과 마찬가지로 냉담자들의 회심이 수없이 일어났으며, 기적의 샘물을 마시거나 그 샘물로 씻은 사람들이 치유되는 기적 또한 일어났는데 오텔레트 부인(1933)과 요셉 바셴(1946)의 치유 기적이 유명하다. 기록에 따르면 1933년부터 1938년까지 25건의 치유가 의학적인 검사를 통과했다고 한다. 1958년에는 순례자들이 손을 담글 수 있도록 커다란 수반이 설치되었으며, 지금도 많은 순례자들이 그 수반에 손을 담그고 샘물을 마시려고 줄을 선다.

기적의 샘이 있는 성모님 발현 성지로는 네 곳이 있는데 프랑스의 라 살레트와 루르드, 폴란드의 기에트슈바우트, 그리고 벨기에의 바뇌이다. 네 곳 모두 기적의 샘을 통하여 엄청난 치유가 일어났고, 이는 수많은 순례자들을 성지로 이끈 결정적 요인이 되었다.

리에주 교구는 조사 위원회를 구성하여 1935년 3월부터 1937년까지 2년 동안 73명의 증언을 들었으며, 의학과 역사학, 신학 등 여러 분야의 전문가들이 조사한 결과를 정리하여, 1941년 교황청에 보고했다. 1942년 3월 리에주 교구의 케르크호프스 주교는 '가난한 이들의 동정 마리아'에 대한 공경을 허락하였고, 1949년 8월 주교는 사목 서신을 통해 성모님의 발현을 재차 공인하여 성모님의 발현 사실을 온 세계에 선포하고 그 은총을 전파하여 바뇌 성지 순례에 활기를 불어넣었다.

교황 요한 바오로 2세는 1985년 5월 네덜란드와 벨기에, 룩셈부르크를 순방하던 중 18일에는 보랭 성지를, 21일에는 바뇌 성지를 방

기적의 샘을 찾은 교황 요한 바오로 2세

발현 기념 경당에서 기도를 바치는 교황 요한 바오로 2세

라 살레트의 샘(1846)

루르드의 샘(1858)

기에트슈바우트의 샘(1877)

바뇌의 샘(1933)

벨기에 바뇌

문하였다. 교황은 발현 기념 경당에서 기도를 바치고, 경당에서 기적의 샘으로 이어지는 길을 따라 걸었으며, 샘에 손도 담갔다. 또한 교황은 시현자 마리에트를 만났으며 병자들을 위한 기념 미사를 집전하였는데 1만 명의 신자들이 참례하였다.

성모님 발현의 의미

오늘날 벨기에는 국민 대다수가 가톨릭 신자인 명실상부한 가톨릭 국가지만 성모님이 발현하실 당시만 해도 사회주의의 영향을 받은 무신론이 널리 퍼져 있었는데, 특히 독일 국경과 인접해 있는 리에주 지역에 그런 경향이 더 심하였다. 1932년 말 나무르 지역의 보랭에서 성모님이 발현하시어 수많은 벨기에 신자들이 회심하였지만 리에주 지역에서는 발현 사건에 별다른 관심이 없었고, 조롱하는 이들까지 있었다.

이런 상황에서 성모님이 보랭 발현이 끝난 후 12일 만에 다시 바뇌에서 발현하시자 분위기가 반전되었다. 더구나 바뇌에서는 기적의 샘을 통한 치유가 일어나며 많은 사람들이 회심하고 다시 가톨릭으로 돌아오게 되었다. 성모님이 마지막으로 발현하시고 5개월 후에 열린 발현 기념 경당 봉헌식에 무려 6만 명의 신자들이 참석한 것을 보면 얼마나 빠른 시간에 벨기에의 가톨릭이 원상태로 회복되었는지 알 수 있다.

이로부터 6년 후 제2차 세계대전이 일어났고 벨기에는 또다시 독일에 점령당했지만 바뇌 성모님이 가르쳐 주신 기도에 의지하여 고난을 극복하였다. 바뇌 성모님은 8번의 발현 중 5번이나 기도에 대해 말씀하시어 그 중요성을 일깨워 주셨는데, 이는 발현 당시만 아니라 지

위 가난한 이들의 성모상. 두 손은 합장하지 않고 축복하는 모습으로, 네 번째와 여덟 번째 발현에서 마리에트를 축복하신 모습을 재현한 것이다.
아래 야외에서 거행되는 병자들을 위한 미사. 바로 옆에 붙어 있는 요양 병원 노인들과 다른 병자들이 참석하여 휠체어가 곳곳에 보인다.

금 우리에게도 유효하다. 또한 고통을 덜어 주려고 오셨다는 말씀도 여전히 유효하기에 우리는 고통 속에 있는 사람들을 위하여, 또 가난하고 소외된 이웃들을 위하여 봉사하며 살아가야 할 것이다. 현재 벨기에는 성모님이 두 번이나 발현하시는 은총을 받은 국가답게 국민의 약 80%가 가톨릭 신자이다.

성지 소개

바뇌 성지는 그 규모가 매우 크고 숲속에 위치하여 조용히 순례할 수 있는 곳이다. 그렇지만 성모님이 가난한 이들의 동정 마리아로 발현하신 이유 때문인지 대지에 비하여 모든 시설들이 규모가 매우 작은 편이다. 성모님이 발현하신 성지라면 으레 세워져 있는 대성당이 아직까지 없으며, 성당도 1곳뿐인 데다가 발현 성지 중에서 발현 기념 경당도 가장 작다. 대신 다양한 시설들과 성상들이 많은데, 경당만 15곳 가까이 되며 성모상을 비롯한 다른 성상도 20개가 넘는다. 성지를 소개하는 안내판에 안내 번호가 51번까지 달린 경우는 바뇌가 유일할 것이다.

성지에서 중요한 장소는 첫 번째로 마리에트의 집과 성모님이 발현하신 정원에 세워진 발현 기념 경당이다. 두 번째는 기적의 샘이 있는 곳이다. 지금 이곳에는 가난한 이들의 성모상이 세워져 있으며, 수많은 순례자들이 이곳에 와서 성모님이 알려 주신 기적의 샘에 손을 담그고 그 물을 마신다. 세 번째는 야외 미사가 열리는 아시시의 성 프란치스코 경당과 메시지 경당, 야외 제대, 가난한 이들의 성모상을 둘러싸고 있는 공간이다. 이 공간에서는 날씨가 좋으면 병자들을 위한 야외 미사가 거행되는데, 성지에서 운영하는 요양 병원이 바로 옆에 붙어 있어 노인 환자들과 그 밖의 병자들이 미사에 참례하는 모습을 볼 수 있다.

1984년에 건립된 가난한 이들의 성모 성당은 성지 남쪽 끝에 위치하며, 외관은 마치 구약성경의 장막처럼 커다란 천막이 연상된다. 5천 명을 수용할 수 있는 곳이지만 아직까지 대성당으로 승격되지 않았다. 바뇌 성지의 특징은 360개 병상을 갖춘 대형 요양 병원이 바로

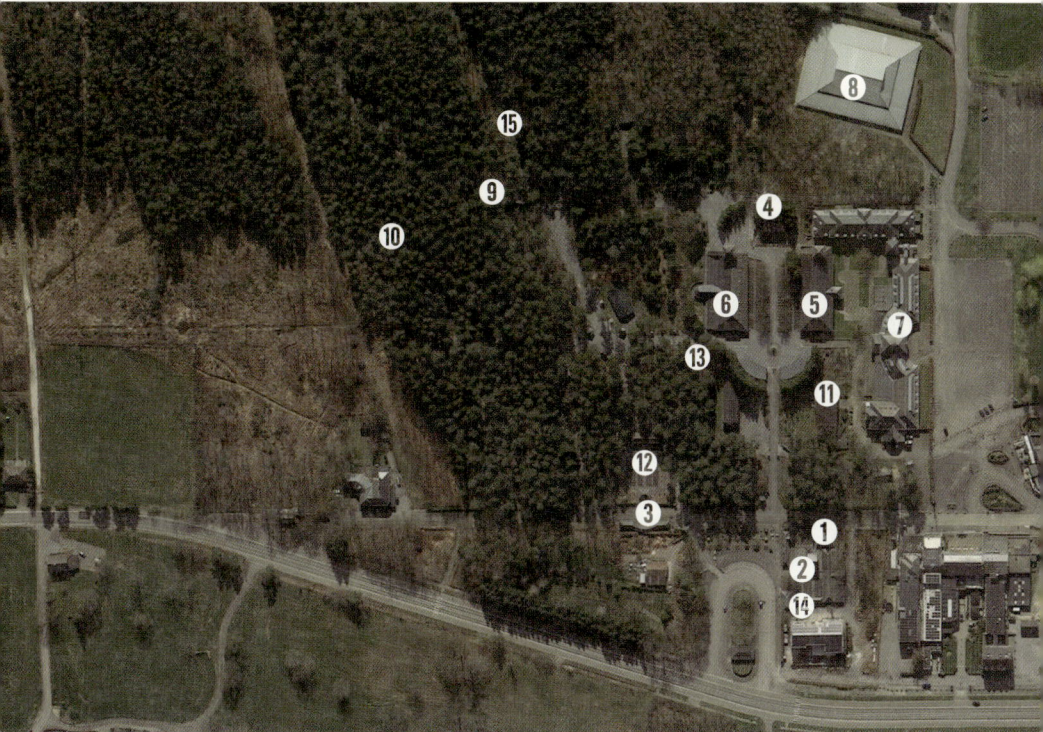

<성지 전경>

❶ 발현 기념 경당　❷ 마리에트 베코의 집　❸ 기적의 샘
❹ 야외 제대　❺ 아시시의 성 프란치스코 경당　❻ 메시지 경당
❼ 요양 병원　❽ 가난한 이들의 성모 성당　❾ 성 미카엘과 성 잔 다르크 경당
❿ 로욜라의 성 이냐시오 경당　⓫ 루르드의 성 베르나데트 성상
⓬ 몽포르의 성 루도비코 마리아 성상. 성상 뒤에는 "성모님의 통치가 일어나
　그리스도의 통치가 임하도록 하소서"라는 문장이 적혀 있는데,
　이는 『성모님께 대한 참된 신심』의 주제이다.
⓭ 오상의 파드레 비오 성상. 오상이란 예수님의 몸에 생긴 다섯 상처를 의미한다.
　두 손과 두 발, 그리고 옆구리에 예수님의 상처를 똑같이 갖고
　50년 동안 오상의 고통 속에서 고해성사를 주고 감동적인 설교를 하였던,
　이탈리아인들이 가장 사랑하는 성인이다.
⓮ 안내 센터　⓯ 십자가의 길

가난한 이들의 성모 성당

요양 병원

몽포르의 루도비코 마리아 성상

루르드의 베르나데트 성상

오상의 파드레 비오 성상

성 미카엘과 성 잔 다르크 경당

옆에 있다는 것이다. 이는 성모님이 다섯 번째 발현에서 "나는 고통을 덜어 주려고 왔다"라고 말씀하신 바에 따라 병들고 가난한 사람들을 위해 세운 시설이다. 1938년 초석이 놓였으며 1940년 완공되었지만 제2차 세계대전으로 1946년 6월에서야 병원으로 사용되기 시작하여 지금에 이르고 있다.

성지 숲속에는 성 미카엘과 성 잔 다르크 경당, 로욜라의 성 이냐시오 경당, 주님 탄생 예고 경당 등 많은 경당이 곳곳에 있으니 차분히 돌아보면서 기도하고 묵상하는 시간을 보내기를 권한다. 경당 사이사이에는 루르드의 베르나데트의 성상, 마더 테레사의 성상, 『성모님께 대한 참된 신심』을 쓴 몽포르의 루도비코 마리아의 성상, 오상의 파드레 비오의 성상 등도 있어 또 다른 묵상 체험을 할 수 있다. 숲속 깊은 곳에는 십자가의 길이 만들어져 있으며, 치유의 샘 근처에는 성모칠고의 길도 있다.

성지 찾아가는 방법

벨기에 수도 브뤼셀의 남역(Zuid)이나 중앙역(Centraal), 북역(Noord)에서 고속 열차를 타고 리에주 기유맹(Guillemins)역까지 간 후(1시간 소요) 역 앞 버스 정류장에서 노란색 64번 버스를 타고 이동하면(45분 소요) 바뇌에 도착할 수 있다. 파리에서 출발한다면 파리에서 리에주로 가는 고속 열차를 이용한다. 바뇌와 더불어 보랭 성지도 방문할 것을 추천한다. 리에주역에서 1시간마다 출발하는 고속 열차로 나무르역까지 간 후, 환승하여 보랭역으로 이동한다(총 2시간 소요). 보랭역 앞에서 버스를 타거나 걸어서(15분 소요) 보랭 성지에 도착할 수 있다.

* 구글맵에서 찾기: Office Tourisme de Sprimont Banneux 입력

CHAPTER 16

르완다 키베호
KIBEHO (1981)

개요

　키베호는 아프리카 대륙에서 유일하게 성모님 발현이 지역 주교에게 공인받은 성지이다. 1962년 르완다는 벨기에로부터 독립하였지만 정부의 만연한 부패와 군부의 쿠데타, 반정부 단체의 무력 투쟁으로 20년 동안 혼란과 분열이 계속되었으며, 그만큼 가톨릭교회도 위기에 처해 있었다. 그때 르완다의 가난한 오지 마을 키베호에서 성모님이 발현하셨다. 성모님은 앞으로 다가올 더 큰 불행을 예언하시며 이를 막기 위해 사랑과 용서를 실천하라고 말씀하셨지만, 불행히도 1994년 르완다 대학살이 일어나고 말았다. 그리고 그 고통스러운 과정을 겪어 내며 르완다 국민들은 가톨릭 신앙으로 돌아왔다.

시대적 배경

　1918년 11월 독일의 항복으로 제1차 세계대전이 끝났다. 독일에 의해 큰 피해를 입은 벨기에는 독일의 식민지 르완다를 위임받아 1923년부터 통치하게 되었다. 당시 르완다는 인구의 다수를 차지하는 후투족(85%)과 소수인 투치족(14%), 트와족(1%)으로 구성되어 있었는데, 벨기에는 후투족과 투치족을 서로 적대시하게 만들어 식민 통치를 하였다. 이에 따라 종족 간에 편견과 증오가 생겨났고 훗날 르완다 대학살이 벌어지는 근본 원인이 되었다. 다른 한편 벨기에가 르완다에서 식민 통치와 함께 추진한 것이 가톨릭 전파였다. 르완다에 파견된 선교사 레옹폴 클라세 주교는 벨기에의 식민정책에 협조하면서 가톨릭 선교에 매진하여 인구의 80%가 가톨릭 신자가 됐을 정도로 가톨릭 신앙을 부흥시켰다.

　1962년 벨기에가 후속 대책 없이 완전히 철수하며 르완다는 어정쩡한 독립을 이루게 되었고, 1962년 7월 유엔UN의 감독하에 국민 선거가 실시되었다. 그리고 거기서 후투족 대통령이 나오며 투치족에 대한 박해와 50만 명에 이르는 투치족의 해외 피난이 시작되었다. 이후 20년 동안 정부의 만연한 부패와 군부의 쿠데타, 그리고 망명 투치족의 반정부 무력 투쟁이 이어지며 르완다는 극심한 혼란과 갈등에 빠질 수밖에 없었다. 특히 1980년부터 2년간 전국에서 공공 기물의 파손이 만연했고, 가톨릭이 받은 모욕도 절정을 이루었다. 예수상과 성모상이 곳곳에서 훼손당하거나 도난당했으며, 성직자도 소수만 남아서 르완다의 가톨릭은 가난한 평신도들에 의하여 겨우 유지되었다. 이런 절망적 순간에 1981년부터 1989년까지 키베호에서 성모님이 발현하셨다.

성모님의 발현
알퐁신 Alphonsine Mumureke
1981년 11월 28일

토요일 12시 35분 르완다 수도 키갈리로부터 남서쪽으로 120km 정도 떨어진 작고 가난한 마을 키베호에서 성모님이 발현하셨다. 당시 키베호에는 3명의 수녀가 운영하는 한 전문학교가 있었는데, 그 학교 식당에서 점심 급식 봉사를 하고 있던 고등학교 1학년 소녀가 "나의 딸아, 나의 딸아!"라고 자신을 부르는 소리에 "저 여기 있어요"라고 답하며 복도로 나갔다. 복도에는 기도하는 자세로 두 손을 가슴 위에 합장하고 흰옷에 머리에서 발끝까지 내려오는 파란 베일을 쓴 아름다운 여인이 서 있었다. 피부색은 정확히 표현하기 어렵지만 유색 인종에 가까웠다.

그 17세 소녀 알퐁신은 무릎을 꿇고 성호를 그은 다음 이렇게 물었다. "당신은 누구신가요?" 여인은 그 지역 언어로 "나는 말씀의 어머니이다"(Ndi Nyina wa Jambo)라고 당신의 신분을 밝히고서 알퐁신에게 어떤 종교를 선호하는지 물었다. 알퐁신은 이내 그 여인이 성모님이심을 알아채고 "저는 하느님을, 그리고 우리를 구원할 구세주를 주신 하느님의 어머니를 사랑합니다"라고 답하였다. 성모님은 "내가 너의 기도를 들었다. 너의 친구들이 믿음이 많이 부족하니, 너는 그들도 믿음을 갖기를 원한다"라고 말씀하셨다. 성모님이 떠나려 하시자 알퐁신은 "성모님을 찬양하라. 오소서, 성령님"이라고 찬미하였고, 이에 성모님은 미소를 지으며 하늘로 올라가셨다.

이어 알퐁신은 무려 15분 동안 탈혼 상태에 빠져 전혀 움직이지 않았다. 알퐁신은 깨어난 후 수녀와 교사에게 자신에게 벌어진 일에 대해 설명하였으나 아무도 믿어 주지 않았다. 오히려 미쳤다고 조롱하며 알퐁신이 키베호 출신이 아니라서 특별해 보이려고 거짓말을 하고 있다고 비난하였다.

1981년 11월 29일 이후

다음 날도 발현이 일어났으며, 12월에는 매주 토요일마다 성모님이 발현하셨다. 알퐁신이 성모님을 만날 때마다 탈혼 상태에 빠지자 학생들과 교사들은 알퐁신에게 성냥불을 갖다 대거나 바늘로 찔러 보았지만 아무런 반응도 보이지 않았다.

첫 번째 발현이 낮 시간 학교 식당에서 일어났다면, 그 이후 발현은 저녁에 기숙사와 학교 교정, 알퐁신의 방에서 일어났으며, 성모님이 다음에는 언제 발현하실지 알려 주시고는 하였다. 성모님의 발현 소식은 르완다 전역으로 빠르게 퍼졌고, 사람들은 성모님이 알려 주신 발현 날짜에 키베호로 몰려들었다.

1982년 3월 20~21일

알퐁신은 "내가 죽은 것처럼 보이겠지만 두려워하지 말고 무엇을 묻지도 마세요"라고 말했다. 알퐁신의 신비로운 여행은 18시간 동안 지속되었으며 신부와 수녀, 적십자사 의료진 모두가 알퐁신이 깊은 잠에 빠진 모습을 보았다. 알퐁신의 몸은 곧게 누워 있었는데 상당히 무거워 들어 올릴 수 없었고, 모아 쥔 두 손도 분리시킬 수 없었다. 성모님은 알퐁신이 신비로운 여행을 하는 동안 지옥과 연옥, 천국을 보여 주셨다.

왼쪽 키베호 샘
오른쪽 키베호 성모상

1982년 4월 2일

성모님이 알퐁신에게 사람들의 회개와 죄의 극복을 위하여 묵주기도를 바치라고 권고하셨다.

1983년~1989년 11월 28일

성모님이 "나의 아들이 머지않아 다시 돌아올 것이므로, 너의 영혼은 그의 재림을 준비해야 한다"라고 말씀하셨으며, 첫 번째 발현 후 정확히 만 8년이 되는 1989년 11월 28일에 마지막으로 발현하시어 위정자를 향해 메시지를 남기셨다. "권력을 장악하고 국가를 대표하는 사람들은 국민들의 압제자가 되는 대신 국민들을 구원하여라." 그리고 성모님은 알퐁신에게 "나는 너를 사랑한다. 내가 발현한 것은 네가 원했기 때문이다"라고 말씀하셨다.

르완다 키베호 355

나탈리 Nathalie Mukamazimpaka

1982년 1월 12일

교사들과 학생들이 "성모님이 알퐁신만 아니라 다른 사람에게도 나타나신다면 발현을 믿을 것입니다"라고 기도하자, 성모님이 응답하여 20세 나탈리에게 나타나셨다. 나탈리도 탈혼 상태에 빠졌다.

1982년 3월 2일

키베호에는 늘 물이 부족하였다. 1월과 2월에 기숙사에서 악마와 관련한 이상한 일이 생기자 수녀들은 그 불가해한 세력을 몰아내기 위해 루르드 성수를 사용하였는데, 더는 성수가 남아 있지 않았다. 이에 성당과 마을에 물이 꼭 필요한 상황에서 수녀들은 성모님에게 요청하여 축복받은 물을 얻자고 나탈리에게 말하였다. 3월 2일 나탈리는 발현하신 성모님에게 축복받은 물을 요청하였고, 이후에도 여러 차례 물의 원천을 달라고 말씀드렸다. 성모님이 특별한 행동을 취하시진 않았지만 성당 언덕 아래에 있는 샘에서 물이 충분히 나오자 사람들은 이를 축복받은 물이라 여겼고 교구에서도 다시 축복하였다.

1982년 8월 5일

성모님은 나탈리에게 "너에게 말한다. 내가 너를 부르지만 너는 귀머거리 상태로 있을 뿐이다. 내가 너에게 요구하는 것들을 언제 할 것이냐? 너는 발현 장소에 두 개의 성전을 짓도록 하라는 나의 말에 무관심하다. 나는 표징을 주는데 너는 믿지 않고 그대로다"라고 말씀하셨다. 나탈리가 교회 당국에 이 메시지를 전하였지만 아무것도 진행되지 않았다. 성모님은 나탈리에게 1983년 12월 3일까지 발현하셨다.

마리 클레어 Marie Claire Mukangango

1982년 3월 2일

성모님은 21세 마리 클레어에게도 나타나셨다. 마리 클레어는 불신을 가장 많이 보여 준 학생 중 하나였다. 마리 클레어는 모범적이지 않았고 신앙생활도 특별하지 않았으며 심지어 알퐁신을 바보라고 부르기도 했다. 그럼에도 성모님은 당신의 메시지를 전하시고자 회개가 필요한 마리 클레어를 선택하셨고, 그녀는 신비한 힘에 사로잡혔다.

1982년 4월 2일

성모님은 마리 클레어에게 "회개하여라, 회개하여라. 이 시대의 사람들은 모든 것의 진정한 의미를 상실해 버렸다. 잘못을 저지른 자들이 자신이 잘못한 것을 알지 못하고 있다"라고 하시며 죄의 회개를 위하여 성모칠고 묵주기도를 바치라고 권고하셨다.

1982년 5월 31일

성모님이 마리 클레어에게 말씀하셨다. "예수의 수난과 그 어머니의 슬픔을 묵상해야 한다. 회개의 은총을 얻기 위해 매일 묵주기도와 성모칠고 묵주기도를 암송해야 한다."

1982년 9월 15일

성모님이 "성모칠고 묵주기도를 바쳐야 한다"라고 하시며, 마리 클레어에게 전 세계에 성모칠고 묵주기도를 알리라는 사명을 주셨다. 마리 클레어에게는 고통의 성모 마리아 기념일인 그날이 성모님을 목격하는 마지막 날이 되었다.

세 시현자가 본 환시

1982년 8월 15일

성모님이 발현하셨다는 소식을 듣고 군중이 점점 더 늘어났다. 그들은 학교 운동장에 모여 발현에 참여하였으나 성모님의 말씀을 직접 듣지는 못하였고 시현자를 통해서만 들을 수 있었다. 그들이 시현자들이 전하는 성모님의 말씀을 잘 들을 수 있도록 스피커가 설치되었고, 멀리서도 시현자들의 모습이 보이도록 연단이 설치되었다. 그러다가 8월 15일 성모 승천 대축일이 되자 무려 2만 명의 군중이 모였다. 발현이 끝날 무렵 시현자들이 군중을 축복해 달라고 성모님께 요청했고 이내 시현자들은 탈혼 상태에 빠졌다. 시현자들은 탈혼 상태에서 꽃을 보았다. 성모님이 꽃에 물을 주라고 하시며, 싱싱한 꽃은 마음을 하느님께 돌린 사람이고 시든 꽃은 마음이 세속의 일에 빠져 있는 사람이라고 말씀하셨다.

1982년 8월 19일

성모님은 앞으로 일어날 전쟁을 예언하시며 이 끔찍한 전쟁을 피하기 위하여 회개와 기도, 고행과 금식을 권고하셨고, 8시간 동안 시현자들에게 비극적인 장면을 환시로 보여 주셨다. 환시에서는 피의 강과 불타 버린 나무들, 서로를 죽이는 사람들, 머리가 잘려 나간 몸통, 버려진 시체들이 있었다. 세 시현자는 르완다가 하느님께 돌아가지 않는다면 피의 강을 이룰 것이라고 말하였다. 이 환시와 예언에 대하여 처음에는 단순히 끔찍하고 놀라운 것이라고 여겼지만 12년 후 1994년에 내전이 터지며 불과 3개월 만에 시현자가 환시에서 목격한 대로 약 80만 명이 살해되어 피의 강에 버려졌다.

발현 장소

키베호는 르완다 제2의 도시 부타레에서 버스를 타고 비포장도로로 1시간 30분을 가야 하는 오지 마을이다. 이러한 마을에 베네비키라 자매회에서 봉사하는 본당과 학교가 있다는 것이 신기할 정도였다. 성모님은 아프리카에서 가장 위태롭고 혼란스러운 국가 르완다에서 가장 가난한 마을 중 하나지만 가톨릭의 명맥이 그나마 남아 있는 키베호를 선택하신 것이었다.

당시 3명의 수녀가 운영하고 있던 전문학교에는 교사 6명, 학생 120명이 있었다. 성모님 발현은 1981년 11월 28일 학교 식당 복도에서 처음 일어났고, 그다음부터 1982년 1월 16일까지는 기숙사에서만 일어났다. 그 후로는 기숙사와 학교 운동장에서 발현이 일어났는데, 성모님이 기숙사에서 발현하실 경우 시현자와 학교생활에 대해 사적인 대화도 나누었다고 한다.

발현 광장과 그 뒤에 있는 발현 기념 경당. 원래 기숙사로 사용되다가 성모님이 발현하신 부분을 임시 경당으로 변경하였다.

성모님이 특별히 발현 시간을 예고하신 경우에는 많은 군중이 몰려왔고 학교 운동장에서 발현이 일어났다. 그럴 경우에는 가톨릭 신자들만 아니라 비신자들도 그 자리에 함께하였고, 언론계와 의학계, 신학계 관계자들도 참석하였다. 시현자들은 성모님과 대화를 나누고서 이를 그대로 군중에게 전하였다. 성모님의 말씀을 직접 들을 수 없던 군중은 시현자들의 말에 귀를 기울였고, 이를 기록하는 사람들도 있었다.

　　성모님을 특별히 공경하는 5월 성모 성월이 되면 키베호를 찾아오는 순례객이 급증하였다. 이에 1993년 기숙사 중 하나를 임시 경당으로 봉헌하여 사용하다가, 2007년 재보수하여 지금의 모습이 되었다. 성모님이 발현하신 기숙사는 현재 발현 기념 경당과 주임신부 집무실과 본당 사무실, 다목적 회합실로 변경되어 있다. 경당은 중앙에 위치하며 우측에는 본당 사무실과 주임신부 집무실, 좌측에는 회합실이 있다. 성모님의 발현 당시 순례자들이 모여들었던 학교 운동장이 이 건물 바로 앞이다. 현재 발현 광장으로 불리는 이곳에는 발현 성모상을 중심으로 미사와 기도를 바칠 수 있도록 의자가 배치되어 있다.

시현자

　　조사 위원회가 최초 보고서를 제출하고 1년 후인 1983년 11월에는 성모님 발현을 목격하였다는 시현자가 무려 14명이나 되었으며, 성모님만 아니라 예수님도 보았다고 주장하는 시현자도 있었다. 그러나 2001년에 20년 동안 진행해 온 조사를 마무리하며 오직 3명만이 성모님 발현과 관련이 있다고 결론을 내렸고, 주교도 단 3명만을 시현자로 확정하여, 그해 6월에 성모님 발현을 공인하였다.

고통의 성모 성당

발현 기념 경당 내부

발현 기념 경당에서 본 발현 광장

알퐁신은 1965년 출생하여 12세에 세례를 받았다. 1981년 10월 키베호 전문학교에 입학, 1989년 7월 고등학교 교육 과정을 마쳤다. 알퐁신은 신앙심이 깊었고 성모님을 공경하는 마음도 대단하였으며 미사도 꼬박꼬박 참례하는 학생이었다. 1994년에는 콩고로 피난을 가는 등 온갖 어려움을 겪었으나 교구의 지원으로 장학금을 받아 계속 학업을 이어 갔다. 그렇게 교리교육 전공으로 신학을 공부한 후, 2003년 6월 성 클라라 수도회에 들어가서 2006년 7월 수녀가 되었다. 현재는 사망한 것으로 알려져 있다.

나탈리는 1964년 출생하여 4세에 세례를 받았다. 키베호 전문학교를 4학년까지 다니고, 더 이상 학교를 다니지 않았다. 1982년 6월 24일 성모님이 키베호에 머물라고 말씀하신 뒤로 계속 키베호를 지켰으며, 심지어 1994년 르완다 대학살이 일어났을 때도 떠나지 않았다. 그러나 그녀의 안전을 염려한 교구의 조치로 그해 7월 키베호를 떠났다가, 1996년 12월 다시 돌아와서 순례자를 환대하고 성지를 관리하는 활동에 계속 헌신하고 있으며, 키베호 성모상 제작에도 큰 기여를 하였다.

마리 클레어는 1961년 출생하여 5세에 세례를 받았다. 1983년 7월 키베호 전문학교에서 고등학교 교육 과정을 마쳤다. 1983년 9월부터 학생들을 가르쳤으며, 4년 후 1987년 9월부터는 키갈리에서 학생들을 가르쳤다. 1987년 국무총리실에서 일을 할 정도로 전도유망한 청년과 결혼하였으나 자녀는 없었다. 르완다 대학살 때 남편이 잡혀가는 것을 막다가 불행히도 살해당했으며 남편도 납치된 후 살해당한 것으로 알려져 있다.

왼쪽 발현 당시 알퐁신 **오른쪽** 중년의 알퐁신

왼쪽 발현 당시 나탈리 **오른쪽** 중년의 나탈리

왼쪽 발현 당시 마리 클레어 **오른쪽** 발현 당시 세 시현자와 수녀들

영화 「호텔 르완다」를 통해 본 르완다 대학살

실화를 바탕으로 제작한 영화 「호텔 르완다」를 통해 르완다 대학살을 알아볼 수 있다. 1993년 12월 후투족 출신 하비야리마나 대통령이 투치족과의 공존을 위해 평화협정에 동의하며 수십 년간 이어져 온 갈등도 일단락되는 듯하였다. 평화협정을 돕기 위해 유엔군이 파견되었고 수많은 외신 기자들이 르완다로 몰려들었다. 르완다의 최고급 호텔 밀 콜린스의 지배인 폴 루세사바기나는 밀려드는 취재 기자들과 외교관들 때문에 바쁜 나날을 보내고 있었다.

그런데 1994년 7월 대통령이 전용기 피격 사건으로 사망하자 그것을 빌미로 후투족 강경파가 후투족 온건파와 투치족을 닥치는 대로 살해하기 시작하였다. 위협을 느낀 폴은 투치족인 아내와 가족들을 호텔로 피신시켰는데, 이후 호텔로 수많은 피난민들이 모여들었다. 국제사회가 외면한 잔혹한 학살 속에서 차마 이웃들을 버릴 수 없었던 폴은 홀로 힘겨운 싸움을 벌였다. 그러나 유엔군까지 철수하여 호텔마저 공격받게 되자 폴은 호텔을 포기하고 피난민들과 함께 르완다 탈출을 시도했고 결국 1,268명의 목숨을 구하였다. 그 과정에서 수많은 사람들이 살해당하고 폴도 죽을 고비를 몇 번이나 넘긴 끝에 탈출하던 중 흩어졌던 가족과 극적으로 상봉하였다.

1994년 4월부터 7월까지 100여 일 동안 후투족 강경파는 80여만 명을 학살하였다. 1994년 7월 투치족 반군이 후투족 정부군을 몰아내고 키갈리를 점령하며 대학살은 종식되었지만, 산업 시설이 모두 파괴되었고, 보복을 두려워한 175만여 명의 후치족이 인접 국가로 탈출하였다. 그리고 생존자의 70%가 학살 장면을 직접 목격하는 정신적 고통을 겪었다.

르완다의 수도 키갈리에 있는 대학살 기념관 입구

기념관에 있는 희생자들 사진

공인 과정

성모님이 발현하신 이후 키베호를 방문하는 순례자가 늘어나자 부타레 교구의 가하마니 주교는 1982년 3월에는 의학 위원회를, 5월에는 신학 위원회를 각각 구성하여 면밀하고 객관적인 조사를 벌였다. 1988년 8월 15일 주교는 조사 위원회의 1차 보고서를 검토하여, 발현을 공인하지는 않았지만 발현 장소를 순례하고 그곳에서 성모님을 공경하는 것은 허가하였다.

1990년 9월 교황 요한 바오로 2세가 아프리카 대륙 탄자니아, 부룬디, 르완다를 순방하던 중에 키갈리를 3일 동안 방문하였다. 교황은 르완다의 종족 간 대립과 반목을 고려하여 신자들이 성모님을 공경할 것을 권면하였고, 정치적이고 민족적인 분열에 대항하여 더 열심히 기도할 것을 권고하였다.

1992년 키베호는 아우구스티노 미사고 대주교가 사목하는 기콩고로 교구 소속으로 변경되었고, 그해 11월 28일 미사고 대주교는 성모님 발현 11주년을 기념하는 자리에서 키베호를 고통의 성모 성지로 명명하고 성당 건립을 시작하였다. 그러나 1994년 르완다 대학살이 일어나고 말았다.

2001년 6월 29일 미사고 대주교는 기콩고로 대성당에서 르완다 주교단과 공동으로 미사를 집전하며 "발현을 거부하는 것보다 발현을 믿을 이유가 더 많다"라고 밝히고 키베호에서 일어난 성모님의 발현을 공인하였다. 이 공인은 21세기 들어서 세계 최초로 내려진 성모님 발현 공인이었다. 바로 이어 2001년 7월 2일 로마 교황청은 미사고 대주교가 키베호의 성모님 발현을 공인했다고 발표하였다.

발현 의미

　가톨릭 신앙과 교회가 큰 위기에 처하여 긴박한 상황일 때 성모님이 당신의 모습을 드러내고 메시지를 전하시어 많은 신자들이 회심하고 본모습을 회복하는 것이 지금까지 일반적인 성모님 발현의 의미였다. 그렇지만 키베호의 경우에는 성모님이 발현하신 이후 더 큰 시련과 고통이 찾아왔고, 그것을 극복하는 과정이 이어졌다.

　당시 르완다 신자들은 성모님의 메시지에 따라 오랜 혼란과 갈등에서 벗어나서 점차 가톨릭 신앙으로 복귀하고 있었다. 그러나 성모님의 메시지가 얼마나 절박한 것이었는지 제대로 알지는 못하였다. 성모님은 이렇게 말씀하셨다. "서로 증오하는 마음을 버리고 구세주 예수 그리스도의 사랑으로 마음을 채우지 않는다면 르완다에 피의 강이 흐르리라. 예수의 사랑만 있다면 다가올 재앙과 유혈 사태를 피할 것이다. 모든 국민들이 예수님의 사랑과 용서를 실천할 수 있도록 도움을 간구하라." 종족 간 비참한 대학살이 벌어진 후 르완다인들은 자신들이 저지른 끔찍한 대학살을 반성하며 다시 가톨릭 신앙으로 복귀하였다.

　2016년 11월 20일에는 르완다 가톨릭교회도 스스로를 반성하여 "우리는 하느님께 봉사하기로 봉헌된 일부 교회 구성원들과 성직자들 중시 그 대학살에 어떤 역할을 했던 이들이 있었다는 점을 사과한다"라며 공식 사과문을 발표하였고, 이 사과문은 르완다의 모든 가톨릭교회에서 낭독되었다. 또한 다음 해 교황 프란치스코도 르완다 대통령 폴 카가메를 만난 자리에서 "당시 교회의 죄와 결함, 그리고 사제와 수도자들이 신교 사명을 지버리고 증오의 폭력에 굴복한 점에 대해 하느님께 거듭 용서를 청한다"라고 거듭 사과하였다.

성지 소개

　키베호 성지는 고통의 성모 성당과 발현 기념 경당, 발현 광장, 야외 제대 등 미사 봉헌과 관련한 건물들과 묵주기도의 길, 십자가의 길, 순례자 숙소 등의 기타 시설들로 구성되어 있다. 그리고 성지 바로 옆에는 당시 시현자들이 다녔던 키베호 전문학교와 수녀들이 살았던 수녀원 건물이 지금도 그대로 있다. 현재 키베호 전문학교는 성모님이 직접 알려 주신 그분의 호칭을 따서 말씀의 어머니 학교로 이름을 바꿨다.

　고통의 성모 성당은 성모님이 발현하여 요청하신 바에 따라 마땅히 건립되어야 했으나 지체되었다. 1992년 11월 발현 11주년을 기념하여 초석을 놓았지만 르완다 대학살이 벌어지며 공사가 중단되었다가, 2001년 성모님 발현이 공인을 받은 후 다음 해 공사가 재개되어, 2003년 5월 봉헌되었다. 제단 쪽에 있는 7개의 창과 입구 쪽에 있는 장미창을 포함한 7개의 창은 성모칠고를 표현하고 있다. 아프리카 대륙에서 유일하게 공인받은 성모님 발현 성지이기에 성모님과 관련한 축일에 많은 신자들이 순례 오는 것을 대비하여 야외 제대와 6만 명을 수용할 수 있는 야외 공간을 마련해 놓았다.

　성지와 조금 떨어져 있는 곳에는 골고타 언덕이 조성되어 있는데, 십자가의 길로 연결되어 있어 각 처를 묵상하며 천천히 올라가면 키베호 성지 전경이 한눈에 들어온다. 또한 성모님이 성모칠고 묵주기도를 바치고 널리 알리라고 권고하셨기에 성모칠고 묵주기도의 길도 만들어 놓았다. 고통의 성모 성당과 발현 경당 사이에 나 있는 길로 내려가면 성모칠고 묵주기도의 길로 들어설 수 있다.

　성지에서 운영하는 순례자를 위한 숙소로는 레지나 파치스 센터

<성지 전경>

1. 고통의 성모 성당
2. 발현 기념 경당
3. 발현 광장
4. 야외 제대
5. 본당 사무실과 주임신부 집무실
6. 골고타 언덕과 십자가의 길
7. 성모칠고 묵주기도의 길
8. 학교
9. 수녀원
10. 팔로티 하우스와 팔로틴 하우스
11. 레지나 파치스 센터

야외 제대

와 팔로틴 하우스(pallotines.sisters@gmail.com), 팔로티 하우스(pallottihouse@gmail.com) 등이 있으니 하룻밤 묵으며 성지에서 운영하는 프로그램에 참여할 것을 권한다.

그리고 고통의 성모 성당으로 들어가는 입구에는 성모님이 키베호에서 발현하시어 시현자들에게 전해 주신 메시지를 정리해 놓은 현수막이 걸려 있다. 키베호 발현은 오랜 시간 여러 사람에게 일어나서 자칫 메시지가 혼란스러울 수도 있는데, 12가지 항목으로 요약되어 있어 쉽게 이해할 수 있다. 그런데 이 12가지 항목의 메시지는 앞선 15곳의 발현 장소에서 성모님이 우리에게 전해 주신 메시지를 한데 모아 놓은 종합편으로 보인다.

성지 찾아가는 방법

인천국제공항에서 에티오피아 수도 아디스 아바바Addis Ababa로 가서 환승하면 르완다 수도 키갈리Kigali로 입국할 수 있다. 키갈리에서 키베호로 가기 위해서는 먼저 부타레Butare로 가야 하는데 첫째, 키갈리의 냐부고고Nyabugogo 터미널에서 버스를 타는 방법과 둘째, 키갈리 공항에서 택시를 타고 바로 가는 방법(100달러, 3시간 소요)이 있다. 첫째 방법은 상상할 수 없을 정도로 복잡한 터미널에서 표를 사고 버스를 찾아 무거운 짐을 싣는 과정이 지옥 훈련에 가까워 여비는 들지만 후자를 권한다.

부타레에 도착하면 터미널에서 키베호로 가는 버스를 예약한다. 키베호 정류장에 내리면 두 갈래 길이 나오는데, 오른쪽 길로 10분 정도 걸어가면 성지가 나타난다.

* 구글맵에서 찾기: Shrine of Our Lady of Kibeho 입력

12시 미사가 거행되고 있는 성당

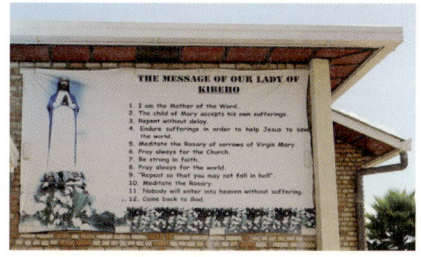

고통의 성모 성당 입구에 걸려 있는 현수막
<키베호 성모님의 메시지>
1. 나는 말씀의 어머니이다.
2. 자신의 고통을 받아들여라.
3. 지체 없이 회개하라.
4. 구세주 그리스도를 위해 고통을 인내하라.
5. 성모칠고 묵주기도를 암송하라.
6. 교회를 위해 기도하라. 7. 강한 믿음을 가져라.
8. 세상을 위해 기도하라.
9. 유혹에 빠지지 않도록 회개하라.
10. 묵주기도를 암송하라.
11. 누구도 고통 없이 천국에 들어갈 수 없다.
12. 주님께 돌아오라.

십자가의 길

골고타 언덕의 십자가

성모님 발현 종합

발현하신 성모님에 대한 호칭

　성모님은 발현하신 장소마다 고유의 호칭을 갖고 있으며, 성모님의 호칭은 모두 발현하신 장소의 이름을 따서 만들어진다. 그리고 성모님이 특별히 강조하신 메시지나 알려 주신 신분이 있는 경우 그 메시지나 신분에 따라 별도의 호칭이 추가되는 경우가 있다. 또한 성모님이 발현하신 후 의미 있는 결과가 있을 경우에는 그 결과에 따라 호칭이 만들어지기도 하고, 드물지만 발현하신 성모님의 외적 특징에 따라 불리는 호칭도 있다.

　성모님이 당신의 신분을 '원죄 없는 잉태'라고 말씀하여 주신 경우가 4건(파리 뤼 뒤 박, 루르드, 기에트슈바우트, 보랭)이 있는데, 이 경우에 '무염시태 성모'라는 호칭을 쓰기도 하지만 일반적으로 발현 장소나 발현 결과에 따른 호칭으로 더 많이 불린다. 루르드의 경우도 성모님이 당신에 대하여 "나는 원죄 없는 잉태이다"라고 직접 밝히셨지만 사람들에게는 그 지명이 더 널리 알려져 있어 '루르드의 성모'라는 호칭을 흔히 쓰는 것이다.

- 발현 장소에 따른 호칭(15건): 모든 성모님의 발현에 적용되나, 멕시코의 과달루페만은 성모님이 직접 알려 주신 호칭이다.
- 신분이나 메시지에 따른 호칭(5건): 과달루페(과달루페의 성모), 생테티엔르로(죄인들의 피난처), 파티마(묵주기도의 성모), 바뇌(가난한 이들의 성모), 키베호(말씀의 어머니)
- 발현 결과에 의한 호칭(4건): 파리 뤼 뒤 박(기적의 메달의 성모), 로마 프라테 성당(시온의 성모), 필리포프(그리스도인들의 도움이신 성모), 퐁맹(희망의 성모)
- 외적 특징에 따른 호칭(1건): 보랭(황금 성심의 성모)

발현 장소

성모님이 잘 알려져 있지 않은 작은 마을(12건)이나 접근하기 힘든 오지(1건)에서 나타나셨다는 것은 성모님 발현의 두드러진 특징 중 하나다. 이에 대해 케네디 몬시뇰은 성모님의 라 살레트 발현을 다룬 자신의 저서에서 '하느님도 버린 지역'이라 표현한다. 도시 외곽에서 일어난 1건까지 포함한다면 총 16건 중 14건이 찾아가기 쉽지 않은 장소였다. 도시 내부에서 발현하신 것은 파리 뤼 뒤 박과 로마 프라테 성당 단 2건뿐이다. 과달루페가 현재는 멕시코시티 안에 있지만 발현 당시에는 도시 밖에 있었으며 사람들이 많이 살지 않는 곳이었다. 그리고 발현은 실내(3건)보다 주로 실외에서 일어났다(13건).

작은 마을을 자세히 살펴보면 성모님은 단순히 규모가 작은 마을이 아니라 가장 가난한 곳, 더 낮아질 수 없는 곳에서 발현하셨다. 다시 말해 도시에서 멀리 떨어져 소외된 곳, 존속 여부가 위태로운 곳에서 당신의 모습을 드러내셨다. 겨자씨가 땅에 뿌릴 때는 이 세상 어떤 씨앗보다 작지만 자라나면 그 어떤 풀보다 커지는 것과 같이 작은 마을에서 일어난 발현의 영향력은 인근 지역과 나라 전체로 퍼져 나가 결국 가톨릭 신앙을 회복시켰다.

- 작은 마을(12건): 레자이스크, 실루바, 생테티엔르로, 루르드, 필리포프(실내), 퐁맹, 기에트슈바우트, 노크, 파티마, 보랭, 바뇌, 키베호
- 오지(1건): 라 살레트
- 도시 외곽(1건): 과달루페
- 도시 내부(2건): 파리 뤼 뒤 박(실내), 로마 프라테 성당(실내)

발현 횟수와 발현 기간

성모님 발현은 단 한 번만 일어난 경우가 5건으로 가장 많았다. 성모님은 로마 프라테 성당에서 3분여 동안 발현하셨는데 아마 가장 짧은 발현이라 할 수 있다. 성모님이 한 번만 발현하신 경우 발현 시간은 2시간에서 3시간 정도이다.

그다음으로 두 번 발현하신 경우가 2건이며, 세 번부터는 전부 1건 씩으로 횟수가 다양하다. 발현 횟수가 가장 많은 곳은 성모님이 2,500번 이상 발현하신 생테티엔르로인데, 시현자가 1664년 17세에 처음으로 성모님을 목격하고부터 1718년 선종할 때까지 무려 54년간 발현이 이어졌다. 그다음은 성모님이 8년간 발현하신 키베호(횟수 불확실), 82일간 160번 발현하신 기에트슈바우트이다. 세계 발현 3대 성지 중 하나로 우리에게 잘 알려진 루르드의 경우도 157일간 18번으로 많은 편이며, 파티마는 6번, 과달루페는 5번이다. 실루바는 오랜 기간 발현하신 것으로 되어 있으나 2번만 확실하고 그 이후의 발현은 기록으로 남아 있지 않아 일단 2번으로 정리하였다.

- 2,500번 이상(1건): 생테티엔르로(발현 기간 54년)
- 횟수 불확실(1건): 키베호(8년)
- 다수(3건): 기에트슈바우트(82일간 160번), 보랭(36일간 33번), 루르드(157일간 18번)
- 10번 이하(4건): 바뇌(8번), 파티마(6번), 과달루페(5번), 파리 뤼 뒤 박(3번)
- 2번(2건): 레자이스크, 실루바
- 1번(5건): 로마 프라테 성당, 라 살레트, 필리포프, 퐁맹, 노크

시대적 배경

성모님이 발현하신 시대적 배경을 보면 대부분 세상과 가톨릭이 위기에 놓여 있던 긴박한 상황이었음을 알 수 있다. 먼저 가톨릭이 공격이나 박해를 받고 있었던 상황은 7건이나 된다. 레자이스크는 루터교, 실루바는 칼뱅주의, 로마 프라테 성당은 유대인, 기에트슈바우트는 프로이센, 파티마는 포르투갈 제1공화정에 의해 박해나 공격을 받고 있었다. 보랭과 바뇌는 사회주의를 지지하는 사회적 분위기에 의해 가톨릭이 탄압을 받았다. 이러한 상황에서 가톨릭이 존재하는 것조차 쉽지 않았으며 사람들에게 외면을 받는 상황까지 내몰린 경우들이다. 그리고 여러 가지 여건으로 인해 주민들의 고통과 갈등이 매우 심화되었던 경우도 6건이나 된다. 이 경우에도 주민들의 가톨릭 신심이 자연스레 약해져 가톨릭이 위기에 빠졌다고 볼 수 있다. 또한 사회적 혼란과 분열로 인하여 교회까지도 흔들리고 분열하는 상황에 빠졌던 경우도 3건에 이른다.

따라서 공인받은 16건의 성모님 발현의 경우 시대적 배경이 모두 불안하고 절박하며 어떤 결단을 내려야 하는 중요한 시점이 대부분이었다. 즉 성모님의 발현은 교회와 신자들이 정말로 간절히 필요로 할 때 나타난 주님의 응답임을 알 수 있다.

- 가톨릭이 공격이나 박해를 받았던 상황(7건): 레자이스크, 실루바, 로마 프라테 성당, 기에트슈바우트, 파티마, 보랭, 바뇌
- 주민들의 고통이나 갈등이 심화되었던 상황(6건): 과달루페, 생 테티엔르로, 라 살레트, 필리포프, 퐁맹, 노크
- 사회적인 혼란과 분열이 심화되었던 상황(3건): 파리 뤼 뒤 바, 루르드, 키베호

시현자

시현자의 수와 성별, 연령

　16건의 성모님 발현 성지에서 지금까지 정확하게 알려진 시현자는 총 49명이다. 시현자는 성지당 1명인 경우가 8건으로 제일 많고, 그 다음이 2명(2건), 3명(2건), 4명(2건), 5명(1건)으로 대체적으로 시현자의 숫자는 적은 편이다. 15명의 집단 시현자가 나온 경우는 노크가 유일하다. 초기에는 주로 시현자 1명이 주를 이루다가 1870년 퐁맹부터 시현자의 수가 늘어나는 경향을 보이고 있다.

- 1명(8건): 과달루페, 레자이스크, 생테티엔르로, 파리 뤼 뒤 박, 로마 프라테 성당, 루르드, 필리포프, 바뇌
- 2명(1건): 라 살레트
- 3명(2건): 파티마, 키베호
- 4명 이상(5건): 퐁맹(4명), 기에트슈바우트(4명), 보랭(5명), 실루바(5명 이상), 노크(15명)

　시현자를 남녀로 구분하면 남자가 19명(39%), 여자가 30명(61%)으로 여자가 많은 편인데, 시현자가 집단으로 나온 노크를 제외하면 남자가 11명(32%), 여자가 23명(68%)으로 여자의 비율이 월등히 높다. 노크를 제외하고 성별과 연령을 보면 남자의 경우 11명 중 10대 이하가 7명(70%)으로 어린 나이의 비율이 매우 높다. 여자의 경우도 23명 중 10대 이하의 어린 나이가 17명(74%)으로 매우 높으며, 25세 미만은 21명으로 비율이 91%나 되므로 거의 젊은 편이다. 남자, 여자 모두 10대 이하 어린 나이의 비율이 70%이다. 과달루페의 후안 디에고(57세)를 제외하면 전반적으로 젊은 나이에 발현을 목격했음을 알 수 있다.

시현자의 신자 여부, 직업, 시현 후 활동

　시현자는 로마 프라테 성당(유대교)과 실루바(칼뱅교)만 제외하면 모두 가톨릭 신자였으며 대부분이 독실한 신자로 신앙생활에 충실하였다. 성모님이 메시지를 잘 전달할 수 있는 사람으로 이들을 선택하셨다고 볼 수 있다. 단 바뇌의 경우는 냉담 가족의 자녀가 시현자였으나 발현 후 바로 회심하였다. 또한 시현자의 70%가 어린아이인 관계로 일정 직업이 없는 경우가 많았으며 어린아이 중에서도 양치기가 4건이고, 나머지 시현자들의 직업은 각기 달랐다.

- 어린아이(9건), 이 중에서 양치기가 4건
- 농부(1건), 나무꾼(1건), 수련수녀(1건), 금융업(1건), 환자(1건), 학생(1건), 마을 사람들(1건)

성모님을 시현한 이후 이들의 삶은 크게 달라졌다. 성모님의 시현자답게 대부분이 처음에는 주저하기도 했지만 위험을 무릅쓰고 성모님의 메시지를 적극적으로 알렸으며, 더 나아가 사제나 수녀가 된 경우가 8건에 이른다. 결혼을 하고 평범한 삶을 살았던 경우는 2건뿐이다. 이러한 모범적인 시현자의 활동에 의하여 성모님의 메시지가 지금까지도 우리에게 생생하게 전달되고 있는 것이다.

- 적극적인 전교 활동(5건): 과달루페, 레자이스크, 생테티엔르로, 필리포프, 노크
- 사제나 수녀가 된 경우(8건): 파리 뤼 뒤 박, 로마 프라테 성당, 라살레트, 루르드, 퐁맹, 기에트슈바우트, 파티마, 키베호
- 결혼 후 평범한 삶을 산 경우(2건): 보랭, 바뇌
- 자료 없음(1건): 실루바

시현자의 선종과 시성 여부

일반적으로 시현자들은 요절하는 것으로 알려져 있다. 우리에게 잘 알려진 루르드의 베르나데트(35세), 파티마의 프란치스코(11세)와 히야친타(10세)가 일찍 선종하였기에 우리에게 잘 알려져 있지 않은 다른 시현자들도 당연히 그러했을 것이라 추측하는 것이다.

하지만 대부분의 경우 시현자들은 장수하였다. 파티마의 루치아 수녀는 98세, 보랭의 질베르트는 92세, 바뇌의 마리에트는 90세까지 살았으며 70세를 넘긴 시현자도 매우 많다. 시현자의 죽음에 관한 자료가 불확실한 3건(레자이스크 1명, 실루바 5명, 노크 15명)을 제외하고 선종 시기가 확실한 시현자 23명의 수명을 살펴보면 60세 이상 장수한 경우가 80%에 이른다.

- 70세 이상(14명): 과달루페, 생테티엔르로, 파리 뤼 뒤 박, 로마 프라테 성당, 라 살레트, 필리포프, 퐁맹(2명), 기에트슈바우트, 파티마, 보랭(3명), 바뇌
- 50세 이상(4명): 퐁맹(2명), 보랭(2명)
- 30세 이상(3명): 라 살레트, 루르드, 키베호
- 20세 이하(2명): 파티마(2명)

시현자 중에서 성인품에 오른 경우는 단 5명뿐이다. 세계 3대 성모님 발현 성지의 경우는 시현자가 모두 성인이 되었다. 과달루페의 디에고는 2002년, 파리 뤼 뒤 박의 가타리나 수녀는 1947년, 루르드의 베르나데트는 1933년, 파티마의 프란치스코와 히야친타는 2017년 시성되었다.

발현 모습

성모님은 똑같은 모습이 아닌 다양한 모습으로 발현하셨다. 발현하신 지역의 특성에 맞는 피부색과 복장으로 발현하셨으며 전달하려는 메시지에 걸맞은 모습으로 나타나셨다. 그러나 공통적인 발현의 모습이 있으니 그것은 바로 젊고 아름다우며 빛이 났다는 것이다. 또한 얼굴은 작고 신장이 긴 팔등신 이상이었으며 우아하고 기품이 있었다. 성모님이 발현하신 모습을 본 시현자들은 입을 모아 말하기를, 이 세상 사람이 아니며, 천상에서 오신 분, 감히 범접하기 어려운 분, 경이로운 분으로 표현하고 있으며 눈치가 빠른 시현자는 '혹시 성모님이 아닌가' 하는 생각까지 했다고 한다.

우선 성모님의 모습을 가장 크게 구분하는 것은 성자를 안고 발현하셨는지 여부이다. 과달루페라는 예외가 있지만 1830년 이전에 성모님은 모두 성자를 안고 발현하셨다. 오래전부터 성모님을 표현하는 방법은 예수 그리스도와 함께하는 것이었다. 성모님은 늘 성자를 안고 계시거나 십자가에서 내려오는 예수 그리스도를 안고 계시는 모습(피에타 상)으로 표현되어 왔다. 따라서 당연히 성모님이 발현하실 때에도 성자를 안고 나타나셨던 것이다.

그런데 1830년 파리 뤼 뒤 박에서 성모님은 혼자 발현하셨으며 이후의 발현에도 성모님은 혼자 나타나셨다. 이러한 의미에서 1830년 뤼 뒤 박의 성모님 발현의 모습에서 이전과는 다른 큰 변화가 시작되었음을 알 수 있다. 뤼 뒤 박 성모님 발현은 이제 성모님 발현의 시대가 시작되었으며, 예수 그리스도가 재림하시기 전에 와야 하는 성모님의 시대가 시작되었음을 알려 주고 있는 것이다.

먼저 성모님의 의상을 보면 기본적으로 긴 옷를 입고 계셨고 여기에 어떤 복장이 추가되는가에서 차이가 있다. 머리 위에 베일을 쓴 경우가 6건이며, 머리에서 무릎 아래까지 내려오는 긴 베일을 두르고 있는 경우가 6건이다. 그리고 베일이 없는 경우도 4건이나 되지만 대신에 왕관을 쓰고 계신 경우가 3건이나 된다. 즉 머리 위에 베일(베일은 모두 흰색이나 퐁맹만 검은색)이나 머리부터 발까지 몸을 감싸는 긴 베일(흰색과 파란색 계통), 왕관(황금색) 등이 있는 경우가 15건이 되는 것이다. 이런 모습이 대표적인 성모님 발현 모습의 복장으로 볼 수 있다. 머리에 아무 것도 없는 경우는 기에트슈바우트 단 1건뿐이다.

- 어깨 근처까지 내려오는 베일(6건): 레자이스크, 실루바, 파리 뤼 뒤 박, 로마 프라테 성당, 퐁맹(베일 위 왕관), 보랭
- 머리에서 무릎 아래까지 내려오는 베일(6건): 과달루페, 생테티엔르로, 루르드, 파티마, 바뇌, 키베호
- 베일 없음(4건): 라 살레트(왕관), 필리포프(왕관), 기에트슈바우트, 노크(왕관)

보통은 허리띠를 두르고 있으나 그 자락이 아래로 길게 늘어진 경우가 3건(루르드, 기에트슈바우트, 바뇌)이 있으며, 묵주를 갖고 계신 경우가 4건(루르드, 파티마, 바뇌, 키베호)이고, 머리 주변에 12개의 별이 나타난 경우가 3건(파리 뤼 뒤 박, 로마 프라테 성당, 기에트슈바우트)이다.

또한 성모님은 대부분 바위 위나 구름 위에서 발현하셨으며, 거의 맨발로 계셨으나 신발을 신고 계신 경우도 2건(라 살레트, 퐁맹)이 있고, 장미가 발 위에 놓여 있거나 발 주위에 있는 경우가 3건(라 살레트, 루르드, 바뇌)이 있다.

발현하신 성모님의 메시지

성모님의 메시지는 1830년을 기준으로 하여 구분된다. 1830년 이전 성자를 안고 발현하신 성모님의 메시지에는 모두 성자에 대한 언급이 있으며 성자를 위한 장소에 성전을 세우라는 것이 핵심이었다(레자이스크, 실루바, 생테티엔르로). 그러나 1830년 이후에는 성모님의 메시지가 당시 사람들에게 직접적으로 필요하거나 신앙생활과 관련한 것으로 방향이 바뀌었다. 발현하신 성모님이 주신 메시지의 내용은 크게 다음과 같이 구분할 수 있다.

- 당신의 신분을 직접 밝히는 메시지(8건)
- 발현하신 장소에 성전을 세우라는 메시지(10건)
- 고통을 인내하고 회개와 기도(묵주기도)를 바치라는 메시지(9건)
- 사람들을 위로하고 희망을 주는 메시지(4건)
- 불행한 결과에 대한 경고 메시지(2건)
- 미래에 대한 특별한 비밀 예언 메시지(2건)

첫째, 성모님이 당신의 신분을 직접 밝힌 발현 성지는 8건(과달루페, 파리 뤼 뒤 박, 루르드, 기에트슈바우트, 파티마, 보랭, 바뇌, 키베호)이나 된다. 이 신분 중에서 특히 원죄 없는 잉태라고 말씀하신 경우는 4건(파리 뤼 뒤 박, 루르드, 기에트슈바우트, 보랭)이다. 나머지 4건은 하느님의 어머니, 묵주기도의 성모, 가난한 이들의 성모, 말씀의 어머니이다.

둘째, 발현하신 장소에 성전을 세우라고 하신 메시지는 10건(성전 건립을 간접적으로 표현하신 실루바도 포함)이나 된다. 발현 시 침묵하신 3건의 경우(로마 프라테 성당, 퐁맹, 노크)와 필리포프처럼 간단한 발현을 제외한다면 12건 가운데 10건이나 되는 것으로, 발현 시마다 성모님은 성전 건립을 요청하셨던 것이다. 성모님의 메시지는 외형적으로 성자와 회개한 자, 순례자들을 위한 성전을 세우라는 것이지만 성모님이 말하는 성전은 크게 아래와 같이 매우 중요한 네 가지 의미를 내포하고 있다. 이러한 의미로 인해 성전 건립이 받아들여지지 않았을 경우 성모님은 재차 발현하시어 성전 건립을 강력하게 요구하셨던 것이다.

- 가톨릭이 새롭게 시작하는 장소(1건): 과달루페
- 박해받는 가톨릭이 원상태로 회복되는 장소(6건): 실루바(칼뱅주의), 기에트슈바우트(프로이센), 파티마(제1공화정), 보랭(사회주의), 바뇌(사회주의), 키베호(부정부패)
- 외부의 공격과 침범으로부터의 보호 및 방어하는 장소(1건): 레자이스크(루터교)
- 치유와 위안을 주는 장소(2건): 생테티엔르로, 루르드

셋째, 늘 하느님께 기도(묵주기도 포함)를 바치라는 가톨릭 신앙생활에 대한 가르침이다. 특히 1830년 이후에 발현하신 성모님은 항상 기도를 하라고 여러 번 강조하셨다. 로마 프라테 성당과 노크처럼 침묵하신 2건의 경우(퐁맹의 경우 침묵하셨지만 글자로 기도하라고 알려 주셨다)와 필리포프를 제외한 1830년 이후의 9건 발현에서 9번 모두 기도를 하라고 말씀하셨다. 주님께 드리는 기도가 가톨릭 신앙의 핵심임을 다시 알려 주신 것이다. 성모님은 기도와 더불어 회개를 강조하셨으며, 파티마에서는 시현자에게 고통을 참아야 한다고 당부하셨다.

넷째, 치유를 포함하여 위안과 미래의 희망을 주는 메시지이다. 이 메시지는 우리 인간들에게 가장 마음에 와닿는 메시지이기도 하다. 성모님은 무엇을 하라는 요구이자 명령과 같은 메시지를 전달하

시는 한편, 세상에 살면서 숙명처럼 감수해야 하는 고통과 어려움에 시달리는 인간을 보듬어 주고 사랑을 베푸는 어머니의 모습도 드러내 주셨다. 우리가 성모님 발현 성지를 찾아 순례하는 이유 중 가장 중요한 부분이 바로 성모님의 사랑을 느끼고 몸과 마음의 치유를 받아 위안을 얻기 때문일 것이다.

다섯째, 주님을 따르지 않았을 때 발생할 수 있는 불행한 결과를 알려 주는 경고 메시지이다. 대표적으로 라 살레트와 키베호의 메시지를 들 수 있다. 1846년 라 살레트에서 발현하신 성모님은 아침저녁으로 기도하지 않으면 재앙이 내릴 것이라고 경고하셨고, 1981년 키베호에서 발현하신 성모님은 앞으로 일어날 전쟁을 예언하시며 이 끔찍한 전쟁을 피하기 위하여 회개와 기도, 고행과 금식을 권고하셨다. 그러나 르완다 신자들은 이 메시지가 얼마나 절박한 것이었는지 잘 알지 못했고, 결국 12년 후 3개월 동안 80만 명이 살해되는 르완다 대학살이 일어나고 말았다.

마지막으로 미래에 대한 특별한 비밀 예언에 대한 메시지로, 라 살레트와 파티마가 이에 해당한다. 성모님은 라 살레트에서 그리스도의 적과 마지막 날에 일어날 일에 대해 비밀 메시지를 전하셨고, 파티마에서는 시현자들에게 세 가지 비밀을 말씀해 주셨다. 첫 번째 비밀은 죄인들의 영혼이 떨어지는 지옥에 대한 환시였고, 두 번째 비밀은 러시아에서 잘못된 사상을 세상에 퍼뜨려 전쟁을 일으키고 교회를 박해할 것이지만 결국은 당신의 성심이 승리하리라는 예언이었다. 그리고 "하얀 옷차림의 주교가 십자가를 향해 순교자들의 시신 사이로 걷다가 총탄을 맞고 쓰러지는 것"이라는 세 번째 비밀은 1981년 교황 요한 바오로 2세가 당한 피격을 의미하였다.

성모님 발현에 의한 결과

　성모님이 발현하신 후의 결과는 모두 가톨릭 신앙과 밀접한 관계가 있다. 가톨릭 신앙이 고양된 발현은 3건으로 과달루페의 경우 7년 동안 무려 800만 명이 가톨릭으로 개종하였으며, 필리포프는 보헤미아 지방에 대한 치유의 기적으로, 퐁맹은 전쟁의 피해로부터 완전히 벗어날 수 있었기에 가톨릭 신앙이 이전보다 더 고양되었다.

　성모님의 발현으로 위기나 어려움에 처해 있었던 가톨릭 신앙이 분열하지 않고 잘 유지되었던 경우는 6건으로 레자이스크의 경우 폴란드 남부를 장악하였던 루터교의 확산을 막아 폴란드의 가톨릭을 유지할 수 있었고, 생테티엔르로(지방 주민에 대한 위안), 파리 뤼 뒤 박(치유의 기적으로 분열의 최소화), 로마 프라테 성당(유대인의 개종), 라 살레트(무염시태 선포), 루르드(치유의 기적)도 어려움과 위기를 잘 극복하고 가톨릭 신앙을 유지하는 결과를 낳았다.

　성모님의 발현으로 가톨릭 신앙을 다시 회복한 경우는 7건으로 실루바는 칼뱅주의로부터, 기에트슈바우트는 프로이센, 노크는 2번의 감자 기근, 파티마는 제1공화정, 보랭과 바뇌는 사회주의, 키베호는 정부의 만연한 부패와 반군의 무력 투쟁으로부터 벗어나 가톨릭 신앙을 회복할 수 있었다.

- 가톨릭 신앙이 고양된 경우(3건): 과달루페, 필리포프, 퐁맹
- 가톨릭 신앙이 유지된 경우(6건): 레자이스크, 생테티엔르로, 파리 뤼 뒤 박, 로마 프라테 성당, 라 살레트, 루르드
- 가톨릭 신앙이 회복된 경우(7건): 실루바, 기에트슈바우트, 노크, 파티마, 보랭, 바뇌, 키베호

성모님 발현 성지가 주는 의미

성모님 발현은 다른 종교에서는 볼 수 없고 오직 가톨릭 신앙에서만 볼 수 있는 초자연적 신비이다. 성모님 발현은 그분께서 세상을 떠나신 순간부터 시작되었으며 현재도 어디선가 일어날 수 있는 가톨릭의 오묘한 신비이다. 물론 그 모든 발현이 공식적으로 인정받지는 못하였지만, 성모님이 늘 우리와 함께 있다는 것을 느낄 수 있게 해 주는 것이다. 성모님이 이렇게 많이 발현하셨다는 것은 역으로 우리의 신앙생활이 늘 위기에 빠져 있었으며 언제라도 신앙에서 멀어질 수 있다는 것을 간접적으로 알려 주고 있다.

그러나 이 세상은 역사가 잘 보여 주듯이 항상 혼란과 분열을 겪었으며 지금도 그러한 상황은 변함이 없다. 인류가 위기 상황을 맞이하게 될 때마다 성모님은 발현하시어 우리의 신앙을 주님께로 향하게 하며 주님과 일치할 수 있도록 만들었고 앞으로도 그렇게 하실 것이라고 예측할 수 있다.

지역 주교의 긍정적인 보고 이후 교황이 지지 의사를 표명한 16건의 성모님 발현은 모든 발현 중에서도 우리 신앙인들에게 중요한 의미를 전달하여 더 독실하고 열성적으로 가톨릭 신앙을 지키게 해 주고 있다. 앞서 살펴본 바와 같이 성모님의 발현은 가톨릭이 위기 상황에 빠져서 주님의 도움이 절실하고도 긴박할 때 이루어졌다. 그리고 성모님은 위기 상황에 잘 대처할 수 있는 꼭 필요한 장소에서 발현하셨다. 성모님의 메시지는 위기에 빠진 신자들이 다시 신앙심을 회복하여 참된 신앙인으로 재탄생할 수 있도록 우리를 인도하였다. 이런 의미에서 성모님이 발현하신 성지를 찾아 떠나는 순례는 매우 의미가 깊다고 할 것이다.

성모님 발현 성지를 다녀온 모든 신자에게서 들을 수 있었던 공통적인 의견은 성령으로 가득 차오르는 느낌이 너무 좋았고 다시 신앙심이 불타올랐다는 것이다. 성모님의 발현은 발현 당시의 사람들에게 신앙심을 다시 회복시켰을 뿐만 아니라 이 시대를 사는 사람들에게도 똑같이 신앙심을 고취시키고 있는 것이다.

성모님의 발현이 일어난 장소를 찾아가는 것은 단순한 여행이 아니라 발현하신 성모님을 영적으로 만나는 의미 있는 순례가 될 것이다. 따라서 우리가 먼저 성모님을 찾아 나서는 행동이야말로 참된 가톨릭 신앙인으로 재탄생하는 방법이 될 수 있는 것이다. 성지에서 성모님을 만나고, 성모님과 대화하며, 성모님을 느끼는 시간은 우리에게 어디에서도 받을 수 없는 위안과 위로를 주며, 더 나아가 세속에서 발생하는 모든 고통을 인내할 수 있는 용기와 힘을 얻게 해 줄 것이다.

그리고 성모님을 목격하고 메시지를 전달받은 시현자들의 모습은 순례하고 있는 우리들이 어떠한 삶을 살아야 하는지를 일깨워 준다. 우리 모두는 성모님을 목격한 시현자와 똑같이 성모님을 알리는 증인이 될 수 있어야 한다. 시현자들이 주변의 무시와 위협 속에서도 성모님을 증거하여 결국 주님이 원하시는 의미 있는 결과를 만들어 냈듯이 순례를 다녀온 우리 신자들도 불타는 신앙심으로 성모님을 널리 알리려는 현재의 시현자가 되어야 한다.

현재의 시현자를 통하여 세상의 모든 사람들이 성모님을 알게 될 때 하느님이 원하는 세상이자 우리들이 희망하는 세상이 오게 될 것이다. 13세기 이탈리아의 추기경이자 신학자였던 보나벤투라 성인은 성모님이 주님께 나아가는 길이라는 의미로 이렇게 말하였다. "그리스도께 가는 길은 성모님께 가까이 가는 것이다."

하느님께서 우리에게 가장 친숙한 우리들의 어머니 성모님을 통하여 우리를 위기에서 구출하고, 우리의 신앙을 잘 유지할 수 있게 자비를 베푸신 것이 바로 성모님의 발현이라고 할 수 있다. 이제 우리는 성모님의 발현을 체험하면서 우리의 몸과 마음이 주님을 향하도록 하여 늘 주님과 일치하는 일상을 보내는 것이 궁극적으로 우리가 가야 할 신앙의 길임을 다시 깨달아야 할 것이다.

나오며

이 책이 나오기까지

모든 것은 작은 우연에서 시작되고

　2016년 11월 2일 레지오 마리애 쁘레시디움 단장으로부터 전날 주회합에서 차기 단장으로 선출되었다는 전화를 받았다. 그 당시 회사일로 너무 바빠 주회합도 3주 연속으로 결석하는 상황이었는데 당사자가 없는 와중에 단장으로 결정하였다니 너무한 것이 아닌가 하는 생각이 들었다. 참으로 난감하였고 이번 기회에 아예 레지오에서 퇴단을 할까 하는 순간적인 유혹에 빠지기도 하였다. 이런 상태로 며칠이 지났는데 마음속 성모님으로부터 "쁘레시디움이 지금 매우 어렵구나. 네가 잘 이끌어 줄 수 없겠니?"라는 울림이 들려왔다. 순간 당황하였지만 수차례 이런 영감을 받은 후 단장을 맡기로 결심하였고 11월 15일 주회합부터 단장의 역할을 수행하였다.
　단장을 시작하면서 단원들이 주회합에서 무언가를 얻어 갈 수 있다면 좋을 것 같다는 생각을 하게 되었다. 그 방법을 심도 있게 고민하였지만 답을 쉽게 얻을 수는 없었다. 그때 구역장으로부터 2016년 12월에 열리는 마지막 구역모임에서 루르드 성지에 다녀온 경험을 발표해 달라는 요청을 받게 되었다. 구역장은 스크린과 프로젝트 등 모든 것을 자신이 알아서 다 설치해 놓을 테니 부담 갖지 말고 사진만 준비해 와 설명해 달라고 하였다. 루르드를 2016년 1월에 다녀왔지만 여전히 그때 그 감동이 남아 있었고 구역장의 간곡한 요청도 있어 승낙하였다. 루르드 사진을 정리하면서 성모님의 발현을 찾아보게 되었는데 성모님 발현이 레지오 마리애와 보이지 않는 연결고리가 있다는 사실을 알게 되었다.

특히 파리 뤼 뒤 박에서 발현하신 성모님의 무염시태 메달이 레지오의 군기인 벡실리움에 설치되어 있다는 사실에 매우 놀랐다. 이러한 사실을 알게 되자 성모님 발현과 레지오 마리애의 초기 설립 단계에 대하여 나의 모든 관심이 집중되었다.

작은 우연에서 새로운 시작으로

2017년 1월부터 본격적으로 성모님 발현과 프랭크 더프, 레지오 마리애에 대하여 조사를 하였고 관련 자료를 모았다. 이렇게 1개월 동안의 준비 과정을 마치고 난 후 주회합에서 단원들에게 '레지오 마리애의 근원을 찾아서'라는 주제로 50번의 훈화를 하겠다고 발표하였다. 이제 와 생각하면 참으로 무리였다고 생각되는데 그때는 왜 그렇게까지 열성이었는지는 잘 모르겠다. 무모한 발표를 한 후 일주일 내내 훈화 준비를 하여 2월 7일 첫 번째 훈화를 하였다. 훈화 주제는 '2017년에 레지오 마리애의 근원을 찾는 이유는 무엇인가?'였다. 이는 '레지오 마리애의 근원을 찾아서'를 이 시점에 다루어야 하는 확실한 이유가 있어야 앞으로 진도가 나갈 수 있기 때문이었다. 두 번째 훈화 주제는 '레지오 마리애에 대한 근본적인 8개 질문'이었다. 우리가 잘 알지 못하는 레지오 마리애의 근원에 대하여 먼저 궁금한 부분에 대한 질문을 던지고 그 답을 찾는 과정을 통해서 레지오의 초기 상황을 알아보자는 의미였다. 이렇게 아슬아슬하게 진도는 나갔으며 주임 신부님 사목 해설 교육, 아치에스Acies 행사 등으로 훈화가 연속적으로 이루어지지는 않았지만 부족한 대로 훈화는 계속 진행되었다.

새로운 시작에서 또 다른 시작으로

훈화가 진행되면서 성모님의 발현과 레지오 마리애에 대한 내용의 깊이가 더해지자 성모님이 발현하신 장소와 레지오 마리애가 탄생한 아일랜드를 직접 가 보고 싶다는 생각이 들었다. 가 보지도 않고 어떻게 설명하며, 직접 체험해 보지 않고 어떻게 이해를 시킬 것인가 하는 의구심이 든 것이다. 2017년 여름휴가를 이용하여 순례할 것을 확정하고 3월 중순부터 계획을 세우기 시작하였다. 그리고 5월 초부터는 아일랜드 꼰칠리움과 접촉하는 방법을 찾고 레지오 마리애와 관련된 장소를 정리하였다. 5월 13일에 꼰칠리움에 메일을 보내고 방문 가능 여부를 타진하였다. 사실 쁘레시디움 단장이 꼰칠리움에 직접 연락을 취하는 것이 지금 와서는 너무 과한 행동이었다는 반성을 하지만 그때는 정말 잘 모르고 많이 부족한 상태였기에 오히려 가능했던 것 같다. 꼰칠리움으로부터의 답신을 초조하게 기다리면서 매일 묵주기도를 드렸는데 드디어 5월 19일 꼰칠리움으로부터 웰컴 메일을 받았다. 쁘레시디움 단장이 꼰칠리움을 방문하는 것을 허락하고 안내까지 해 주겠다는 메일은 감동을 넘어 그 이후 나의 모든 열정과 인내의 씨앗이 된 것은 너무나도 당연하다. 아마도 한국이란 먼 나라에서 부부가 아일랜드 꼰칠리움을 방문하러 온다는 것을 의아하면서도 기특하게 여겼을 것이라 생각된다. 이 환영 메일을 받은 후 방문할 성모님 발현 성지도 정리하고 5월 말에는 항공권과 호텔을 예약하여 기본적인 준비가 완료되었다.

성지 순례로 이어지면서 비로소 소명을 깨닫고

2017년 8월 3일 드디어 순례가 시작되었다. 순례는 아내 레지나와 함께 성모님이 발현하신 성지 7곳과 아일랜드 더블린에 있는 레지오 마리애 관련 장소를 방문하는 일정으로 진행되었다. 우선 프랑스에서 파리 뤼 뒤 박, 라 살레트, 생테티엔르로, 퐁맹 4곳을 순례한 후 벨기에의 보랭과 바뇌 성지를 순례하였다. 그리고 아일랜드로 가서 노크 성지를 순례한 후 마지막 일정으로 더블린에 소재한 레지오 마리애의 세계 본부인 꼰칠리움을 방문하였다. 아침 9시에 모닝스타 애비뉴에 위치한 꼰칠리움에 도착하였지만 문이 잠겨 있어 바로 옆에 있는 천상의 모후 여성 기숙사에 문의하니 잠시 들어와 기다리라고 해서 응접실에서 대기하였다. 여성 기숙사는 외부 사람의 출입을 금하는데 우리 부부는 잠시나마 머무를 수 있는 기회를 얻었다.

잠시 후 창문을 통해 보니 누군가가 꼰칠리움의 문을 열고 있기에 기숙사에서 나와 그분에게 다가갔다. 흰머리의 연세 지긋하신 남자분은 꼰칠리움의 서기를 맡고 있는 패트릭 페였다. 나중에 안 사실이지만 이분은 꼰칠리움의 단장까지 역임한 관록 있는 분이었다. 서로 인사를 나눈 후 패트릭 서기는 꼰칠리움 건물과 샛별 남성 기숙사, 프랭크 더프의 생가를 안내해 주셨으며 본인의 차로 레지오 첫 주회합이 열린 마이러 하우스까지 데려다주셨다. 연세가 있어 거동이 약간 불편하심에도 레지오에 대한 열정으로 우리 부부를 너무 친절히 안내해 주신 것에 진심으로 감사드린다. 마이러 하우스를 둘러본 후 우리 부부는 프랭크 더프의 묘지가 있는 글라스네빈 국립묘지로 갔다.

국립묘지가 너무 커서 과연 프랭크의 묘지를 찾을 수 있을까 하는 염려도 있었지만 미리 위치를 확인하고 왔기에 생각보다 힘들지 않게 묘지를 발견할 수 있었다. 묘비에는 프랭크 더프의 사진이 있었으며 묵주가 걸려 있어서 매우 거룩한 분위기가 감돌았고, 우리 부부는 프랭크 더프의 레지오에 대한 헌신과 희생을 되새기며 명복을 비는 기도를 드렸다. 묘지 방문을 마지막으로 모든 순례를 무사히 감동적으로 마치고 귀국하였다. 이 순례를 통해서 지금까지 진행해 온 훈화의 핵심은 결국 성모님을 제대로 알아 가는 여정이라는 것을 알게 되었고, 내게 주어진 진짜 소명은 성모님을 널리 알리는 것임을 깨닫게 되었다.

강의와 글로 성모님을 알리고

순례를 마치고 온 이후 쁘레시디움의 주회합 때 하는 훈화는 내용이 더욱 충실해졌고, 2017년 말까지 총 30번의 훈화를 하였다. 그동안 성모님 발현 성지 중 파리 뤼 뒤 박, 라 살레트, 루르드, 퐁맹, 노크 등을 전달하였으며, 아일랜드는 어떤 나라이고, 어떻게 철저한 가톨릭 국가가 되었는지도 훈화하였다.

2018년에도 훈화는 계속되다가 2018년 8월 28일 50회로 '성모님의 발현'과 '레지오 마리애의 근원을 찾아서'에 대한 훈화가 1년 7개월 만에 완료되었다. 이어 도곡동성당 꾸리아 단장으로부터 꼰칠리움을 방문한 결과를 전단원 교육 때 발표해 달라는 요청을 받았다. 이에 2018년 4월 25일 '자비의 모후' 남성 꾸리아 전단원 교육을 담당하였으며, 이어서 6월 26일 '희망의 모후' 여성 꾸리아의 전단원 교육도 진행하게 되었다.

그리고 강남 '정의의 거울' 꼬미씨움 단장의 요청으로 2018년 9월 2일 꼬미씨움 새단원 교육까지 진행하게 되었으며 새단원 교육은 2019년에도 담당하였다. 쁘레시디움 훈화에서 시작된 성모님 제대로 알기가 성모님을 찾아 나서는 순례로 이어졌고, 다시 성모님을 알리는 강의로까지 영역이 확장된 것이다.

8월에 도곡동성당의 소식지 편집을 맡고 있는 강남 '황금궁전' 꼬미씨움 단장이 전단원 교육의 내용이 좋으니 강의와 관련한 글을 소식지에 써 달라고 요청하였다. 무엇을 쓰는 것이 신자들에게 좋을까를 고민하다가 성모님을 알리는 데는 성모님이 실제로 발현하신 성지에 대하여 쓰는 것이 가장 효과적이라고 판단하여 제목을 '성모님 발현 성지를 찾아서'로 결정했다. 2018년 10월 26일 도곡동성당의 소식지 『함께 가는 길』에 '성모님 발현 성지를 찾아서'의 첫 번째 주제로 '성모님 발현의 의미와 공인'이 실리게 되었다. 글은 총 20회 분량으로 게재할 계획이며, 2021년 5월 20일 현재 열한 번째로 체코 필리포프 성지가 게재되었다. 이제 글로써 성모님을 좀 더 널리 알릴 수 있는 기회를 얻게 된 것이다.

성지 순례를 완료하고

2011년 1월(파티마), 2016년 1월(루르드), 2017년 8월(파리 뤼 뒤 박, 라 살레트, 생테티엔르로, 퐁맹, 보랭, 바뇌, 노크)의 세 번에 걸친 성지 순례로 지역 주교와 교황청에서 공인을 받은 전 세계 16곳의 성모님 발현 성지 중 9곳의 순례를 마치게 되었다. 소식지에 계속 성모님 발현 성지에 대하여 글을 써야 하므로 이번 기회에 나머지 7곳의 성지도 모두 순례를 해야겠다는 결심을 하였다.

이에 2018년 8월 여름휴가를 이용하여 아내와 함께 유럽에서 아직 가 보지 못한 발현 성지인 로마의 산탄드레아 델레 프라테 성당, 체코의 필리포프, 폴란드의 레자이스크와 기에트슈바우트, 리투아니아의 실루바 등 5곳을 순례하였다. 이전에 순례한 성지에 비하여 널리 알려지지 않았고 찾아가기도 힘든 성지였지만 역시 성모님의 발현 성지답게 풍부한 발현 이야기와 잘 조성된 시설 등 풍부한 영적 자원을 보유하고 있었다. 그리고 가톨릭 국가인 폴란드를 순례하면서 블랙마돈나로 유명한 야스나 구라 수도원과 교황 요한 바오로 2세의 고향인 바도비체, 크라코프의 바벨 대성당을 방문한 것은 순례의 또 다른 수확이었다.

이제 14곳의 성모님 발현 성지의 순례를 마쳤고, 멕시코의 과달루페와 아프리카 르완다의 키베호만이 남게 되었다. 남아 있는 성지를 빨리 순례하고 싶은 마음이 간절하였으나 멕시코와 르완다는 너무 멀리 떨어져 있어 동시에 갈 수도 없고, 르완다의 키베호는 찾아갈 방법이 여의치 않아 과연 순례를 마칠 수 있을까 하는 생각이 들었다. 그러나 가겠다는 마음만 있다면 걱정은 쓸데없는 것이었다. 2019년 2월 멕시코 과달루페 순례를 하였고, 2019년 8월 마지막으로 남아 있던 르완다의 키베호도 순례하였다. 키베호는 순례를 떠나기 직전까지도 갈 수 있는 방법을 찾지 못하여 결국 현지에 가서 해결하는 수밖에 없는 답답한 상황이 되었다. 바로 그때에 르완다에서 코이카KOICA 자원

봉사를 하고 있는 가톨릭 신자와 우연히 블로그로 연결이 되어 도움을 받게 되었다.

르완다의 수도 키갈리의 공항에서 만난 신자는 아가타 자매님으로, 키갈리 공항에서 호텔로, 호텔에서 3시간 걸리는 부타레까지 동행해 주었으며 부타레 버스터미널에서 다음 날 아침 키베호로 가는 버스편 예약을 도와주었고, 순례를 마치고 다시 키갈리로 돌아오는 차편까지 예약해 주었다. 아마도 아가타 자매님과의 만남이 없었다면 키베호 순례는 숙제로 남았을지도 모른다. 이 책을 통해 다시 한번 르완다의 아가타 자매님께 진심으로 감사의 마음을 전한다.

성모님을 알리는 소명을 책을 통해 마무리하며

2019년 8월 성모님 발현 성지 16곳의 순례를 마치고, 소식지에 '성모님 발현 성지를 찾아서'를 게재하면서 많은 분량의 성모님 관련 자료를 확보하게 되었다. 그러자 성모님에 관한 풍성한 자료를 나 혼자만 보유하거나 외부에 공개하지 않는 것은 옳지 않다는 생각이 들었다. 그래서 2019년 초부터 그동안 축적되어 있는 모든 자료를 묶어서 한 권의 책으로 만들어 많은 신자들이 볼 수 있게 하는 것이 성모님을 더욱더 널리 알릴 수 있는 길이라는 확신을 갖게 되었다. 2020년 2월부터 본격적으로 '성모님 발현 성지를 찾아서'라는 제목으로 책의 초고를 만들기 시작하였다. 원고 외에도 성지 사진을 취합하여 작업을 진행하였으며 딸 메히틸다가 도와준 덕에 대략적인 편집까지 진행할 수 있었다. 8월 말에 초고를 완성하였으며 12월 말에 표지부터 참고문헌까지 갖춘 원고와 사진 작업을 완료하였고 출판사와 접촉할 수 있었다.

이 책이 나오기까지의 각 단계에 수많은 '만약에…'를 대입해 보면 이 책이 만들어져 세상에 나오게 된 것이 얼마나 어려운 과정이었는가를 절로 느끼게 된다.

　만약에 2016년 1월에 루르드에 다녀오지 않았다면,

　만약에 2016년 11월에 쁘레시디움 단장이 되지 않았다면,

　만약에 2016년 12월 구역장이 구역모임에서 루르드를 소개해 달라는 요청이 없었다면,

　만약에 성모님 발현 성지와 아일랜드의 레지오 관련한 장소를 방문하지 않았다면,

　만약에 꼰칠리움에서 환영 메일이 오지 않았다면,

　만약에 꾸리아 단장의 전단원 교육 요청이 없었다면,

　만약에 지인의 소개가 없어 분도출판사와 접촉을 할 수 없었다면,

　만약에… 단 하나의 만약이라도 실제로 일어났다면 여기까지 오지 못했을 게 분명하다. 그러나 지나고 나서 결과를 보면 우연으로 보였던 것들이 단순한 우연이 아니고 뚜렷한 목표를 향하여 가고 있는 필연이었다는 놀라운 사실을 깨닫게 된다. 결과물이 주님과 성모님, 교회와 신앙에 관한 것이라면 우연은 그냥 일어난 것이 아니라 미리 예정된 수순에 따라 자연스럽게 흘러가는 것이었음을 나중에서야 알게 되는 것이다. 우리는 이를 섭리라고 부른다. 맨 끝자락에서 결과물을 바라보면서 비로소 신의 섭리를 조금이나마 이해할 수 있었다.

2021년 5월 성모 성월에

최하경 대건안드레아

참고문헌

도서

- 꼰칠리움 레지오니스, 『레지오 마리애 공인 교본』, 한국 세나뚜스 협의회, 2010.
- 몽포르의 성 루도비코, 『성모님께 대한 참된 신심』, 아베마리아출판사, 2017.
- 라피엣 오리건, 『과달루페의 성모 마리아』, 임찬원 옮김, 성요셉출판사, 2017.
- 김영대, 『루르드의 성모 마리아』, 성요셉출판사, 1999.
- 세 바르따스, 『파티마의 성모 마리아와 목동』, 서울 가르멜 여자 수도회 옮김, 성요셉출판사, 1997.
- 박도식, 『바뇌의 성모』, 가톨릭출판사, 2003.
- 마리아학교, 『시온의 딸, 마리아』, 「심화과정」, 2018.
- 루치아 두스 산투스, 『파티마: 루치아 수녀 회고록』, 대전 가르멜 여자 수도원 옮김, 가톨릭출판사, 2021.
- Ingo Swann, *The Great Apparitions of Mary*, 1996.
- Donal Anthony Foley, *Apparitions of Mary*, 2000.
- Joan Carroll Cruz, *See How She Loves Us*, 2012.
- Michael O'Neill, *Exploring The Miraculous*, 2015.
- The Archdiocese of Kaunas, *Siluva*, Guidebook for Pilgrims, 2008.

백과사전

- 한국가톨릭대사전 편찬위원회, 『한국가톨릭대사전』, 한국교회사연구소
- Wikipedia: wikipedia.org

논문

- 배상희, 「성모 마리아 발현의 그리스도교적 의미」, 대구가톨릭대학교, 2000.
- 장욱종, 「계시에 대한 올바른 이해」, 광주가톨릭대학교, 2009.

성모님 관련 사이트

- Miracle Hunter: miraclehunter.com
- Faith in God, Strength in Christ: spiritdaily.com

성지 공식 홈페이지

- 과달루페 virgendeguadalupe.org.mx
- 레자이스크 bernardynilezajsk.pl
- 실루바 siluva.lt
- 생테티엔르로 sanctuaire-notredamedulaus.com
- 파리 뤼 뒤 박 chapellenotredamedelamedaillemiraculeuse.com
- 로마 프라테 성당 madonnadelmiracolo.it
- 라 살레트 lasalette.cef.fr
- 루르드 lourdes-france.org
- 필리포프 cz.poutni-mista-sluknovsko.cz
- 퐁맹 sanctuaire-pontmain.com
- 기에트슈바우트 sanktuariummaryjne.pl
- 노크 knockshrine.ie
- 파티마 fatima.pt
- 보랭 sanctuairesdebeauraing.be
- 바뇌 banneux-nd.be
- 키베호 kibeho-sanctuary.com

블로그

- 윤호병 빈첸시오, '가톨릭 이야기' 중 성모님 발현
- 클라우디아, 「교회가 인정한 성모발현」, 2014.10.12

유튜브

- 허창구 박사의 성모님 발현 관련 콘텐츠